Sabine Knauer

Integration

Inklusive Konzepte für Schule und Unterricht

Beltz Verlag · Weinheim und Basel

Dr. *Sabine Knauer,* Grundschul-, Sonderschul-, Sozialpädagogin, tätig als freiberufliche Erziehungswissenschaftlerin, verfügt über langjährige Erfahrung in integrativem Unterricht, integrationspädagogischer Lehrerbildung und Schulberatung.

Lektorat: Cornelia Matz

© 2008 Beltz Verlag · Weinheim und Basel
www.beltz.de
Herstellung: Lore Amann
Satz: Druckhaus »Thomas Müntzer«, Bad Langensalza
Druck: Druck Partner Rübelmann, Hemsbach
Umschlaggestaltung: glas ag, Seeheim-Jugenheim
Umschlagabbildung: Panthermedia, München
Printed in Germany

ISBN 978-3-407-25419-1

»Seid ihr wirklich im Fluss des Geschehens? Einverstanden mit
Allem, was wird? Werdet ihr noch? Wer seid ihr? Zu wem
Sprecht ihr? Wem nützt es, was ihr da sagt? Und nebenbei:
Lässt es auch nüchtern? Ist es am Morgen zu lesen?
Ist es auch angeknüpft an Vorhandenes? Sind die Sätze, die
Vor euch gesagt sind, benutzt, wenigstens widerlegt? Ist alles belegbar?
Durch Erfahrung? Durch welche? Aber vor allem
Immer wieder vor allem andern. Wie handelt man
Wenn man euch glaubt, was ihr sagt? Vor allem: Wie handelt man?«

Bertolt Brecht: Der Zweifler

Inhaltsverzeichnis

Vorwort des Herausgebers

Unsere Sicht auf das gegliederte Schulsystem und unsere eigenen Erfahrungen im gegliederten Schulsystem haben vermutlich dazu geführt, dass wir nicht nur die Trennung von Kindern nach der vierten Grundschulklasse (bzw. in Berlin, Brandenburg und Hamburg nach der sechsten) auf unterschiedliche Schulformen, sondern insgesamt das »Trennende«, wenn vielleicht auch nicht als »normal«, so doch zumindest als »vertretbar« und somit als etwas scheinbar »schon immer Dagewesenes« hinnehmen. Dies hat zur Konsequenz, dass das Trennende unser Schulsystem ideell und strukturell dominiert, obwohl das Recht auf Bildung für alle Kinder und Jugendliche weder Trennung zur pädagogischen und bildungsmäßigen Voraussetzung hat, noch durch Verfahren und Mechanismen der Trennung besonders erfolgreich realisiert werden könnte.

Ganz anders verhält es sich mit der Thematik, mit der sich Sabine Knauer auseinandersetzt. Für die Überwindung von Trennung in unserem Bildungssystem, dem gemeinsamen Leben und Lernen von verschiedenartigen Kindern und Jugendlichen in der Schule, kurz als »Integrationspädagogik« bezeichnet, gibt es inzwischen eine Fülle solider Argumente aus verschiedenen wissenschaftlichen Kontexten und Disziplinen. Integrationspädagogik will gar nicht die Differenzen zwischen Menschen verschweigen, sondern anerkennt diese, zieht allerdings daraus eine optimistische Konsequenz. Die Akzeptanz der Vielfältigkeit von Lebenswirklichkeiten kultureller, sozialer und Könnenserfahrungen dient als Chance, hinter dem vermeintlich Trennenden das Gemeinsame zu suchen und wahrzunehmen.

Integrationspädagogik will nicht »einebnen«, sondern dem Formenreichtum kindlicher und jugendlicher Entwicklungsfähigkeit Rechnung tragen. »Lernen kann jeder«, lautet dann auch kategorisch das pädagogisch-didaktische und bildungstheoretische Prinzip, dem sowohl die profunden wissenschaftlichen Erkenntnisse zur Effektivität flexibler Lernarrangements als auch entsprechende persönliche Überzeugungen und berufsethische Grundhaltungen zugrunde liegen.

Anhand einer Rekonstruktion des Behinderungsbegriffs wird dargelegt, dass gerade das integrationspädagogische Aufgabenprofil die heutigen Herausforderungen an das Bildungswesen beantwortet. Unser Schulsystem wird nur zukunftsfähig und erfolgreich sein können, wenn mehr junge Menschen anschlussfähige Schulabschlüsse erlangen. Das heißt auch und gerade eine gezielte Bildungsförderung sozial, familiär oder individuell Benachteiligter und in diesem Sinne »Behinderter« voranzubringen. Dazu zählen im Übrigen auch Heranwachsende mit besonderen Befähigungen und Neigungen. Eine gute Schulpädagogik beweist sich nämlich nicht im Mittelfeld, sondern daran, ob sie mit professionellen Strategien an ihren Rändern aufwarten und Grenzen überschreiten kann.

Daraus folgt: Integrationspädagogik ist Teil der professionellen Lehrertätigkeiten auf dem Gebiet der Individualisierung bzw. Differenzierung und von daher gehört diese Thematik ins Zentrum der Lehrerbildung und -ausbildung, und zwar schulformübergreifend über alle »Gliedrigkeit« und alle Lehrämter hinweg. Für alle Interessierten, ob noch in der universitären oder schulpraktischen Ausbildung befindlich oder schon langjährig im Beruf stehend, werden von daher die Ausführungen von Sabine Knauer eine außerordentliche Bereicherung, sowohl persönlich als auch beruflich, sein.

Bielefeld, im Februar 2008   *Eiko Jürgens*

1. Eine Schule für alle

Geleitwort von Karin Evers-Meyer, MdB, Beauftragte der Bundesregierung für die Belange behinderter Menschen

Kinder haben ein Recht auf gute Bildung. Die Gesellschaft hat ein Interesse daran, dass Kinder gute Bildung bekommen. Eigentlich ist damit alles gesagt. Eigentlich, denn nach wie vor setzt das Schulsystem in Deutschland auf Ausgrenzung. Einem Teil der Kinder, nämlich solchen, die mit einer Behinderung leben, wird der Besuch einer Regelschule verwehrt. Als Beauftragte der Bundesregierung für die Belange behinderter Menschen sehe ich diese anhaltende Ausgrenzung mit Sorge. Meine Forderung lautet: Eine Schule für alle!

Ungeachtet zahlreicher politischer Bekenntnisse und Absichtserklärungen für mehr schulische Integration von behinderten Schülerinnen und Schülern hat sich in den vergangenen 30 Jahren kaum etwas getan. Seit Jahrzehnten gehen nur rund 12 Prozent der behinderten Kinder gemeinsam mit nicht behinderten Kindern zur Schule, in anderen europäischen Ländern sind es im Schnitt mehr als 60 Prozent. Das hat spürbare Folgen für die Integration behinderter Menschen und die Qualität deutscher Schulen insgesamt.

Schulische Ausgrenzung verhindert Integration. Viele behinderte Kinder bemerken erst mit Beginn der Schulzeit, dass sie »anders« sind, weil sie bis dahin mit Geschwistern und Freunden selbstverständlich zusammen waren. Kindern ohne Behinderung geht es nicht anders. Auch sie bekommen vorgeführt, dass andere anders sind. Diese Aufteilung ist später, nach Verlassen der Schule, nur schwer zu überwinden. Jeder weiß: »Was Hänschen nicht lernt, lernt Hans nimmermehr.« Denn welcher Personalchef stellt behinderte Menschen ein, wenn er Behinderung im Alltag nie erlebt hat? Und auch für die behinderten Menschen gilt, dass sie lernen müssen, sich nach ihren Möglichkeiten zurechtzufinden. Dies kann in einer geschützten Sonderwelt mit dem vorgezeichneten Weg der Förderschule und anschließend einer Werkstatt für behinderte Menschen nicht gelingen. Hier wird die einmalige Chance, dass behinderte und nicht behinderte Menschen sich als selbstverständliche Vielfalt kennenlernen, vergeben. Behinderte Menschen werden zu Fürsorgeobjekten, nicht behinderte Kinder zu Fürsorgenden erzogen. Das Recht auf Teilhabe und Selbstbestimmung wird so frühzeitig untergraben.

Vergeben wird aber auch die Chance auf eine grundsätzliche Überarbeitung des Systems Schule in Deutschland – hin zu mehr Qualität. Das Aussortieren der Kinder in sogenannte Förderschulen ist nur die Spitze eines Eisberges. Das deutsche Bildungssystem insgesamt ist geprägt vom Sortieren und Separieren. Schon in der Grundschulzeit wird in der Regel festgelegt, welche weitere Schule in Betracht kommt. Spätestens dann sind die, die vermeintlich zusammengehören, unter sich – doch was lernen die dann noch voneinander?

Ich frage mich, wie lange wir uns diese arrogante Form der Bildungspolitik, in der Kinder ihrem Förderbedarf folgen müssen und nicht der Bedarf an Förderung dem Kind folgt, noch leisten können. Angesichts einer demografischen Entwicklung in einer Wissensgesellschaft scheint es mir, als könnten wir eines Tages an unserem eigenen Anspruch zugrunde gehen.

Individuelle Förderung ist ein Schlüssel für gute Bildung. Nicht aussortieren, nicht verloren geben, sondern sich kümmern und die Potenziale eines integrativen Schulsystems nutzen, das sind die Gebote der Stunde. Andere PISA-Nationen haben es uns vorgemacht, und auch die gerade unterzeichnete UN-Konvention über die Rechte behinderter Menschen übernimmt eine Vorbildrolle. In Artikel 24 der Konvention heißt es unmissverständlich: »Ein inklusives Bildungssystem ist ohne Alternative. Jeder Staat soll Gewähr dafür bieten, dass behinderte Menschen gleichberechtigt mit anderen Zugang zu einem integrativen, hochwertigen Unterricht haben.«

Wir brauchen in Deutschland endlich eine breite Diskussion über die Schule der Zukunft. Denn diese Zukunft ist auch die Zukunft jedes einzelnen von uns. Einen wertvollen Beitrag dazu liefert das vorliegende Buch.

2. Vorbemerkungen

Ein- und Ausgeschlossensein, Teilhabe und Ausgrenzung zählen zu menschlichen Grunderfahrungen. Häufig zu beobachten ist, dass Kinder bereits in sehr frühem Alter, sobald mehr als zwei zusammen sind, Koalitionen suchen und bilden, die andere ausschließen. Im Vordergrund scheint das Bestreben zu stehen, sich selbst durch den anderen bestätigt zu sehen, sich seiner selbst zu vergewissern, den Selbstwert im Gegenüber gespiegelt zu finden. Da dieses Bedürfnis ein beiderseitiges ist, entwickeln sich rasch vor allem non- und paraverbal Übereinkommen, sich gegenseitig zu bestätigen und gemeinsame Wertemuster zu entwerfen.

Der Mensch wird am Du zum Ich. (Martin Buber)

Schon im Kindergartenalter zeigen sich Tendenzen, die eigene Identität bei Geschlechtsgenossen und dort nach Sympathie und Interessenlage zu verorten. Im Grundschulalter gewinnt diese Suche nach sich selbst an Brisanz und Dynamik, weil eigene Bedürfnisse zunehmend mit gesellschaftlichen Erwartungen und Spielregeln konfrontiert werden, die einerseits übernommen und adaptiert, andererseits als unbequem und bedrohlich empfunden werden. Zugehörigkeit zu bestimmten Gruppen verheißt Anerkennung, Macht und Einfluss, wie auf der anderen Seite ein Nicht-Dazugehören bestenfalls bedeutet, unbeachtet zu bleiben, in vielen Fällen jedoch Hänseleien, Verächtlichmachen, Bloßstellen bis hin zu körperlichen Attacken mit sich bringt.

Zunehmend erfahren neben bestimmten Verhaltensweisen Fertigkeiten wie z. B. sportliche Wendigkeit und verbale Ausdrucksfähigkeit sowie äußere Merkmale wie Aussehen und Kleidung eine Bedeutungszunahme für die soziale Aufmerksamkeit und Wertschätzung. Mit Eintritt in die vorpubertäre Lebensphase und der damit verbundenen ausgeprägten Orientierung an der Peergroup beeinflusst der Besitz bestimmter Gegenstände als Statusmerkmale (mehr und mehr in Form von Markenartikeln) oft stärker als persönliche Eigenschaften das Ausmaß der sozialen Anerkennung.

Heranwachsende mit Normabweichungen können diesen Standards ebenso wenig genügen wie Jugendliche aus einkommensschwachen Familien. Beide Gruppen sind infolgedessen, genau wie Jugendliche mit Arbeitsmigrations- und Fluchthintergrund, Ausgrenzungsmechanismen ausgesetzt. In den Augen der anderen scheint es hierfür hinreichende Rechtfertigungsgründe zu geben, wird ihnen doch die Aussonderung und Benachteiligung von Menschen mit Behinderungen in allen gesell-

Benachteiligung hat verschiedene Ursachen und viele Gesichter.

schaftlichen Bereichen vorgelebt: für Rollstühle unzugängliche öffentliche Gebäude, die Anwesenheit von Menschen mit Behinderungen am Urlaubsort als Grund für Beanstandungen, überproportionale Ablehnung bis hin zu unmittelbarer Ausgrenzung auf dem Arbeits- und Wohnungsmarkt usf.

Im schulischen Bereich schließlich sorgt das Sonderschulsystem nicht nur für eine Besonderung der Schülerinnen und Schüler mit Beeinträchtigungen, sondern liefert gleichzeitig beredtes Beispiel für die anderen, dass es für diese Personengruppe besondere Lernorte gibt, die vorgeblich besser auf vorgeblich andere Bedürfnisse eingehen. Aus der Tatsache, dass die Sonderschule aber nicht, wie die Zweige des Sekundarschulsystems, Angebotsschule ist, sondern Zwangseinrichtung für diejenigen, die ihr zugewiesen werden, wird landläufig der Umkehrschluss gezogen, »Behinderte« »gehörten« eben auf Sonderschulen.

> **Die Sonderschule ist der einzige nicht frei wählbare Schultyp.**

Dies wiederum hat zur Folge, dass Schüler/innen ohne Beeinträchtigungen weitgehend die Begegnung, aber ebenso die (sicherlich zeitweilig mühselige und schmerzliche) Auseinandersetzung mit Behinderungen – auch möglichen eigenen – vordergründig erspart, unter dialektischer Betrachtung jedoch vorenthalten wird.

Die Schule versteht es seit jeher als ihren Auftrag, dem »freien Spiel der Kräfte« eine Sozialerziehung entgegenzusetzen, die gegenseitige Achtung und Wertschätzung fördert, wechselseitige Akzeptanz und demokratische Spielregeln einübt. Da dieser erzieherische Anspruch unangefochten gleichwertig neben dem unterrichtlichen vertreten und seine grundlegende Bedeutung zur Aufrechterhaltung eines freiheitlichen, demokratischen Gemeinwesens von keiner Seite angezweifelt wird, ist es nicht hinnehmbar, dass den Menschen, mit denen gemeinsam an erster Stelle ein auf gegenseitiger Toleranz basierender Umgang geübt werden könnte und müsste, bis heute der Zugang zu allgemeinen Schulen in den meisten Fällen verwehrt ist.

> **Die Regelschule wird ihrem Allgemeinheitsanspruch nicht gerecht.**

Die Integrationspädagogik ist angetreten, diesen Missstand zu überwinden, indem sie sich für eine gemeinsame Schule, gemeinsamen Unterricht für alle Schülerinnen und Schüler einsetzt. Die Erfolge schulischer Integration bescheinigen, dass – wenn die erforderlichen Voraussetzungen Berücksichtigung finden – das gesamte System Schule pädagogisch profitiert, ohne dass es zu neuen Benachteiligungen oder zu einem von vielen Seiten befürchteten Absinken des Lern- und Leistungsniveaus käme. Aus der Grundüberzeugung, dass gesellschaftliche Integration, anders als von besondernden Pädagogiken behauptet, nicht durch Aussonderung erreicht werden kann, hat sich aus der anfänglichen Beschränkung der Integrationspädagogik auf Kinder mit »eindeutigen« Behinderungen der Allgemeinheitscharakter der Integrationspädagogik herausgeschält. »Normalität« und »Abweichung« sind nämlich keineswegs sich wechselseitig ausschließende Gegensätze, sondern verfließen in der Kommunikation ineinander (vgl. Kap. 6). Schülerinnen und Schüler, die den schulischen Anforderungen widerspruchslos und ohne Schwierigkeiten entsprechen, sind auf pädagogische Anstrengungen im Allgemeinen nicht angewiesen. Vermutlich würden sie sich zumindest die Grundkenntnisse des gesellschaftlich als unabdingbar definierten Wissenskanons sogar ohne Schule – vielleicht gar schneller? – aneignen (vgl. Knauer 1996). Eine gute Pädagogik kann sich erst angesichts größerer Herausforderungen beweisen, die für sie eine Sinnzu-*Mut*-ung darstellen, nämlich den Mut und die Kraft abverlangen, das pädagogische Geschehen trotz erschwerter Bedingungen auf eine gemeinsame Sinnebene zu heben. Eine gute Pädagogik ist daran zu erkennen, wie sie mit ihren Grenzen und mit den »Rändern« des als »normal« Erachteten umgeht, wie viel Mut sie aufbringt, sich in diesen Grauzonen immer wieder zu reflektieren. Schulpädagogik stellt stets einen Balanceakt zwischen Individualisierung und Gemeinsamkeit dar. Gleichzeitig besteht hierin ihre eigentliche gesellschaftliche Aufgabe, nämlich die jungen Menschen unter Berücksichtigung ihrer jeweiligen Voraussetzungen und Eigenschaften behutsam heranzuführen an erforderliche und vertretbare Konventionen und Maßstäbe der Erwachsenenwelt. Die Betonung insbesondere der Komponente sozialen Lernens nicht als zusätzlicher, sondern als allem Lernen zugrunde liegender Aspekt im schul- und unterrichtstheoretischen Diskurs ist Wesensmerkmal der Integrationspädagogik und unter anderem ihr zu verdanken.

> Eine »gute« Pädagogik zeigt sich daran, wie sie ihre Randzonen und Übergänge gestaltet.

> Soziales Lernen ist kein Additum, sondern die Grundlage jeglicher Lernhandlung.

Dieses Buch ist um Aktualität bemüht. Es bezieht sich daher zum Teil auf aktuelle gesellschafts- und bildungspolitische Entwicklungen und Ereignisse, greift Meldungen der Tagespresse auf. Dies ist nicht unbedingt gängige Praxis in seriöser pädagogischer Literatur. Es verstößt gewissermaßen gegen einen unausgesprochenen Wissenschaftskodex. Doch die tagesaktuellen Geschehnisse scheinen dieses Vorgehen nicht nur zu rechtfertigen, sondern geradezu zu bestätigen, und dies in mehrfacher Hinsicht.

1. Denn während dieses Buch entsteht, wurden die neuesten PISA-Ergebnisse veröffentlicht. Die Freude darüber, dass Deutschland nicht weiter zurückgefallen ist, sich in den naturwissenschaftlichen Fächern geringfügige Verbesserungen abzeichnen, versetzt manch einen Bildungsforscher und -politiker in geradezu euphorische Stimmung, als sei eine kopernikanische Wende eingetreten. Dass sich deutsche Schüler/innen in den Kernkompetenzen Mathematik und Lesen nach wie vor im Mittelfeld tummeln, will man nicht sehen und nicht hören. Vor allem Andreas Schleicher, der die PISA-Studien bei der OECD leitet und das gegliederte Schulsystem für verantwortlich hält, soziale und Leistungsunterschiede zu zementieren, ist Zielscheibe heftigster

> Aktuelle Ereignisse stehen für Grundsätzliches. Sie machen es fass- und benennbar.

Attacken bis hin zu Rücktrittsforderungen durch deutsche Bildungspolitiker. »Schulterschluss statt Nestbeschmutzung«, scheint ihm – gekleidet in wohl gesetzte Worte – zugerufen zu werden, immerhin ist er doch deutscher Staatsbürger, dem Loyalität abverlangt werden könne. »Kampf um Deutungshoheit« überschrieb die Süddeutsche Zeitung am 4. Dezember 2007 ihren Beitrag zu dem Streit um die Interpretation der PISA-Daten. Interessant ist doch, dass nicht der Dialog gesucht, sondern die Keule geschwungen wird. Dabei müsste doch denjenigen, die die verbesserten Ergebnisse auf die infolge des PISA-Schocks seit 2004 eingeleiteten bildungspolitischen Maßnahmen zurückführen, auffallen, dass sie sich in Widersprüche verstricken. Denn wie können sich diese Erfolge bereits heute abzeichnen, wenn doch das Bildungswesen der »schwere Tanker« ist (vgl. S. 24), der – kaum manövrierfähig – qualitative Veränderungen im Leistungsprofil seiner Passagiere frühestens erst nach etwa zehn Jahren erkennen lässt? Unabhängig von der Aussagekraft und dem Gehalt der Ergebnisse offenbart der öffentliche Kommunikationsstil zu sehr das Bedürfnis nach Erfolgen, und sei es um den Preis der Schönfärberei. Und wer in diesem Sinne nicht mitspielt, wird abgekanzelt. Es greift dasselbe Reiz-Reaktions-Schema wie im Falle des UN-Sonderbeauftragten Vernor Muñoz-Villalobos (S. 34 ff.).

2. Am 3. Dezember 2007, dem Welttag der behinderten Menschen, berichtete die Presse, dass nach Schätzungen der Sozialverbände in Deutschland mindestens 200 000 Menschen mit schweren Behinderungen arbeitslos seien. Die Arbeitslosigkeit unter ihnen sei in den vergangenen zwölf Monaten um lediglich zehn Prozent gesunken – gegenüber 22 Prozent unter Menschen ohne Handicap. Insgesamt wird eine deutliche Verschlechterung der rechtlichen Ausgangslage bemängelt, wie beispielsweise die Senkung der Verpflichtung von Betrieben und Verwaltungen zur Beschäftigung von Behinderten von sechs auf fünf Prozent und die dadurch bedingte Reduzierung der Ausgleichsabgabe – und dies trotz der UN-Konvention über die Rechte behinderter Menschen. Soll die Ratifizierung des Abkommens durch die Bundesrepublik diese Fakten verwischen, sollen sie mit einem Feigenblatt verdeckt werden? Eine Vermutung, die – an späterer Stelle aufgegriffen (vgl. Kap. 4.7.2: Barrierefreies Europa?) – durch diese Tagesmeldung nicht unbedingt entkräftet wird.

3. Schließlich aus der Vogelperspektive: Punkt 1 und 2 decken sich mit in diesem Buch getroffenen Aussagen zu den entsprechenden Themenkreisen, ausgewählt aus dem Bouquet des aktuellen Bildungsgeschehens in Deutschland. Es stellt sich regelmäßig dasselbe Verhalten ein, wenn es um wahrhaftige, systemische Veränderungen gehen soll, nämlich die Überwindung von Strukturen, die soziale Ungleichbe-

Marginalien:

»Ich zeigte dir den Mond und du sahst nichts als meinen Finger.« (Afrikanisches Sprichwort)

Deutet eine rechtliche Besserstellung vielleicht auf eine faktische Verschlechterung hin?

handlung begünstigen und befördern, an erster Stelle das gegliederte Schulsystem. Da wird abgewiegelt und schöngeredet. Diese Beobachtung zweiter Ordnung nährt die Befürchtung, dass der Schmerz der Entscheidungsträger über den Verlust bestimmter Privilegien – und sei es nur das der Definitionsmacht – schwerer wiegen würde als das mittelmäßige Abschneiden in Vergleichsuntersuchungen, der Ausstoß großer Gruppen an Bildungsverlierern und damit die Reproduktion gesellschaftlicher Armut und Benachteiligung (vgl. S. 164 ff.).

Was wäre, wenn die Defizite des Bildungswesens einen tieferen Sinn hätten?

Insofern können wir diese Tagesaktualitäten heranziehen als Paradigma für das Überdauernde der Bildungsdebatte in unserem Lande, wenn wir sie nicht lediglich als Einzelereignisse betrachten, sondern in ihrer stetigen Wiederholung ein systemisches Prinzip erkennen, welches sich ohne Überschreitung des wissenschaftlichen Arbeitskodex gar nicht erschließen ließe. Und es ist nicht dem Zufall zu verdanken, dass wir getreu systemischen Zirkularitäten am Anfang dieses Buches auf Überlegungen stoßen, die wir am Ende aufgegriffen und untermauert finden.

Diese Vorbemerkungen sind allerdings nicht vollständig ohne großen Dank an Lotte Bachmann und Anke Uhlmann. Ohne sie hätte dieses Buch nicht entstehen können. Mit unerschöpflicher Ausdauer und Geduld haben sie sein Werden mit kritisch-konstruktivem Lehrerinnen-Blick begleitet, Erschöpfung und Entmutigung verscheucht, Begeisterung entfacht und in Ansporn verwandelt.

3. Anstelle einer Einleitung: Das Erscheinungsbild

Fast mutet es sonderlich an, heute über Integrationspädagogik zu schreiben, ein wenig altmodisch, auch tendenziell moralinsauer und ideologieverdächtig.

Dann ist da aber andererseits die sichere Einsicht einer rationalen Ethik, dass wir heute mehr denn je auf die Überwindung von äußerlich Trennendem, Besonderndem setzen müssen – für eine Zukunft in einer demokratischen Gesellschaft – und dass Fragners Feststellung von 1996 (S. 69), integrativ arbeitende Lehrkräfte würden dereinst die moderneren und die Schule der Zukunft werde eine integrative sein, seine Gültigkeit beweist. Doch hat sich diese Erkenntnis in den Köpfen unserer maßgeblichen Bildungsmanager bislang bedauerlicherweise nur unzureichend verankern können. Und so lange bleibt die Integrationspädagogik neben erziehungswissenschaftlicher Theorie und pädagogischer Praxis auch bildungspolitische Aufgabe und rechtfertigt auf diese Weise ihren Fortbestand. Daher hat leider auch das Futur in Fragners Satz seine Gültigkeit nicht eingebüßt. Peter Fuchs ist es zu verdanken, dass wir den Behinderungsbegriff überhaupt wieder in den Mund nehmen dürfen, dass aufgeklärtes Denken und Sprechen sich nicht tabuisieren lassen darf und nicht deckungsgleich sein muss mit politisch korrekten Worten; ja, dass im Gegenteil die Political Correctness in euphemistischer Manier den Blick auf Missstände verschleiern und diese dadurch zementieren kann. Es lässt sich überhaupt nicht treffender und trefflicher formulieren: »Die trockene, die klare Rede über Behinderung ist verpönt, wenn sie sich auf die Nachteile richtet, die im Kontext der Beziehung zwischen Behinderten, Nichtbehinderten und sozialen Systemen entstehen – auf allen Seiten. Es gibt so etwas wie eine moralbedingte Schieflage in der Beobachtung von Behinderung, eine verschwitzt humane Angestrengtheit, die auf Latenzen verweist, auf blinde Flecke der starken Art …« (Fuchs 2002, S. 1)

Was kann und sollte ein Buch zur Integrationspädagogik demnach heute leisten?

Eigentlich scheint schon alles gesagt und geschrieben seit 25, 30 Jahren. Gut – mag eine Überlegung sein – da werden halt die alten Texte etwas aufgeforstet, zwischen zwei Pappdeckel mit modernem Design geheftet – und dann müssen nur noch die neuen und jungen Leute die alten Texte lesen.

Manchmal muss man die Political Correctness verletzen, um Hintergründe und Zusammenhänge zu erkennen.

Aber werden sie das tun? Einige sicherlich, weil sie es für eine Studienarbeit benötigen oder weil ihnen das Thema aus persönlichen Gründen zu ihrem eigenen geworden ist.

Wenn freilich die Integrationspädagogik nicht wie ein schwer verkäufliches Produkt mit dem Versprechen auf Langzeitwirkungen »gepredigt« werden soll, ist es erforderlich, sie unter den Themen der aktuellen Bildungsdebatte zu durchkämmen, sie auf ihren überdauernden und ihren aktuellen Gehalt abzuklopfen und damit auch nach ihrer Bedeutung für heutige Menschen und heutige Lebensbedingungen zu fragen.

Was ist mit der Integrationspädagogik geschehen?

Denn – man mag es begrüßen oder beklagen – ohne Bezug zu den derzeitigen Themen, den heute bedeutsam erscheinenden pädagogischen Fragen und Antworten, ohne lebensweltlichen Belang für die Akteure auf dem Bildungssektor verkommt die Integrationspädagogik nicht nur zum Fossil, sondern widerspricht auch der ihr eigenen wissenschaftstheoretischen Verortung und höhlt sich damit selbst aus.

Es stellt sich demnach die Frage, wie der integrationspädagogische Themenkreis in Beziehung gesetzt werden kann zu den Fragestellungen, die die heutige Bildungsdebatte bestimmen. Wie kann sich die Integrationspädagogik präsentieren, ohne angestaubt und betroffenheitsgetränkt daher zu kommen? Wie kann sie ihre einstige Ausstrahlung, ihre schul- und unterrichtsreformerische Schubkraft zurück erlangen?

Was ist eigentlich vorgefallen, dass die Integrationspädagogik das öffentliche Interesse eingebüßt hat? In den 1990er Jahren stand sie für das innovative Element von Schulentwicklung schlechthin (vgl. Knauer 1999). Noch im Jahre 2002 gab die Verfasserin gemeinsam mit Hans Eberwein das Handbuch Integrationspädagogik in sechster Auflage heraus (Eberwein/Knauer 2002), ein Standardwerk für Studierende, Lehrkräfte, Wissenschaftler, Erzieher/innen, Sozialpädagog/innen, Bildungsverwaltungen. Doch in den zurückliegenden fünf Jahren scheint die Integrationspädagogik aus dem Diskurs verschwunden – beseitigt oder davongeschlichen, zum »Tode durch Beschweigen« (Kobi 1987) verurteilt? Von Vertretern der Bildungsadministration wird sie gelegentlich noch erwähnt, im Zusammenhang der »neuen Themen«, grundlegend verkannt als »Nische der Sonderpädagogik« und ohne beim Namen genannt zu werden.

»Integration« – dieser Begriff hingegen steht im derzeitigen Bildungsdiskurs mit einem Mal wieder für das, was in der alten Bundesrepublik in den 1980er Jahren mit den Wörtern »Gastarbeiter« und »Ausländer« assoziiert wurde und was sich heute der politischen Korrektheit[1] zuliebe hinter Wortungetümen verbirgt, die mit »Migration« beginnen.

1   »Es ist nicht korrekt, solche Anmerkungen zu machen, aber man sollte Political Correctness immer mit ›politischer Korrektheit‹ übersetzen, damit der graue Geschmack von Pedanterie, Theoriebesessenheit, Ideologie und lebensfeindlicher Moral auf die Zunge tritt.« (Fuchs 2002, S. 7)

Fallen wir in die pädagogische Diskussion von vor 30 Jahren zurück?

Fraglos gibt es Überschneidungen hinsichtlich der Problematik der beiden Personengruppen und der sozio-psychologischen Thematiken. Hinz und Prengel beispielsweise (beide 1993) haben sich mit den Gemeinsamkeiten der Differenz- oder »Dennoch«-Pädagogiken beschäftigt: Integration, Koedukation, Interkulturelle Erziehung.

Während allerdings das – auch sprachlich aufgemöbelte – »Gender Mainstreaming« dank dem Amsterdamer Vertrag 1997 als Leitziel der EU-Politik mittlerweile im Denken, in der Politik und, mindestens äußerlich, auch in der Alltagspraxis Fuß fassen und zum festen Bestandteil der kulturell unstrittigen Anerkennungskultur avancieren konnte, erfährt der Integrationsbegriff seit etwa zwei Jahren eine unfreiwillige Umdeutung, Rückentwicklung und Einschränkung.

Infolge spektakulärer Vorfälle rückten Jugendliche mit nicht eindeutig deutscher ethnischer oder nationalstaatlicher Herkunft in den Fokus öffentlicher Aufmerksamkeit. Sensibilisiert auch durch die globalen Veränderungen der Befindlichkeiten seit dem September 2001, die eine diffuse Islam-Furcht befördern, ist eine rational nicht immer nachvollziehbare Diskussion entflammt. So sind beispielsweise die Überlegungen zu einer »Leitsprache« des Aufenthaltslandes mit Sicherheit relevant, zielführend und unter entsprechenden Voraussetzungen auch Erfolg versprechend. Zugleich ist jedoch offenkundig, dass es die prekäre soziale Lage der jungen Menschen ist, die sie in dissoziales Verhalten, zu Gewalttätigkeit oder Kriminalität führt. Als an den Rand Gedrängte, von erfolgreichen beruflichen Karrieren und damit von Wohlstand Ausgeschlossene entwickeln sie keine korporative Identität mit unserer Gesellschaft.

Die pädagogische Migrations-Integrations-Debatte offenbart häufig einen einseitigen Blickwinkel.

Warum sollten sie dann deren Regeln achten (vgl. Edelstein 2007)? Daran würde auch die Beherrschung der deutschen Sprache nicht viel ändern. Das wird deutlich sichtbar an den Straßenkämpfen in den Pariser Banlieues, deren Bewohner zwar großenteils Immigranten sind, jedoch aus ehemaligen Kolonien stammen und mit Französisch als Muttersprache aufwachsen. Kennzeichnend für die französischen Vorstädte sind Armut und Perspektivlosigkeit – wie eben in entsprechender soziokultureller und Wohnlage in Deutschland auch. Es muss aufs Äußerste bezweifelt werden, ob sozialen Problemlagen derartigen Ausmaßes mit dem Integrationsbegriff begegnet werden darf – nachdem sich Deutschland bis heute nicht eindeutig zu seinem Status als Einwanderungsland bekennen mag. Gleichzeitig haben wir zur Kenntnis zu nehmen, dass von der Integration sogenannter »Behinderter« nahezu gar nicht mehr öffentlich gesprochen wird, beziehungsweise – gewissermaßen dialektisch – gerade besonders laut öffentlich gesprochen wird (z. B. durch die Ausrichtung der Europäischen Konferenz zur Integration in Berlin am 11. und 12. Juni 2007 anlässlich des Jahres der Chancengleichheit für alle, der Unterzeichnung der UN-Konvention Menschenrechtsübereinkommen über die Rechte behinderter Menschen im März 2007 sowie des Aktionsplans des Europarates 2006 bis 2015 zugunsten von Menschen mit Behinderungen), allerdings ohne erkennbare Breiten- und Tiefenwirkung.

Nicht ganz unschuldig an dieser Entwicklung sind möglicherweise auch Integrationspädagogen selbst, die sich in einem verbalen Stellungskrieg um »Inklusion« und »Integration« verschanzt haben, hier ihre Energien verbrauchen, die Zielrichtung verwässern und damit die Zugkraft mindern. Wohl schwerlich kann von der gesellschaftlichen Öffentlichkeit, kann von den Medien erwartet werden, dass sie den Wort-Wechsel einfach übernehmen und erklären, dass sie die Streitigkeiten anders als durch Eitelkeiten angeheizt für nachvollziehbar halten.

Wiederholt hat Hans Eberwein auf den Substitutionscharakter der Integrationspädagogik hingewiesen:

> *»Als ich den Begriff ›Integrationspädagogik‹ Mitte der 80er Jahre geprägt habe, war mir klar, daß er ein Übergangsbegriff sein würde; denn Integrationspädagogik hat dann ihren Auftrag erfüllt, wenn die Ausgrenzung von Menschen mit Beeinträchtigungen in Schulen und allen anderen gesellschaftlichen Bereichen endgültig überwunden ist. Wenn Nicht-Aussonderung den Regelfall darstellt, bedarf es nicht mehr verschiedener Pädagogiken. Die Schul-, Bildungs- und Hochschulpolitik sollte sich an diesen Entwicklungen und Zielsetzungen orientieren.«* (Eberwein 1995, S. 38)

Der Terminologiestreit um »Integration« und »Inklusion« in den Erziehungswissenschaften hat die politische Durchsetzungskraft geschwächt.

Das ist auch einer der wesentlichen Gründe, weshalb in diesem Buch am Integrationsbegriff festgehalten wird, wohl wissend, dass »Inklusion« der internationale wie auch der inhaltlich übergeordnete ist. Doch noch einmal: So lange die Integrationspädagogik, die sich selbst als Übergangspädagogik definiert, ihre Zielsetzungen nicht erreicht hat, ist sie – auch aus Gründen politischer Taktik – begrifflich zu erhalten. Inhaltlich wäre von Inklusion frühestens zu sprechen, wenn sich eine gesellschaftliche Trendwende in diese Richtung abzeichnen würde; dies aber ist gerade nicht der Fall (vgl. Kap. 4, hier besonders 4.8).

Auch die Theoriebildung verdient sicherlich ein wenig Aufmerksamkeit; nicht etwa, dass sie gänzlich um- oder gar neu geschrieben werden müßte. Aber es sind doch durch die Fortentwicklung des systemischen Diskurses einige neue, interessante Aspekte zu beleuchten, die das Thema deutlich entkrampfen.

Ein Wort noch zum Aufbau, der Methode und dem Stil dieses Buches: Natürlich werden die grundlegenden Positionen klar definiert und transparent gemacht, werden Behinderungs- und Lernbegriffe diskutiert und im Hinblick auf das integrative Anliegen festgelegt. Gleichzeitig bemüht sich die Verfasserin um einen Sprachstil, der – sofern es dem Gegenstand

Wenn Sprache sich so aufbläht, dass sie unverständlich wird, ist das nicht Wissenschaft, sondern eine Machtattitüde und erzeugt statt Wissen »kognitive Geräusche«.

angemessen und seiner Verstehbarkeit und Verständlichkeit nicht abträglich ist – sich dem in wissenschaftlichen Zirkeln verbreiteten Spiel um Sprache und Macht verweigert. Selbst Kritiker wie Gergen (2003, S. 70), der die »autoritativen Diskurse unserer klügsten Köpfe« bezichtigt, »die Hierarchie in monologischer Weise zu durchlaufen« und dennoch »als sakrosankt behandelt werden«, kann sich dem Reiz dieses Spiels offenkundig nicht entziehen. Doch statt Erhellung und Erkenntniserweiterung und trotz heftiger Beteuerungen zugunsten inklusiver Systeme erzeugt eine solche Sprache lediglich ein »kognitives Rauschen« (Siebert 1999, S. 11); die Inhalte verschließen sich dem Anschluss an Bekanntes, weil sie kaum erkannt und identifiziert werden können. Damit werden genau die behandelten Problembereiche von Divergenz und Differenz verschleiert sowie deren Überwindung verhindert. Geschrieben wird über Inklusion in exklusivem, exklusionärem Stil!

Im Verlauf des Buches kann eine trennscharfe Strukturierung und Abgrenzung der Kapitel voneinander aus verschiedenen Gründen nicht immer durchgehalten werden: Weil sich nämlich der Aufbau an den oben angekündigten »neuen Themen« orientiert, die augenblicklich im Fokus der bildungspolitischen Debatte stehen, ergeben sich im Hinblick auf unser Thema zwangsläufig Überschneidungen und teilweise Doppelungen. Die Systematik ist, der Aktualität geschuldet, weniger eine deduktive, sondern entspricht eher dem Zusammentragen von Mosaiksteinchen, vielleicht zu benennen als »induktiv-zirkulär«. Das muss freilich nicht unbedingt als Mangel empfunden werden, eröffnet es doch Spielräume – zum Mitdenken, Mitkonstruieren der gegenwärtigen Situation, zum schöpferischen, gedanklichen Ausprobieren dieses oder jenes Gedankens als mögliches Modell für pädagogisches Gestalten. Gerne spiegelt sich diese Offenheit auch in der Sprache wider, die vermutlich nicht ganz den »eingeturnten wissenschaftlichen Denkvorschriften« (vgl. Kobi 1987) entspricht, dafür aber den Versuch unternimmt, lebendige Wahrnehmungen aufzugreifen, sagbar zu machen und damit nach Möglichkeit anschlussfähig an die Vorerfahrungen der Leser. Dass genau dieses aktive, explorative Vorgehen allein die Chance auf Passung und Implementation erst eröffnet, ist zwar unter Praktikern ein Allgemeinplatz. Doch nur wenige der sich zum Kreise der wissenschaftlichen Community zählenden Personen zeigen wie Feuser/Meyer (1987, S. 183 f.) die Bereitschaft, diese Erkenntnis nachzuvollziehen und sich zudem zu ihr zu bekennen, hätte sie doch eine vollständige Umorganisation der Lehrerbildung zur Folge:

»Es ist eine Illusion, der sich die gesamte Lehrerbildung nicht hinreichend bewußt ist, direkt sozusagen Zugriff auf die Handlungen eines Menschen zu bekommen, also mit dem vorhandenen Wissens- und Er-

fahrungsschatz auf das professionelle Handeln der Lehrer im Unterricht Einfluß nehmen oder dieses im Studium herausbilden zu können. Dies ist nur über die vermittelnde Instanz des Bewußtseins möglich, das die Integration der gesamten Erfahrung, die Hierarchie der Bedürfnisse, Motive und Ziele und die Emotionen gleichwohl als die willensmäßigen Bedürfnisse koordiniert und die Handlungen hervorbringt. Nur im Wechselspiel bewußtseinsmäßiger Veränderungen und der daraus resultierenden Handlungen, die wiederum ein verändertes Bewußtsein bedingen, können die Fortschritte erzielt werden, die dann den integrativen Unterricht ermöglichen.« (Feuser/Meyer 1987, S. 183 f.)

Erkenntnisse, Erfahrungen, Motive und Zielsetzungen, ja Bedürfnisse und Emotionen fließen in der professionellen Lehrerpersönlichkeit reflektiert ineinander.

Beide letztgenannten Quellen sowie auch Eberwein und Fragner belegen im Übrigen aus Sicht der Verfasserin, wie modern einige der »alten Texte« heute sind und dass gerade der neue Kontext ihre überdauernde Gültigkeit unter Beweis stellt. Auch ist natürlich die Quellenlage hinsichtlich der »neuen Themen« noch nicht unbedingt üppig, sodass im Einzelfall auf Beobachtungen, die Tagespresse oder mündliche Aussagen verwiesen werden muss.

In diesem Sinne soll zusammenfassend dem Wunsch Ausdruck verliehen werden, es möge sich hier um ein Buch handeln, das nicht nur als Pflichtlektüre zur Hand genommen wird, sondern, in dem man »herumliest«, nicht nur in einer Richtung und einmal durch; dass es außerdem ein Buch ist, das Spaß und Mut macht, das überzeugt und anstachelt, das Lust macht, eine schulische Wirklichkeit zu gestalten, die jungen Menschen gut tut, die gute Aufwachsbedingungen bietet – und die den erwachsenen Akteuren eine berufliche Lebenswelt ist, die ihre Potenziale aktiviert und ihnen die Erfahrung von (Selbst-)Wirksamkeit vermittelt.

4. Hintergründe, Entwicklungslinien und Auslöser

Wenn oben bereits Veränderungen der bildungspolitischen Debatte und der bildungspolitischen Entscheidungen und Entwicklungen angesprochen wurden, gilt es nun zunächst, diese Entwicklungslinien zurückzuverfolgen, um zumindest ansatzweise Hintergründe und Begründungszusammenhänge erkennbar werden zu lassen, aus denen sich die »neuen Themen« ableiten. In einem zweiten Schritt sollen diese Themen benannt und erläutert werden.

Bekanntlich ist das Bildungswesen ein schwerer Tanker, der sich nur langsam umsteuern lässt. Ob dies zwangsläufig so ist, mag dahinstehen. Die raschen Umwälzungen in den neuen Bundesländern nach ihrem Beitritt lassen auch andere Optionen möglich erscheinen. Wie auch immer: Bildungsverwaltungen und -wissenschaften werden nicht müde, diese These wie ein ehernes Naturgesetz zu beschwören – mal mit bedauerndem Achselzucken, mal erleichtert, dass nicht jede Modewelle gleich in die Bildungspraxis schwappe. Es wird davon ausgegangen, dass gezielte operative Eingriffe nach zwölf bis 15 Jahren ihre Wirksamkeit zeigen. Dieser Zeitraum dürfte vergleichbar auf schleichende Veränderungsprozesse zutreffen. Wenn nun ein Rückgang des Interesses an der Integrationspädagogik seit etwa fünf Jahren spürbar ist, muss dieser Bedeutungsschwund bereits mit einem gewissen zeitlichen Vorlauf eingesetzt haben, d. h. dass wir seinen – unbemerkten – Beginn auf Anfang der 1990er Jahre datieren müssten. Welche maßgeblichen Wandlungen haben seither stattgefunden und welche Wirkungen zeitigen sie im Hinblick auf das Bildungswesen? Bedacht werden muss dabei immer auch, dass die einzelnen Aspekte gleichzeitig in Wechselwirkungen zueinander stehen (können) und sich gegenseitig verstärken oder abmindern (können).

4.1   Einheit und Uneinigkeit in Deutschland

An erster Stelle der politischen Ereignisse sind in Deutschland selbstverständlich die Wiedervereinigung und die mit ihr verbundenen Veränderungen in Ost *und* West (!) zu nennen. Neben den umwälzenden, allgemeinen, politischen, wirtschaftlichen und sozialen Veränderungen machen sich, vordergründig betrachtet, die Umstellungen im Schulwesen eher weniger bedeutend aus. In einer Gemengelage der unterschiedlichsten Interessen und Motivationen wurde das Bildungswesen der alten Bundesrepublik auf die neuen Bundesländer übertragen. Mit der Abschaffung der polytechnischen und Etablierung der gegliederten Schulbildung, mit der räumlichen und inhaltlichen Trennung von Hort und Schule, der Differenzierung der privaten und öffentlichen Lebensbereiche riss aber nicht nur dort die Kontinuität im Bildungssektor ab, wenngleich diese tief greifenden strukturellen Maßnahmen ja nicht nur äußerlich sichtbare Spuren aufwiesen, sondern natürlich auch psychologisch rückwirkten und die familiären Selbstbilder – vor allem im Kontext der politischen Systemwende – ins Schwanken brachten. Zugleich wurde – gewissermaßen in einem Nebeneffekt – der reformpädagogische Aufbruch der 1980er Jahre in den alten Bundesländern zumindest gewaltig verlangsamt, wenn nicht gar unterbrochen. Die allgemeinen Irritationen und doch erheblichen Anstrengungen, die mit dem Export des politischen Systems im Ganzen und des Schul- und Ausbildungswesens im Speziellen in die ostdeutschen Länder verbunden waren, erschöpften die Ressourcen weitgehend und führten zu einer Vernachlässigung eigener Entwicklungsprozesse, aber auch einer selbstreflexiven Neuverortung. Denn schließlich hatte sich auch für den Westen alles verändert. Die Verfasserin selbst hat unmittelbar nach dem Mauerfall Kontakt zu Schulen in Potsdam aufgenommen und zunächst auf der Basis gegenseitiger Eigeninitiative, später im Auftrag des Brandenburgischen Lehrerbildungsinstituts (PLIB) über etwa zehn Jahre hinweg zahllose Fortbildungen zu den unterschiedlichsten schulpädagogischen Themen veranstaltet. Wenn die Erinnerung nicht trügt, wurde in jenen Jahren die Reflexion gebunden von der Verarbeitung der Differenzwahrnehmung, von dem Bemühen um gegenseitiges Verstehen, auch sprachliches Sich-verständlich-Machen, von wechselseitigem Durchdringen jeweiliger Deutungsmuster, vom Suchen nach Gemeinsamkeit, von viel Verwunderung, auch Fremdheit und nicht nur Sympathie, sicher auf beiden Seiten (vgl. z. B. Wagner 1997).

> **Systemwandel und Wiedervereinigung haben auch den Westen verändert.**

Die DDR hatte sich der Diskussion um schulische Integration verschlossen. Der Verweis auf eine vorgeblich non-exklusionäre gesellschaftliche Wirklichkeit diente als Argument, schulische Separation als lediglich temporäre, pädagogisch gerechtfertigte Maßnahme zum Wohle der betroffenen Schülerinnen und Schüler zu vertreten. In der Tat war sichergestellt, dass alle Hilfsschulabsolventen (Schüler/innen mit »Lernbehinderungen«) einen Ausbildungs- und Arbeitsplatz erhielten. In einer sozialistischen Gesellschaft, in der der Arbeitsbegriff bedeutend enger mit dem Menschenbild und der Evolution verknüpft war (vgl. Engels 1876), beinhaltete diese Garantie in der Tat eine umfangreiche gesellschaftliche Anerkennung. Gerade im ländlichen Raum war den Sonderschulen häufig ein Internat angeschlossen, sodass die Kinder nur die Wochenenden bei ihren Familien verbringen konnten. Hinsichtlich der Verursachung kognitiver und intellektueller Beeinträchtigungen wurde eine soziale Komponente vollständig ausgeschlossen. Der sozialpsychologische Erklärungsansatz hätte der Utopie eines im sozialistischen Gemeinwesen entstandenen »neuen Menschen« als »allseitig entwickelter Persönlichkeit« grundlegend widersprochen. Infolgedessen stützte man sich einseitig auf eine medizinische Ätiologie und bediente sich einer defizitorientierten Diagnostik. Die Kinder wurden sehr früh, nämlich im Alter zwischen fünf und acht Jahren, in einem sogenannten Hilfsschulverfahren eingestuft. Das medizinische Paradigma hatte eine Ontologisierung des Behinderungsbegriffs zur Folge, d. h. die Behinderung wurde für ein feststehendes, überdauerndes Persönlichkeitsmerkmal gehalten. Damit waren die Schullaufbahn und die späteren beruflichen Möglichkeiten unwiderruflich festgelegt. Unterschieden wurden drei Formen geistiger Behinderung, nämlich die ersten Grades mit Hilfsschulprognose, zweiten Grades (in der Prognose nicht schulbildungs-, jedoch lebenspraktisch förderungsfähig) und dritten Grades als schwerste geistige Behinderung (Förderungsfähigkeit nicht vorhanden; »Pflegefälle«) (vgl. Jun 1984). Und wenn sich auch die Situation und die Fördermöglichkeiten für die mit zweiten und dritten Grades etikettierten Kinder im Laufe der Jahrzehnte, nicht zuletzt durch die engagierten Bemühungen beispielsweise Eßbachs, deutlich verbesserten, so galten diese doch bis zum Ende der DDR als weder förderpflichtig noch schulbesuchsfähig (vgl. Eßbach 1981, 1985, 1987). An dieser Stelle darf jedoch nicht verschwiegen werden, dass auch in der Nachkriegs-Bundesrepublik eine vergleichbare Sichtweise vorherrschte, allerdings bereits gegen Ende der 1960er Jahre einer kritischen Revision unterzogen wurde. Zugleich muss die bemerkenswerte interdisziplinäre, ambulante Versorgung der sogenannten »Pflegefälle« (Dispensaire-Betreuung, vgl. Bergmann-Pohl 2000) hervorgehoben werden, die in jedem Kreis der DDR das physische und psychische Wohlergehen der Betroffenen im Auge hielt. Dennoch ist nachzuvollziehen, dass die Einführung von Sonderschulen für bislang als schulbildungsunfähig eingestufte Kinder und Jugendliche von den betroffenen Familien als Aufwertung und elementare Anerkennung erlebt und begrüßt wurde. Vor diesem Hintergrund und der Perspektive einer nach wie vor an einem defizitären Menschenbild orientierten Rehabilitationswissenschaft ist es verständlich, dass weder der integrationspädagogische Diskurs noch die integrative Praxis nahtlosen Eingang in die ostdeutschen Bundesländer fand.

Der Begriff der schulischen Integration stellte sich in der DDR nicht – er ging in der integrativen »sozialistischen Gesellschaft« auf.

Behinderung war in sozialistischer Weltsicht ein rein medizinisches Phänomen.

4.2 Globalisierung und Wirtschaftsflaute

Zeitgleich mit dem politischen Zusammenbruch der DDR und dem Beitritt der östlichen Bundesländer zur Bundesrepublik fand ein tief greifender politischer und wirtschaftlicher Wandel globalen Ausmaßes statt. Denn neben der DDR brach ja der gesamte sozialistische Block weg. Beinahe über Nacht war die Polarisierung der Welt in »Ost« und »West«, die Aufteilung nach der Nähe zu der Sowjetunion respektive den USA, die 45 Jahre als ehernes Orientierungsprinzip gegolten hatten, Geschichte geworden und neue Maßstäbe, neue Strukturen mussten gefunden werden.

Diese Ereignisse trafen zusammen mit einem Strukturwandel der Arbeitsmärkte, der nicht nur in Deutschland einen schweren konjunkturellen Einbruch und ein Emporschnellen der Arbeitslosenzahlen zur Folge hatte.

Die Gleichzeitigkeit von politischer Wende und wirtschaftlicher Rezession hängt ursächlich nur sehr bedingt zusammen.

Diese Koinzidenz der staatspolitischen und weltwirtschaftlichen Veränderungen verleitete vielfach zu vorschnellen Kausalschlüssen und Schuldzuweisungen, die lediglich auf den zu beobachtenden nationalen Umwälzungen beruhten und die internationalen Dimensionen des Wandels außer Betracht ließen. Da wurden die pekuniären Engpässe mit den Kosten für die neuen Bundesländer erklärt, die Arbeitslosigkeit mit dem gezielt herbeigeführten Abbau der Industrieanlagen in Ostdeutschland bzw. dem Anteil der Migranten auf dem Arbeitsmarkt, gleichzeitig wurden individuelle bzw. soziale Eigenschaften mit in die Verantwortung für den Verlust von Arbeitsplätzen genommen. Es entwickelten sich so nicht unerhebliche regionale und soziale Vorbehalte, die die Integrationskraft der deutschen Gesellschaft bis heute und mit längerfristigen Folgen auf eine harte Probe stellen (vgl. z. B. Benz 2005).

Dass das Ost-West-Verhältnis hingegen nur einen Aspekt sehr viel umfangreicherer Erosionserscheinungen der demokratischen Gesellschaft beleuchtet, lässt sich an Ausgrenzungstendenzen gegenüber sozial schwächeren Bevölkerungsgruppen, besonders natürlich Menschen mit körperlichen oder geistigen Einschränkungen, vor dem Hintergrund des Anwachsens eines utilitaristischen Menschenbilds erkennen (vgl. Widmann 2005). Diese Tendenz betrifft nicht nur Deutschland, sondern alle entwickelten Demokratien Europas.

4.3 Kommunikation ohne Zeit und Raum

Die weltweiten Veränderungen haben historisches Ausmaß und werden umschrieben mit Post- oder sogar zweiter Postmoderne, postindustrieller Gesellschaft, Wissens- und Informationsgesellschaft bzw. Informationszeitalter, ohne dass die Güter, um deren Warentausch es geht, konkret benannt werden könnten. Denn es ist ja nicht etwa so, dass sich der Mensch gänzlich entstofflicht hätte und sich ausschließlich im immateriellen Raum begegnete. Gleichwohl erlauben die neuen Technologien eine zeitgleiche Kommunikation rund um den Erdball und leisten der Beschleunigung des Lebens und der Globalisierung, d. h. auch Annäherung der Lebensweisen, immensen Vorschub. Ob sie – was denkbar und außerordentlich erstrebenswert wäre – der Verständigung und dem Frieden nachhaltig dienlich sein können, muss vorerst dahingestellt bleiben.

Information und (mediale) Kommunikation sind kennzeichnend für den heutigen Arbeitsmarkt.

Ohne dass ein Ende oder auch mittelfristigere Auswirkungen absehbar wären, lassen sich Temposteigerung und Virtualisierung am deutlichsten an den Finanzmärkten erkennen.

Aber selbstverständlich haben die technologischen Erfindungen der zurückliegenden zehn bis 15 Jahre und ihre nahezu flächendeckende Ausbreitung (in Deutschland verfügen über 70 Prozent der Haushalte über zumindest einen eigenen PC) auch entscheidende mittelbare Rückwirkungen auf unseren Alltag. Ein Büroarbeitsplatz ohne PC ist nicht mehr denkbar, das Internet macht Informationen und Wissen jederzeit und ortsunabhängig zugänglich. Der Bestandswert von Wissen ist stark verkürzt: Während sich das Wissen der Menschheit zwischen 1800 und 1900 verdoppelte, hat heutiges Wissen eine durchschnittliche Halbwertzeit von etwa drei Jahren. Zusätzlich ist es hoch komplex und vernetzt. Heute kann niemand mehr alles wissen, sondern es kommt darauf an, die Informationsflut geschickt zu filtern und Zusammenhänge zu erkennen.

Inwiefern in einer solchen »Kommunikationstotalität« noch Raum bleibt für non-mediale, direkte zwischenmenschliche Kommunikation, muss als im Wortsinne zumindest fragwürdig gelten.

4.4 Demografisches

Ein weiteres nicht zu übersehendes Merkmal unserer heutigen Gesellschaft ist ihr Alter. Die durchschnittliche Lebenserwartung in Deutschland ist seit Beginn der statistischen Aufzeichnungen vor 130 Jahren um mehr als das Doppelte gestiegen; damals wurde ein Mann im Schnitt 35, eine Frau 38 Jahre alt. Nach Angaben des statistischen Bundesamtes werden für das Jahr 2050 doppelt so viele 60-Jährige wie Neugeborene prognostiziert. Diese Entwicklung hat unzählige Implikationen, die hier nur ganz eklektisch und zufällig angesprochen werden können, um die Dimensionen ihrer Auswirkungen zu verdeutlichen. Beispielsweise hat sich das Alter der Mütter bei Geburt ihres ersten (von rechnerisch durchschnittlich 1,3 bis 1,4) Kindes in Ost wie West auf gut 30 Jahre eingependelt, zu

Wendezeiten lag es im Westen bei etwa 28, im Osten bei 20 Jahren (vgl. Zentrum für Demografischen Wandel 2006; Statistisches Bundesamt 2007). Die Ursachen für dieses veränderte Familiengründungsverhalten sollen hier nicht erörtert werden. Die rasche Annäherung aber auf dem beide Ausgangswerte deutlich überschreitenden Altersniveau weist auf eine neue Kontextualisierung der Lebenskonzepte junger Erwachsener hin: Aufgrund der höheren Lebenserwartung wird die juvenile Lebensphase zeitlich ausgedehnt. Sie gilt – gerade bei Akademikerinnen, deren Trend zu späten Geburten oder gar Verzicht auf eigene Kinder besonders beklagt wird – dem Aufbau beruflicher Karrieren, dessen Erfolg heute auf weite Strecken von familiär ungebundener Mobilität abhängt. Hier lässt sich ein Zusammenhang allerdings nicht nur mit dem Ausbildungsgrad, sondern auch mit der Ausbildungsrichtung sowie vor allem Umfeldfaktoren (Stadt/Land – soziökonomische Struktur – familiale Traditionen) feststellen (vgl. Neyer 2005). Im Bundesdurchschnitt waren 19 Prozent der Mütter von Neugeborenen im Jahre 2003 älter als 35 Jahre. In den stärker von ländlichen Strukturen geprägten neuen Bundesländern lag ihr Anteil leicht darunter, während er in den alten Bundesländern in gut der Hälfte der Kreise und kreisfreien Städte, besonders im Süden der Republik, deutlich höher lag, im Landkreis Starnberg gar den Spitzenwert von 34 Prozent erreichte (vgl. Saleth 2005).

Die Menschen werden älter und die Lebensabschnitte verlagern sich biografisch nach hinten.

Die Gruppe der »alten Menschen« ihrerseits muss unter den heutigen Gegebenheiten weiter untergliedert werden. Denn während Gesundheit und Pflege sogenannter »Hochbetagter« (d.h. über 75-Jähriger) die gesellschaftlichen Systeme vor Probleme stellt, sind über 60-Jährige heute so aktiv wie nie zuvor. Zunehmend werden sie von Wirtschaft und Werbung als potente Konsumenten entdeckt – und sie selbst sehen sich als nützliche Mitglieder der Gemeinschaft, beispielsweise als Leihgroßeltern oder Lesepaten. Der vor rund 30 Jahren geprägte Begriff vom lebenslangen Lernen steht vor einer Bewährungsprobe, denn immer mehr ältere Menschen stellen anspruchsvolle Anforderungen an ein ihren Bedürfnissen, Kenntnissen, Erfahrungen und Möglichkeiten entsprechendes Bildungsangebot in ihrem sozialen Umfeld. Doch die gesellschaftliche Wirklichkeit entspricht diesen Erwartungen nicht im Ansatz; bereits im Alter zwischen 55 und 64 Jahren haben nur noch 40 Prozent der Menschen in Deutschland einen Arbeitsplatz und damit einen fest strukturierten Rahmen zu außerfamiliären Sozialkontakten. Das damit verknüpfte psychologische Problem ist nur eine Seite der Medaille: Harald Wilkoszewski, Politikwissenschaftler und Demograf am Max-Planck-Institut für demografische Forschung und wissenschaftlicher Mitarbeiter am Rostocker Zentrum zur Erforschung des Demografischen Wandels, warnt:

*»Angesichts der demografischen Entwicklung wird die geringe Beschäfti-
gungsquote Älterer zum gesellschaftlichen, unternehmerischen und persönlichen Problem. Bis zum Jahr 2050 wird sich das Verhältnis von Er-
werbstätigen zu Rentnern dramatisch verschieben. Das Statistische Bundesamt prognostiziert z. B. einen Anstieg des Altenquotienten von 44 auf
78, das heißt: Auf 100 Personen im Erwerbsalter (20 bis 59 Jahre) kämen
dann 78 potenzielle Rentner (über 60 Jahre).«*

(Telefonisches Interview mit Harald Wilkoszewski, Zentrum für Demografischen
Wandel: Einfluss auf die Bevölkerungsalterung im Mittelpunkt;
http://www.zdwa.de/zdwa/experten/wilkoszewskiW3DnavidW261.php;
28.8.2007; Erläuterungen zu seinem Beitrag in: Demografische Forschung 2004)

Welche Gesellschaft kann und will sich das leisten? Eine Antwort auf
diese rhetorische Frage leitet über zu einem der heute meist diskutierten
Bildungsthemen: die Gestaltung lokaler Bildungslandschaften, die den
Bedürfnissen in dem jeweiligen Sozialraum gerecht werden. Mehr-Gene-
rationen-Häuser spielen dort eine wichtige Rolle, wo natürliche Familienstrukturen der Generationenfolge von gesellschaftlich-beruflicher
Mobilität verdrängt wurden und dennoch altersgerechte Sozialrollen an-
gestrebt und zum wechselseitigen Nutzen aufeinander abgestimmt werden. In gleichem Maße wie für die älteren Menschen gilt dies entsprechend für die Jungen. Kinder brauchen zum Großwerden andere Kinder.
Wenn die Zahl der Geschwister rechnerisch bei unter einem halben liegt,
müssen viele Kinder auf den verlässlichsten Bündnispartner in der Familie und auf grundlegende soziale Erfahrungen verzichten. Umso gravierender wirkt sich der Mangel an Gleichaltrigen in Ein-Eltern-Familien
aus, in denen sich in den meisten Fällen Mutter und Kind in einer Eins-
zu-eins-Partnerschaft gegenüberstehen, wodurch eine generative Rollenübernahme erschwert ist.

Unzählige Anzeichen für Auflösungserscheinungen bisher selbstver-
ständlicher sozialer Verantwortungsbereiche im »natürlichen« Umfeld,
sprich: der Familie oder Nachbarschaft, sowohl im Hinblick auf Kinder
wie auch auf ältere Menschen, machen eine politische Neukonstruktion
gesamtgesellschaftlicher Verantwortungsübernahme und deren nah-
räumliche Organisation unausweichlich.

4.5 Politiker- und Parteienverdrossenheit

Abnehmende, ja dramatisch niedrige Wahlbeteiligungen, insbesondere
in den neuen Bundesländern, lassen die Politik aufschrecken, hatte man
doch nach dem Beitritt eher eine euphorische Zustimmung zu und Inanspruchnahme von demokratischen Instrumenten erwartet. Es scheint

sich jedoch im Gegenteil infolge der wirtschaftlichen Schwierigkeiten Enttäuschung auszubreiten. Bürger und Politik verharren vorrangig in wechselseitigen Schuldzuschreibungen: Der Politik wird vorgeworfen, die prekäre Situation herbeigeführt, zumindest aber nicht verhindert zu haben, dem der Wahlurne fernbleibenden Bürger wird mangelndes demokratisches Bewusstsein unterstellt. In der Tat liegt ein wesentliches Problem indes wohl in der gegenseitigen Entfremdung. Die Bürger sehen ihre Anliegen von den Parteien und Abgeordneten nicht angemessen bearbeitet, sich von den gewählten nicht vertreten. Eine »Die-da-oben-wir-da-unten«-Mentalität mündet in trotzige Verweigerungshaltung bis hin zu einem Abwenden von demokratischen Parteien insgesamt und der Unterstützung extremistischer Gruppen.

Der Umgang zwischen Bürgern und Politikern hat an Vertrauen eingebüßt.

Diese Entwicklung macht es auf kommunaler und lokaler Ebene umso wichtiger, über tragfähige und nachhaltige Strukturen und Steuerungsmechanismen nachzudenken. Menschen werden politisch aktiv und übernehmen Verantwortung für das Gemeinwohl, wo sie Wirkung sehen und Anerkennung finden. Wo Vertrauen und Zuversicht herrschen, hat die Demokratie einen guten Nährboden. Kommunen beginnen die überlebenswichtige Bedeutung darin zu erkennen, dass sich die Anwohner mit ihrer Umgebung, ihrem Sozialraum identifizieren. Dabei spielen nicht nur die präventive Wirkung gegenüber Vandalismus, Delinquenz und Kriminalität eine Rolle, sondern weit mehr die sich eröffnenden sozialen und wirtschaftlichen Entwicklungschancen (vgl. z. B. kobra.net 2007).

4.6   Der PISA-Schock

Die Ergebnisse der PISA-Studie lösten einen nationalen Schock aus – ähnlich wie in den 1960er Jahren die von dem Philosophen, Theologen und Bildungswissenschaftler Georg Picht in der damaligen Bundesrepublik beschworene Bildungskatastrophe. Das schlechte Abschneiden deutscher Schülerinnen und Schüler gab den Anstoß zu einer breiten öffentlichen Bildungsdebatte in Deutschland und bot den Anlass für das ambitionierte, bislang finanziell umfangreichste und einzigartige nationale »Investitionsprogramm Zukunft Bildung und Betreuung« (IZBB) zum Ausbau ganztägiger schulischer Angebote. So zeitgemäß oder eigentlich längst überfällig diese Schlussfolgerung ist – im internationalen Vergleich bildet auch bezüglich der gesamtgesellschaftlichen Verantwortungsübernahme für das Aufwachsen der jungen Generation Deutschland eines der Schlusslichter – im Kontext »PISA« muss vor einseitigen Analysen und vorschnellen Schlussfolgerungen, muss vor einem pädagogischen Polit-Aktionismus gewarnt werden.

Als Hauptaussage aller vorliegenden Vergleichsstudien darf – unabhängig von leichten Aufwärts- und Abwärtstrends (die im Übrigen erneut dezidiert auf ihre Breitenwirkung, d. h. auf ihre gesamt-systemische Basis untersucht werden müssten; vgl. Knauer/Vogelsaenger 2006; Edelstein 2007) – die zirkuläre Abhängigkeit von Bildung, Sozialstatus und Armut/Wohlstand als gesichert gelten (Knauer 2002, 2004), wobei letztere differenziert zu betrachten sind, wiewohl ihre Komponenten (vgl. Edelstein 2007) im Allgemeinen kumulativ auftreten. Ob vereinheitlichte Bildungsstandards, Vergleichsarbeiten und zentrale Abschlussprüfungen die geeignete Antwort und das richtige Steuerungsinstrument darstellen, muss – selbst wenn man aus Verlegenheit nicht an sozialpolitische, sondern lediglich an bildungspolitische Stellschrauben denkt – bezweifelt werden. Dabei zieht sich Deutschland nach Überzeugung von Experten mit seinem fortgesetzten Bildungsnotstand in einem überkommen, verkrusteten und überdies selbst nach diesen alten Maßstäben nicht mehr funktionalen Schulsystem ein wirtschaftliches Problem hoch. Der PISA-Experte Andreas Schleicher, Leiter der Abteilung »Indikatoren und Analysen« im Direktorat für Erziehung der OECD, wählt außergewöhnlich klare und scharfe Worte der Kritik am deutschen Bildungswesen. Er prognostiziert einen unermesslichen volkswirtschaftlichen Schaden und einen Bedeutungsschwund des »Wirtschaftsstandorts Deutschland«, sollte Bildung als Konsum- und nicht als Investitionsgut angemessen erkannt und gewürdigt werden. Er sieht einen tief greifenden Bedarf an Innovationen, um den Rückstand des deutschen Bildungssystems zu überwinden, und bezweifelt gar, ob das gegliederte Schulwesen dieser Herausforderung überhaupt gerecht werden könne (im Interview mit Reinhard Kahl, dem Autor des im Auftrag des BMBF gedrehten Films »Treibhäuser der Zukunft«). In seinem Plädoyer für Ganztagsschulen betont er:

Das unzureichende Abschneiden deutscher Schüler/innen in Vergleichsstudien wird als Kränkung des nationalen Selbstbewusstseins empfunden.

> »Wir müssen uns eingestehen, dass unser gegliedertes Schulsystem diese sozialen Ungleichheiten verstärkt. Das Sitzenbleiben ist eine der ineffektivsten Lösungen, die man sich denken kann. Sie ist sehr teuer und bringt kaum Leistungssteigerungen.«
> (www.zeit-fuer-mehr.org/4531.php?print=1; 20.10.2007; zu diesem Argumentationsstrang vgl. auch Kap. 4.8)

Angemessene und zeitgemäße Reaktionen auf das mindere Leistungsvermögen des deutschen Bildungswesens bestehen nach Expertenmeinung nicht in Vereinheitlichungsbestrebungen, auch nicht in an den bestehenden Institutionen orientierten Reformen. Die inzwischen nahezu allerorten etablierten Schulinspektionen müssten zum Ziel haben, zarte Schösslinge der Veränderung zu bemerken und deren Gelingen zu evaluieren.

Stattdessen steht oftmals noch viel zu sehr das überbrachte Bild von schulischer Organisationsstruktur, zeitlicher und räumlicher Einteilung sowie spiralcurricularer Fachdidaktik im Vordergrund. Zunächst wäre indes eine Flexibilisierung anzustreben, die Bildungsgerechtigkeit zu schaffen sucht, indem schulische Angebote daran bemessen werden, inwieweit sie um systemische Passung und Anschlussfähigkeit zu den außerschulischen Bedingungen und Lernvoraussetzungen ihrer jeweiligen Zielgruppe bemüht sind.

Jahrelang war die Schulstrukturdebatte ein Tabuthema – die Gesamtschuldiskussion der 1970er Jahre steckte den Ländervertretern noch in den Knochen. Nun beginnt sie, wenn auch noch etwas verschämt, wieder salonfähig zu werden. Berlin hat den Begriff der »Gemeinschaftsschule« auf dem Programm, ein wenig schwer verdaulich noch, doch der Schulsenator betont, dass die Schulstruktur zwar nicht jedes Problem löse, der Hautgout des Themas gleichwohl nicht dazu verleiten dürfe, es gänzlich außen vor zu lassen (Der Tagesspiegel, Meinungsseite vom 26. August 2007). In vielen Bundesländern steht – explizit oder schleichend – die Hauptschule auf der Streichliste, allerdings augenscheinlich wegen der dort angehäuften sozialen Problematiken. Mehr oder minder scheint der schulische Sekundarbereich auf eine vorgebliche Zweigliedrigkeit (Realschule und Gymnasium) hinauszulaufen, wobei diese »Lösung« letztendlich eben doch wieder an den bestehenden Organisationsstrukturen orientiert ist; denn weder ist ausgemacht, wo die Schülerinnen und Schüler bleiben, die die Arbeit der Hauptschule bis ins Unerträgliche und Untragbare erschweren; noch wird erwähnt, dass es sich in Wahrheit um mindestens ein dreigliederiges Modell handelt, wenn man denn die verschiedenen Sparten Sonderschulen (Förderschulen, Förderzentren, Schulen mit Förderschwerpunkt …) in einem »Parallelmodell« zusammenfasst – was fragwürdig genug ist; schließlich wird die gravierendste Problematik mit diesen Innovationen in keiner Weise tangiert: Solange Schultypen nebeneinander existieren, die einer unterschiedlichen gesellschaftlichen Bewertung unterliegen, deren Abschlüsse maßgeblich mitentscheidend sind für die Zugänge zu Ausbildungs-, Berufs-, individuellen und sozialen Lebenschancen, bleibt das System selbst horizontal gestaffelt, hierarchisch und infolgedessen zwangsläufig selektiv. Wer wollte nicht ganz vorne in der Reihe stehen, wenn es um die eigene Zukunft geht? Und da können Erziehungswissenschaft und Bildungspolitik die Abkehr von der Defizitorientierung begründen, fordern, beteuern, können Soziologen im Bunde mit Wirtschaftlern das Erfordernis der Stärkeorientierung in der schulischen Bildung für die Zukunftsfähigkeit unserer demokratischen Gesellschaft beschwören – die sich der Tradition der Kloster- und Lateinschulen verpflichtet fühlende Organisationsform »Gymnasium« wird, je mehr der Ansturm von Schülerinnen und Schü-

Das Versagen wird – zumindest unterschwellig – weniger dem Bildungssystem als den Schüler/innen angelastet.

lern auf sie anwächst, sich einer solchen erweiterten gesellschaftlichen Verantwortung verweigern, im Übrigen nicht ohne politischen Flankenschutz: An dem Image dieser für den deutschsprachigen Raum einzigartigen Schulform als hehrer Bildungsanstalt Humboldtscher Prägung wagt niemand zu rütteln, mögen die Anachronismen sich dort auch zu unüberwindlichen Widersprüchen auftürmen. Solange »Gymnasium«, »Abitur« und »allgemeine Hochschulreife« in einer nur auf Schleichwegen zu umschiffenden selektiven und elitären Trias vereint sind, deren funktionale Logik sich der Nachprüfbarkeit entzieht, bleibt Bildung in Deutschland in erster Linie ein sozialer Differenzierungs- und damit gesellschaftspolitischer Machtfaktor. Zu erwarten, die Gymnasien würden ihrerseits auf eine solche Schlüsselstellung im System verzichten, ist aus vielerlei Gründen geradezu lachhaft naiv; nicht zuletzt, weil der größte Teil unserer Abgeordneten selbst diese Schulform durchlaufen und wiederum großenteils an ihr als Lehrkraft gearbeitet hat.

Es vermag daher nur vordergründig zu beruhigen, wenn einzelne Bundesländer die Bewältigung des PISA-Schocks vermelden und mit gestiegenen Abiturientenzahlen belegen. Im Gegenteil ist zu fragen, zu wessen Lasten die vermehrten Anstrengungen gingen, die gerade einmal einem Fünftel der Schülerschaft zugute kommen (vgl. Edelstein 2007) und während derer die Zahlen der Sonderschüler/innen relational um das Zweieinhalbfache anstiegen (vgl. Knauer/Vogelsaenger 2006).

Es gibt gute Schulen in Deutschland, ohne Frage. Und unter ihnen sind auch Gymnasien, die sich um ein etwas anderes Gesicht bemühen. Auffällig ist allerdings die überaus große Anzahl an Grund- und Gesamtschulen, die sich im reformpädagogischen Spektrum finden lassen, im Übrigen zahlreiche unter ihnen in integrativer Organisationsform. Das inhaltliche Begleitprogramm zum Ganztagsschulprogramm des Bundes beispielsweise recherchiert gute Beispiele und stellt deren Wege zum Erfolg heraus, um anderen Schulen Mut zu Veränderungen zu machen (Deutsche Kinder- und Jugendstiftung: »Ideen für mehr! Ganztägig lernen.«; www.ganztaegig-lernen.org; 3.9.2007). Dabei war und ist die Grundthese, dass wir kein Wissens-, sondern ein Transferproblem haben.

4.7 Das Recht auf Bildung – Bildungsgerechtigkeit?

4.7.1 Menschenrechte, Kinderrechte

Im Frühjahr 2006 besuchte der UN-Sonderberichterstatter des Menschenrechtsrats Vernor Muñoz-Villalobos Deutschland, um sich einen unmittelbaren Eindruck von den Bildungseinrichtungen zu verschaffen. Es scheint nützlich, ganz kurz vorzugreifen auf seinen Bericht, den er ein

Jahr darauf vorlegte. Denn seine kritischen Anmerkungen wurden nicht etwa mit Nachdenklichkeit aufgenommen. Schon als im Vorfeld deren Veröffentlichung durchsickerte, die Bildungschancen in Deutschland könnten nicht durchweg mit dem in der UN-Konvention festgehaltenen und von der Bundesrepublik ratifizierten Recht auf Bildung im Einklang stehen bzw. wäre hier und dort Nachbesserungsbedarf zu erkennen, muteten die Reaktionen seitens der Politik und angesichts des internationalen Pflasters, auf dem man sich bewegte, doch befremdlich an. Nicht nur, dass die freundlich-kritischen Einschätzungen und Empfehlungen des Berichterstatters von vornherein abgewiegelt wurden, nein, auch ein eigentümlicher Zungenschlag mit einem Beigeschmack dezenter Geringschätzung war unüberhörbar.

Und einmal mehr: Wer das Bildungssystem als ungerecht geißelt, muss selbst mit Diffamierung rechnen.

Wie konnte der »Juraprofessor« aus »Costa Rica« nach »nur zehn Tagen« eine Beurteilung über das komplexe und differenzierte deutsche Bildungswesen abgeben? Es schwang etwa mit: »Wie kann sich jemand ohne pädagogische Sachkenntnis aus einem fernen Land, dessen Lebensverhältnisse mit denen Deutschlands in keiner Weise vergleichbar sind und das sich mit an Sicherheit grenzender Wahrscheinlichkeit schon wegen seiner geografischen Lage in Lateinamerika in einer erheblichen sozialen Schieflage befindet, anmaßen, nach einer kurzen Stippvisite das historisch gewachsene, entfaltete, reflektierte deutsche System infrage zu stellen?« Zuvor hatte er ja Botswana und Malawi inspiziert und dort bedenkliche Entwicklungen und Praktiken angekreidet, vor diesem Hintergrund drängelte sich Deutschland mit gestrecktem Finger gern nach vorn und wollte die geneigte Beachtung des UN-Oberlehrers finden. Hoffte man vielleicht auch, die eine oder andere PISA-Scharte ausmerzen zu können und dankbar ein Schmerzpflaster aufgelegt zu bekommen? Ist es nicht leicht vorstellbar, wie die öffentlichen Reaktionen auf den Bildungsbericht gelautet hätten, wenn er des Lobes voll gewesen wäre? In diesem Falle hätte er vermutlich gern sogar aus der Feder eines asiatischen Fahrradtechnikers stammen dürfen – nach Eindrücken aus dem Film »Die Feuerzangenbowle«. Die Leserinnen und Leser mögen den Sarkasmus verzeihen, doch diese Begleitumstände des Berichts sind nicht einfach nur peinlich, sondern charakterisieren ein deutsches Grundleiden: ein angekränkeltes Selbstbewusstsein, welches einen nüchternen Umgang mit Kritik verbietet und damit die Chance auf einen produktiven Streit verbaut. Gefährlich ist eine solche Vorwärtsverteidigung, weil sie dem Gegenüber kein Gehör leiht und es tendenziell abwertet. Auch in Deutschland sind die höheren Bildungsverwaltungen vorwiegend mit Juristen besetzt, Costa Rica verfügt über eines der am weitesten entwickelten Bildungssysteme der Erde mit einem Alphabetisierungsgrad um 97 bis 98 Prozent, 22 Prozent der Regierungsausgaben gelten der Bildung (Quelle: Inwent – Internationale Weiterbildung und Entwicklung gGmbH; www.inwent.org/v-ez/lis/cri/index.htm; 4.9.2007). Und schließlich hat Señor Muñoz-Villalobos keinen touristischen Sightseeing-Trip mit dem Schwerpunkt Bildungsstätten nach Deutschland unternommen, sondern war durch Lektüre und Informanten bereits umfänglich ins Bild gesetzt. Die gesamte Disziplin der Vergleichenden Erziehungswissenschaft arbeitet mit derartigen Methoden. Außerdem, und das ist das Ausschlaggebende: Sein Besuch galt der Verwirklichung der Menschenrechte im deutschen Erziehungs- und Bildungswesen, also einer originär juristischen Fragestellung.

Nach diesem zugegeben etwas polemischen Exkurs soll nun auf die Frage der Menschenrechte in der Bildung etwas dezidierter eingegangen werden. Dabei zeichnen sich dann Verbindungslinien sowohl zu pädagogisch-curricularen, organisationsstrukturellen wie eben auch soziologischen Schwerpunkten ab. Deshalb ist die politische Antwort auf den UN-Bildungsbericht so entlarvend und brisant für unser Thema: die Integrationspädagogik. Und deshalb hat der Sarkasmus auch nicht nur eine kommunikative, sondern vor allem eine inhaltliche Dimension, weil in ihm die Hilflosigkeit gegenüber benachteiligenden Strukturen zum Ausdruck kommt.

> **Von der zeitlichen Dichte dieser Reaktionsmuster lässt sich auf ihre Systematik schließen.**

Vernor Muñoz-Villalobos lobt zuerst das gut ausgebaute Bildungswesen der Bundesrepublik. Seine Kritik setzt vor allem an den Selektionsmechanismen an. So attestiert er der deutschen Schule, mehr Trennendes als Gemeinsames zu schaffen und dadurch die sozialen Gegensätze zu verschärfen. Insbesondere beklagt er in diesem Zusammenhang die föderalen Strukturen, die Familien den Umzug von einem Bundesland in ein anderes erschweren. Die Kulturhoheit der Länder mache es auch dem Bund unmöglich, für einheitliche Chancen zu sorgen. Und das Interesse der Länder besteht naturgemäß eher in ihrer jeweiligen eigenen Profilierung denn in der Überwindung von Unterschieden. Das Argument, die Verschiedenheit der Schulen fördere einen Wettstreit des Besseren, kann zu einem zynischen Leistungskampf auf dem Rücken der Schülerinnen und Schüler entarten. In diesem Zusammenhang beklagte er auch die regional sehr unterschiedliche finanzielle Ausstattung der Schulen.

Sodann zielt seine Kritik auf die kurze gemeinsame Grundschulzeit und frühe Verteilung der Kinder auf unterschiedliche Sekundarschultypen (im Allgemeinen nach vier, in Berlin, Brandenburg und Hamburg nach sechs Jahren). Damit würden soziale Unterschiede zementiert.

Schließlich war ihm besonders ein Dorn im Auge, dass Kinder aus sozial schwachen Familien, mit Migrationshintergrund, Flüchtlinge und Kinder mit Behinderungen systematisch in den Strudel der Deklassierung geraten. Die Lage von Flüchtlingskindern könne verbessert werden, wenn Deutschland ihnen im Sinne der UN-Kinderrechtskonvention ein Recht auf Bildung und die Einbeziehung in die Schulpflicht zugestehe.

Zudem solle Menschenrechtserziehung ein expliziter Bestandteil von Schulbildung und Lehrerfortbildung werden. Dieser letzte, fast lakonisch klingende Satz birgt im Grunde die gesamte Brisanz der deutschen Wirklichkeit. Was nämlich beinhaltet das Menschenrecht auf Bildung?

Der UN-Sozialpaktausschuss stellt an die Einhaltung des Menschen- und Kinderrechts auf Bildung differenzierte Ansprüche: Neben der *Verfügbarkeit* sind nicht diskriminierende, physische und wirtschaftliche *Zugänglichkeit, Annehmbarkeit* – d. h. relevante, kulturell angemessene und hochwertige Inhalte und Methoden – sowie *Adaptierbarkeit* (flexibel, veränderten Erfordernissen und sozialen und kulturellen Bedürfnissen angepasst) Indikatoren seiner Umsetzung (Motakef 2006, S. 17). Diesbezüglich hat Deutschland wohl noch einiges an Hausaufgaben zu erledigen, um die Situation nicht zuletzt der Kinder zu verbessern, denen bis heute ein »sonderpädagogischer Förderbedarf« attestiert wird.

> **Noch erfüllt das deutsche Schulwesen die Anforderung der UN-Kinderrechtskonvention nur teilweise.**

4.7.2 Barrierefreies Europa?

Anlässlich des europäischen Jahres der »Chancengleichheit für alle« und nach der Unterzeichnung der UN-Konvention zur Gleichstellung von Behinderten am 30. März 2007 durch 80 Staaten, unter anderem der Bundesrepublik Deutschland, lohnt es sich innezuhalten und über den Tellerrand zu schauen. Der Bundesminister für Arbeit und Soziales als Vertreter der Deutschen EU-Ratspräsidentschaft bezeichnete auf der »Europäischen Konferenz zur Integration von Menschen mit Behinderungen« Anfang Juni 2007 den physisch, psychisch und kommunikativ barrierefreien Zugang zum Bildungswesen und zur Arbeitswelt als vorrangige Herausforderung.

Sind das nicht ganz ähnlich klingende Postulate wie sie zur Einlösung des Menschenrechts auf Bildung erhoben werden? Ja, selbstverständlich, geht es doch immer und immer wieder um unteilbare Ansprüche, die sich aus dem Menschsein an sich ableiten. Warum werden sie dann für manche Gruppen (Frauen, Kinder, Ältere, Migranten, Religionsgemeinschaften ...) speziell expliziert? Vordergründig mag die Antwort beruhigen, es handele sich um Personenkreise, die der besonderen Aufmerksamkeit und des besonderen Schutzes bedürften. Doch wie so häufig verbirgt sich die eigentliche Problematik unter der Oberfläche.

Wann wäre denn »Gleichstellung« erreicht und was ist »Gleichstellung« überhaupt? Soll Bill Gates etwa eine Blindenanstalt leiten und statt Software Besen verkaufen – zu handelsüblichen Preisen und als Haustürgeschäft?

Ersparen wir uns weitere skurrile Konstrukte – die zugrunde liegende Problematik ist nicht in den Griff zu bekommen und der Glaube an widerspruchsfreie gesellschaftspolitische »Totallösungen« hat die Menschheit hoffentlich mit dem 20. Jahrhundert hinter sich gelassen. Wie immer es auf den unterschiedlichen rechtlichen Ebenen genannt werden mag – Gleichheitsgrundsatz, Antidiskriminierungsgesetz, Diskriminierungsverbot, Gleichstellungsgesetz, Nachteilsausgleich – das Grundproblem bleibt. Das hat natürlich tiefere, auch historische Gründe und sie sollen an späterer Stelle (Kap. 6.1) beleuchtet werden.

Vorsorglich muss freilich ein gewisses Unwohlsein angemeldet werden hinsichtlich des guten Glaubens, der unanzweifelbaren Überzeugung und der Absicht, die Beziehungen der Menschen untereinander könnten durchgreifend justitiabel gestaltet oder auch nur zurechtgerückt werden.

Gewagt sei eine These zur Illustration. Unterzöge man die Chancen von Personen mit erschwerten Ausgangslagen und die rechtlichen Regelungen zu ihren Gunsten in den zurückliegenden 30 bis 50 Jahren einmal einem Abgleich, würde den Beobachter vermutlich ungläubiges Erschrecken erblassen lassen. Denn trotz aller gesetzlichen Verbesserungen und einklagbaren Ansprüche bleibt nicht nur der individuelle, sondern vor allem der soziale und wirtschaftliche Nachteil. Im Umkehrschluss wird die unschöne, widerständige Ahnung genährt, neue rechtliche Regelungen könnten in erster Linie Reaktionen auf verschärfte gesellschaftliche Polarisierungen und Ausgrenzungstendenzen darstellen – in Deutschland, Europa und global. Ähnlich wie im Falle der Sicherheitstechnik und den Einbruchsdelikten – sie bedingen sich wechselseitig und können einseitig nur das Tempo ein wenig beeinflussen. Der Aspekt der wirtschaftlichen Verwertbarkeit des Menschen hat sicherlich in den letzten Jahren nicht an Definitionsmacht eingebüßt und Theunissen schrieb bereits 1989 (S. 673) von einer »neue(n) Behindertenfeindlichkeit« als »einer gesellschaftlichen Entwicklung, in der Momente wie Leistung, Erfolg, Karriere, Rationalität und Machtstreben zu einer handlungsbestimmenden Größe werden«.

Integrationspädagogisch ist Deutschland in europäischen Dimensionen ein Entwicklungsland. Der Anteil der Jugendlichen mit Sonderschuloder ohne jeden Schulabschluss wächst, und selbst ein Hauptschulabschluss ist nahezu wertlos. Ein Anschluss dieser Jugendlichen an den ersten Ausbildungs- und Arbeitsmarkt ist so gut wie unmöglich. Damit werden große Bildungsressourcen sozusagen brachgelegt. Dieser Aspekt hat bedauerlicherweise noch zu wenig Eingang in die aktuelle Diskussion und das öffentliche Bewusstsein gefunden. Denn selbst auf der genannten Konferenz wurde das Sonderschulwesen als stigmatisierende, systematisch benachteiligende Institution keiner nennenswerten Kritik unterzogen.

Vielleicht sollte man nicht immer den illusionären Anspruch auf Gleichstellung formulieren – weniger Benachteiligung und effizienter Nachteilsausgleich wären schon ein großer Schritt.

4.7.3   Arme Kinder!

Das Thema »Kinderarmut« hat alle paar Jahre Hochkonjunktur und jedes Mal sind die Kinder so arm wie niemals zuvor. Der Zusammenhang zwischen materieller und Bildungsarmut sowie deren Verhältnis zum Sozialstatus und auch der psycho-physischen Gesundheit wird in den Armuts- und Reichtumsberichten des Bundes und der Länder regelmäßig und freimütig offengelegt. Gleichwohl bleibt der Armutsbegriff selbst schillernd und schwer fassbar. Denn es gibt einen umschriebenen Personenkreis, auf den Armutsmerkmale zutreffen und der infolgedessen auch den benachteiligenden Auswirkungen der Armutsattitüden und der sie verstärkenden sozialen und institutionellen Mechanismen unterliegt. Edelstein (2007) hat zuletzt eine bemerkenswerte Ausdifferenzierung verschiedener Armutsaspekte, -kriterien und -kategorien vorgelegt. Dennoch scheinen wir der Problematik nicht wirklich habhaft zu werden (zu den Hintergründen muss erneut auf Kap. 6.1 verwiesen werden – ohne Theorie geht´s nie!). Wäre es denkbar, dass wir die falschen Fragen formulieren, zu schnell zu einfache Kausalitäten herstellen? Beklagt wird beispielsweise seit PISA erneut die enge Abhängigkeit des Schulerfolgs vom Sozialstatus. Hier ist nicht von Armut die Rede. Zugleich assoziiert jeder einigermaßen bewanderte Mitbürger das in einem der letzten Sommerlöcher erfundene »Prekariat«. Wer darf sich dazu zählen? Hartz-IV-Empfänger? Hauptschulabsolventen? Menschen mit »Migrationskontext«? Alleinerziehende?

Armut ist nicht nur Mangel an materiellem Besitz und finanziellen Ressourcen. Armut ist der Inbegriff für verminderte Lebenschancen.

Wenn ein so unklarer Begriff wie Armut als Begründungsmuster und Folie für weitere schlimme Ungerechtigkeiten herhalten muss, sind verständlichere Antworten kaum zu erwarten. Das vorrangig soziologisch-demografisch-politische Problem scheint doch aber in der verhältnismäßig hohen Anzahl »Entwurzelter« zu liegen. Es gibt offenbar zu viele Menschen, die mit unserem Gemeinwesen, seinen Prinzipien und Alltagsregeln nicht mehr wirklich etwas zu tun haben. Sie haben sich in unserer Kultur und deren Subkulturen nicht wiederfinden können, sind nicht »eingebettet«. Was primär fehlt, ist auch Geld und Bildung, doch vor allem ein wirksames Identifikationsangebot mit dem Formenkreis gesellschaftlich konsensfähiger kultureller Wertungen und Handlungen. Diese Entfremdung muss als Beleg für misslungene Enkulturationsprozesse gelten – und das hat in der Tat historisch und bewusstseinsmäßig weitreichende Dimensionen. Es hat auch zu tun mit dem Verhältnis der Generationen zueinander, zum Sozialraum als Lebenswelt sowie mit der Einbindung in soziale Strukturen und Räume.

4.8 Besserung in Sicht? – Letzte Meldungen

Zum Abschluss dieses Kapitels, das sich mit den vielfältigen Umwälzungen des ausgehenden 20. und beginnenden 21. Jahrhunderts befasst, soll ein Blick auf aktuelle Meldungen die Brisanz des integrationspädagogischen und -politischen Diskurses unterstreichen und aufzeigen, wie sehr die Thematik alle Menschen berührt und betrifft.

Gleichzeitig wird dieser Blick – nolens volens – für ein paar kleine Überraschungen sorgen. Dabei darf nicht verschwiegen werden, dass der Zufall der Verfasserin in die Hände gespielt, ja diesen Aspekt förmlich aufgedrängt hat. Ebenso wenig wie hier infolgedessen Ergebnisse einer systematischen Recherche präsentiert werden, wird auch nur ansatzweise an Vollständigkeit gedacht. Die Ausgaben der Berliner Tageszeitung »Der Tagesspiegel« einer einzigen Woche lösten nämlich einen merkwürdigen Déjà-vu-Effekt aus und legten Verbindungslinien zu vor zehn Jahren diskutierten Thematiken. Die neuen Meldungen werden hier deshalb mit den »alten« kontrastiert. So wird deutlich, dass allen empirischen Befunden, hermeneutischen Studien, erziehungs- und bildungspraktischen Aufrufen sowie dem Vier-Milliarden-Programm zum Ausbau von Ganztagsschulen zum Trotz keines der vorgefundenen Themen zufriedenstellend be- oder etwa gar abgearbeitet worden wäre.

4.8.1 Erstes Beispiel

1997 sammelte Bonfranchi in seinem aufsehenerregenden Buch »Löst sich die Sonderpädagogik auf?« neben pädagogischen philosophische, biologische, medizinische und ökonomische Argumente für seine These, die Sonderpädagogik paralysiere sich durch die Integrationspädagogik gewissermaßen aus sich selbst heraus. Aus medizinisch-ökonomischer Sicht entwarf er das Szenario, dass infolge einer immer engmaschigeren pränatalen Diagnostik – bis hin zu dem nicht nur verbalen Ungetüm einer sogenannten »Präimplantationsdiagnostik« – Behinderungen Neugeborener so gut wie ausgeschlossen, abgeschafft werden können. Mehr noch, führte er weiter aus, würden als erste die Krankenkassen und in deren Gefolge die Sozialsysteme durch etwaige vorgeburtlich entstandene Behinderungen entstehende Kosten nicht mehr übernehmen unter dem Hinweis, die Geburt dieses Menschen habe ja verhindert werden können. Infam und obszön erscheint Ihnen diese Überlegung? Stimmt, ganz so weit sind wir noch nicht, ist vielleicht auch gar nicht notwendig. Der soziale Druck mag in den meisten Fällen wohl genügen. So ist einem fast ganzseitigen Artikel im Tagesspiegel von 10. September 2007 (Claudia Keller: »Im Zweifel gegen das Leben«, S. 10) zu entnehmen, dass sich

Behinderungen werden zunehmend als vermeidbar und damit als individuell verschuldet betrachtet.

92 Prozent der Schwangeren, die ein Kind mit Down-Syndrom erwarten, für eine Abtreibung entscheiden. Beklagt wird in diesem Zusammenhang von Fachleuten besonders die kurze Frist von oftmals nur zwei Tagen zwischen Diagnose und Abbruch sowie das Fehlen einer sozialpsychologischen Beratung. Diese ist bei sogenannten »Spätabbrüchen« rechtlich nicht vorgeschrieben. Zu denen zählt aber die Indikation »Down-Syndrom«, weil sie erst im vierten bis fünften Schwangerschaftsmonat festgestellt werden kann, wobei das Risiko der Untersuchung selbst kaum kritisch beleuchtet wird. Generell, so werden in dem Beitrag verschiedene Fachdienste zitiert, nehme die Tendenz zu Schwangerschaftsunterbrechungen auch bei Verdachtsmomenten auf leichte Beeinträchtigungen spürbar zu. Es gebe einen »regelrechten Automatismus zur Abtreibung« und Ärzte befürchteten Schadensersatzforderungen, wenn sie nicht zum Abbruch rieten. Die Mediziner befinden sich in einem Dilemma: Mit der vorgeburtlichen Diagnostik verfügen sie über ein Wissen, dessen Konsequenz in keiner Weise expliziert wird und das ihnen keinerlei therapeutische Möglichkeiten erschließt. Was fangen sie also mit diesem Wissen an? Außerdem können Beratungsangebote von niedergelassenen Ärzten nicht abgerechnet werden.

Vernachlässigt wird der Aspekt, dass sehr viele Behinderungen erst im Laufe des Lebens erworben werden.

Der Leserbrief einer betroffenen Mutter spricht für sich:

»… Die Ärzte nehmen zig Untersuchungen vor, deren Sinn und Zweck umstritten ist. Und man hat das Gefühl, das arme Kind ist nur eine Nummer für deren Statistik. Die Krankenkasse sagt, wir sind für einen Behindertenautositz nicht zuständig, das müssen Sie bei der Rentenversicherung beantragen oder bei der Pflegeversicherung. Allerdings dauert die Bearbeitung eines Behindertenausweises derzeit bis zu zwölf Monate und die Pflegeversicherung können wir erst in ein bis zwei Jahren in Anspruch nehmen, weil ja angeblich ›der Pflegeaufwand nicht mehr ist als bei einem gesunden Kind in diesem Alter‹ (14 Monate).
Und die Gesellschaft starrt einen an und jeder fragt: Und das konnte man nicht vorher feststellen, dass das Kind behindert sein wird? Und ich könnte noch tagelang weitere Beispiele liefern.
Unser Kind ist ein wunderbarer Sonnenschein, den wir gegen nichts in der Welt eintauschen würden. Aber bei den Torturen, die wir in dieser kurzen Zeit schon über uns ergehen lassen mussten, kann ich nicht guten Gewissens einer Mutter wissentlich zu so einem Schritt raten …«

Anja Schönwald, Der Tagesspiegel vom 16.9.2007

So ganz aus der Luft gegriffen waren Bonfranchis Thesen vor zehn Jahren wohl nicht.

In einer mehr als Randnotiz zu wertenden Meldung auf derselben Zeitungsseite wird der Berliner Bildungssenator von den Lehrerverbänden kritisiert, weil entgegen seinen Beteuerungen im neuen Schuljahr in großem Umfang Unterricht ausfällt. Besonders eklatant und besorgniserregend sei die Unterversorgung bei den Förderstunden für Behinderte und Migranten. Konnte man *das* nicht auch schon vorher feststellen?

4.8.2 Zweites Beispiel

Wir kennen sie alle, die Klagen über den mangelhaften Gesundheitszustand deutscher Kinder: zu dick, schlechte Zähne, Haltungsschäden, hypermotorisch und motorisch ungeschickt, aufmerksamkeitsgestört und sprachlich entwicklungsretardiert – wo fängt eigentlich Behinderung an?

Die Sparzwänge der Kommunen treffen in erster Linie die Kinder und Heranwachsenden, die auf öffentliche Freizeiteinrichtungen angewiesen sind.

Gleichfalls am 10. September machte die Themenseite »Gesundheit« des »Tagesspiegels« die motorische Entwicklung zum Schwerpunkt: »Auf die Balance kommt es an.« Als Beispiele werden in den Einschulungsuntersuchungen aufgedeckte motorische Defizite bei einem Drittel der Kinder angeführt. Einen Tag zuvor hatte man lesen können, dass die Jugendgesundheitsdienste wegen Personalmangels infolge der Sparpolitik höchstens noch drei Fünftel der ABC-Schützen untersuchen können. Und Schulpsychologen? 6 200 Schülerinnen und Schüler scharen sich rechnerisch um eine Position. Also ist wieder die Initiative der Familien gefragt. »Geh schwimmen«, so die aufgeklärten, wohlmeinenden Eltern zu ihren Zehnjährigen. Doch wohin? Seit dem Jahr 2 000 wurden in Berlin etliche Hallenbäder geschlossen, in einigen Bezirken gibt es gar keine mehr, andere sind wegen erforderlicher Sanierungsmaßnahmen langfristig nicht nutzbar. In Einzelfällen wurden Schwimmhallen an private Träger veräußert – dort kostet der Eintritt nun bis zu zehn Euro. »Ein deutliches Zeichen für die Verschlechterung der kindlichen Entwicklungsbedingungen sind z. B. motorische Störungen aufgrund von Bewegungsmangel und Übergewicht, verbunden mit den bekannten gesundheitlichen Risiken. Kinder bewegen sich im Alltag immer weniger. Was früher für Kinder eine lustvolle Herausforderung war, ist heute für viele ein unüberwindbares Hindernis. So waren z. B. im Rahmen einer Stadtteilerkundung ca. 30 Prozent der Kinder nicht in der Lage, einen Hügel hinaufzuklettern, andere hatten panische Angst vor Brennnesseln oder einer Hummel. Durch Wahrnehmungs- und Bewegungsdefizite sind Kinder im Straßenverkehr zusätzlich gefährdet.« (Apel 2007, S. 160)

Bereits 1996 wies Petra Rau in der »Berliner Lehrerzeitung« (S. 7) darauf hin, dass zwölf Prozent der Unfälle mit Kindern im Straßenverkehr durch motorische Entwicklungsrückstände verursacht werden (zum Zusammenhang zwischen Wahrnehmung und Bewegung vgl. Kap. 6.3).

4.8.3 Drittes Beispiel

Die meisten unter Ihnen werden sich noch an die berühmte Grundsatzrede des damaligen Bundespräsidenten Roman Herzog im Frühjahr 1997 erinnern: »Ein Ruck muss durch Deutschland gehen.« Darin beschwor er Bildung als das »Mega-Thema« der herannahenden Wissensgesellschaft, bezeichnete das lebenslange Lernen als unausweichlich. Damals war von Demografie und Methusalem-Komplott noch kaum die Rede. Die Wissensgesellschaft hat uns mittlerweile längst eingeholt – da berichtet der »Tagesspiegel« am 15. September von einer Rede des jetzigen Bundespräsidenten Horst Köhler an der Führungsakademie der Bundeswehr. Unverhohlen schimpft dieser darin auf die »bewegungsbedürftige Trägheit« im deutschen Bildungswesen, kritisiert die soziale Hierarchisierung der Bildungs- und Lebenschancen und fordert einen Werte- und Verantwortungskanon besonders bei »manchen Teileliten« ein. Die Worte werden schärfer, die Inhalte unterscheiden sich nur wenig.

Wir brauchen einen gesellschaftlichen Verantwortungsdiskurs.

4.8.4 Fazit

Hatte man die niederschmetternden Ergebnisse nationaler und internationaler Bildungsstudien zunächst für Erschütterungen halten dürfen, die mit dem präsidialen Ruck-Wort in reformerische Schwingungen münden könnten, muss heute ernüchtert festgestellt werden, dass halt die Sau vom Wiegen allein nicht fetter wird und es offensichtlich eines viel stärkeren Außendrucks bedarf, um nennenswerte Veränderungen im Bildungswesen anzustoßen. So ist dem Herausgeber dieser Reihe nur beizupflichten, wenn er erneut auf die Anforderungen der Wirtschafts- und Arbeitswelt an das Schulwesen hinweist und die frühe Aufgliederung in Haupt-, Real- und Gymnasialschüler/innen anprangert als wesentliches Hindernis zu effizienterer Förderung, anschlussfähiger Grundbildung und mehr Ausbildungsfähigkeit und die gleichzeitige Unspezifik der gymnasialen Oberstufe verantwortlich macht für eine mangelnde berufliche Vorbereitung (Jürgens 2007).

Seit Mitte der 1990er Jahre wird in schöner Regelmäßigkeit die wirtschaftliche Ineffizienz der deutschen Schule beklagt (Kienbaum 1994; Struck 1995; Schleicher 2004). Die Verfasserin möchte sich anschließen mit der in diesem Buch verfolgten und zu belegenden These: Solange neben den dreieinhalb Säulen (einschließlich Gesamtschule) des Schulsystems als vierte die Sonderschule beibehalten wird, solange die Hierarchie der Schulabschlüsse über Lebenschancen entscheidet, solange der Besuch der Schultypen maßgeblich zur Einschätzung von Personen herhalten kann, wird Schule in Deutschland keinen wirklichen Wandel voll-

Das gegliederte Schulwesen ist das Abbild der sozialen Hierarchie in Deutschland.

ziehen. Selbst die Abschaffung der Hauptschule wird die gewünschten Effekte nicht erzielen, im Gegenteil: der Druck auf die Schülerinnen und Schüler wird sich verschärfen nach dem alten Kreuzberger Motto »drei Streifen adidas, zwei Streifen Caritas«. Erst wenn Selektion, Disqualifizierung und Deklassierung, wenn Beschämung, Fehlerorientierung und linear einseitig unterweisender, ausschließlich fachcurricular orientierter Unterricht nicht beim ersten Schritt ins Klassenzimmer Kindern unüberhörbar vermittelt, ob sie mit ihrem soziokulturellen Hintergrund willkommen und angenommen sind oder aber nur hingenommen werden, erst wenn Schulinspektionen diese soziokulturelle Kompetenz zum Wertmaßstab für eine Organisation und die in ihr Beschäftigten erheben und wenn diese Bewertung beispielsweise finanzielle Folgen zeitigen würde, dürfte mit einer paradigmatischen Veränderung zu rechnen sein. Ein Silberstreif am Horizont zeichnet sich durch das vermehrte zivilgesellschaftliche und das Engagement von Unternehmen ab, die deutlich rationalere und zugleich humanere Akzente setzen. Wahrscheinlich wird nur Druck von diesen Seiten, auch das vermehrte Abwandern von Familien an private Schulen, selbstkritische Reflexion und Revision bewirken. Allerdings ist hierbei genau mitzuverfolgen, ob die soziale Schieflage unserer Gesellschaft nicht eine noch stärkere Neigung annimmt.

Die Bildungsungerechtigkeit, fokussiert am Beispiel sogenannter »Behinderter« (zur Begrifflichkeit vgl. Kap. 6.1 und 6.2), zu überwinden ist Auftrag und Anspruch der Integrationspädagogik mit der Zielsetzung einer inklusiven Schule, die alle Schülerinnen und Schüler fähigkeits- und stärkeorientiert fördert. Dies beinhaltet die Abschaffung der Sonderschulen als obrigkeitsstaatliche Zuweisungsanstalten. Wie um die Aktualität und die Brisanz dieses Auftrages nochmals zu unterstreichen, erschien am 18. September 2007 die OECD-Studie »Bildung auf einen Blick« für das Jahr 2007, die Deutschland nicht nur erneut einen Platzverweis erteilte, sondern zusätzlich einen weiteren Abstieg attestierte. Es langweilt allmählich, all die nachgewiesenen Einzelheiten der Versäumnisse und des Versagens zu zitieren. Daher lediglich ein Satz von Andreas Schleicher, der es treffender nicht auf den Punkt bringen könnte: »Deutschland krankt an einer Lebenslüge.«

Die Herausforderungen an das Bildungswesen sind im Kern dieselben geblieben, wie sie die Integrationspädagogik seit Jahr und Tag benannt und bearbeitet hat. Wenn das folgende Kapitel sich den »neuen Themen« der Bildungsdebatte widmet, bedeutet dies mithin nicht, inhaltlich vollkommen neue Ansätze zu entwickeln. Vielmehr soll es darum gehen, die Gültigkeit integrationspädagogischen Denkens und Handelns auch unter veränderten gesellschaftlichen Bedingungen aufzuzeigen und nach entsprechenden Optionen und Umsetzungsmöglichkeiten zu suchen.

Wer auf der sozialen Leiter ganz unten steht, findet sich zumeist auf Haupt- und Sonderschulen wieder.

Es ist eine Fehlannahme und Irreführung, dass die Förderung an Haupt- und Sonderschulen, verbunden mit eigenen Anstrengungen, systematisch Wege in weiterführende Bildungsgänge eröffnen würde.

5. Die neuen Themen – und die Missverständnisse

Wenn auch in verschiedenem Ausmaß und unterschiedlicher Zielschärfe, beeinflussen die genannten Faktoren die derzeitige Bildungsdebatte, an der das wahrhaft Erfreuliche vor allem ist, dass sie endlich geführt wird. Denn seit der großen Gesamtschuldiskussion in der Bundesrepublik der 1970er und 1980er Jahre war das Gespräch über Bildung, auch über deren Wert selbst sowie den durch sie vermittelten Wertekanon nahezu verstummt. Am deutlichsten fallen augenblicklich noch immer die Reaktionen auf die PISA-Studien ins Auge.

5.1 Förderung – individuell oder früh, für alle oder nur für PISA-Loser?

Der Ruf nach individueller Förderung steht seither mit an oberster Stelle der Herausforderungen an eine moderne Schule. Als handele es sich um einen soeben entdeckten Kunstgriff, sollen die Probleme der mangelnden Ausschöpfung von Bildungsressourcen am oberen wie am unteren Ende der Begabungs- und Leistungsskala überwunden, sollen soziale Benachteiligungen beseitigt werden. Im Zusammenhang mit der neuen Ganztagsschule fällt gar der Begriff der »individuellen Förderung in Vielfalt« als Schlüssel zu erfolgreichen Bildungsverläufen – eine originär integrationspädagogische Sichtweise. Ebenso wird die Bedeutung der Förderung in der frühen Kindheit herausgestellt, und zwar nicht nur im klassischen Kindergartenalter, sondern bereits in den ersten drei Lebensjahren (»U3«, vgl. Deutsches Jugendinstitut 2007). Von der frühen und individuellen Förderung verspricht man sich nicht zuletzt auch eine Bewältigung der kulturellen und sprachlichen Bildungshemmnisse von Kindern in Migrationskontexten.

> **Frühe, individuelle Förderung ist ein altes pädagogisches Prinzip.**

So erfreulich und erforderlich die eingeleiteten Schritte zweifelsfrei sind, so erstaunlich muten die wie aus einer neuen wissenschaftlichen Erkenntnis abgeleiteten Forderungen an das Erziehungs- und Bildungswesen an. Wurde Studierenden der Pädagogik nicht schon vor 50 Jahren vermittelt, dass die wesentlichen Grundlagen für alles spätere Lernen in den ersten sechs Lebensjahren gelegt werden? Hob die Erzieherinnenausbildung nicht gleichermaßen auf diese Erkenntnis ab? Wurden nicht Eltern über vielfältige Medien aufgeklärt über die Bedeutung spieleri-

scher Anregungen für ihre kleinen Kinder? Erfuhr nicht die Spielzeug-
industrie in unseren Breiten seit den 1950er Jahren einen gewaltigen Auf-
schwung mit dem Hinweis, lernförderliche Wirkungen zu zeitigen, ja
wurde nicht der Begriff »Lernspielzeug« selbst zum Markenzeichen für
Mitbringsel zum Antrittsbesuch bei Neugeborenen?

**Die neuen
Themen greifen
alte Forderun-
gen der Integra-
tionspädagogik
auf.**

Wenn Deutschland, wie es die PISA-Studien nahelegen, in diesen Berei-
chen versagt (hat), kann das nicht an der Unwissenheit der maßgeblichen
Akteure liegen, sondern lässt vielmehr strukturelle Ursachen erahnen:
Fehlende inhaltliche, zeitliche und methodische Flexibilität, mangelhafte
Ausstattung und eine an der institutionellen Funktionslogik ausgerich-
tete Organisationsstruktur stellen die wesentlichen Hindernisse auf dem
Weg zu einer förderorientierten Pädagogik dar.

Immerhin sieht sich die Integrationspädagogik in ihren Prinzipien
der »individuellen Förderung«, »der Vielfalt in Gemeinsamkeit« und der
»Stärkeorientierung« nun bestätigt und gewürdigt, würde auch ver-
schmerzen, nicht als Urheberin genannt zu werden. Bedenklicher ist hingegen, dass doch die veränderte Sichtweise recht losgelöst erscheint von
ihren erkenntnistheoretischen Hintergründen und pädagogischen Zusammenhängen. Das macht sie im Zweifelsfall angreifbar und störungs-
anfällig (vgl. Kap. 6).

Es sollte sich nämlich bei einem stärkeorientierten Ansatz in der Pädagogik nicht um einen Rettungsanker für Bildungsverlierer handeln, der je
nach gesellschafts- und wirtschaftspolitischer Konjunktur zu Wasser gelassen oder gelichtet wird, sondern um einen ethisch-pädagogischen
Grundsatz, der im Sinne des Menschenrechts auf Bildung überdauernde
und allgemeine Gültigkeit besitzt (vgl. Kap. 4.7.1: Menschenrechte, Kinderrechte).

5.2   Standards und Schulängste

Ebenfalls im PISA-Gefolge steht die weithin erhobene Forderung nach
Bildungsstandards. Dagegen wäre auch zunächst nichts einzuwenden,
sofern geklärt wäre, was an welchem Standard ausgerichtet ist und wie es
bemessen werden sollte.

Selbstverständlich würde jeder vernünftig denkende Mensch es begrüßen, wenn die Kinder einer Familie, die aus Hamburg nach München,
von Dresden nach Mannheim zieht, ihre Schullaufbahn ohne allzu große
Irritationen fortsetzen könnten. Genauso wünschenswert wäre es, wenn
allen jungen Menschen in einer zehnjährigen Pflichtschulzeit dasselbe
Bildungsangebot zur Verfügung stünde, unabhängig vom Typ der Schule, die sie besuchen. Aus allgemein- und integrationspädagogischer Sicht
könnte ein differenzierteres Angebot auch flexibler auf unterschiedlich

bedingte individuelle Leistungsschwankungen reagieren, ohne mit dem teuren und ineffektiven Sitzenbleiben oder gar einer Abschulung zu drohen.

Die Diskussion unter den Bundesländern nach der Föderalismusreform schürt indes die Befürchtung, dass diese Aspekte allenfalls nachrangig zum Tragen kommen. Auf verbindliche, allgemeingültige Qualitätskriterien für Schule und Unterricht will man sich nämlich auf gar keinen Fall verständigen. In dem eifrigen Bemühen um das bessere Bildungsmodell geraten die »Abnehmer« von Schule allzu leicht aus dem Blickfeld.

Denn Standards werden nun zwar allenthalben angelegt, nicht freilich an das Bildungsangebot, sondern an die Adressaten – mit Vergleichsarbeiten, einem vereinheitlichten mittleren Schulabschluss, dem Zentralabitur usw. Dies alles sind Maßnahmen, die nicht nur an alle Schülerinnen und Schüler dieselbe Messlatte anlegen, sondern auch zu einer Vereinheitlichung und Verdichtung des Unterrichts auf kognitive Lerninhalte beitragen. Eines der neueren Instrumente, welches einen anderen Beobachtungsstandpunkt gegenüber Unterrichts- und Schulqualität einnehmen könnte, die Schulinspektion, droht in diesem Kontext (aber natürlich auch aus Gründen eines fehlenden Professionsbildes und infolgedessen fehlender entsprechender Qualifizierung der Inspektoren) in den Dienst einseitiger Effizienzbestrebungen genommen zu werden.

> **Allgemeingültige, verbindliche Standards sollten an das Bildungsangebot angelegt werden, nicht an die Schülerinnen und Schüler.**

Entsprechend heißt es bei Tromp/Weber (2007, S. 61) unter Bezugnahme auf die PISA-Studien: »Unser spezieller PISA-Schock wurde ausgelöst durch die Befunde über die mangelnde Durchlässigkeit des deutschen Schulsystems für Kinder aus der Unterschicht bzw. Kinder mit Migrationshintergrund. Waren wir jetzt wieder im Jahr 1964 angekommen (dem Jahr der ›Bildungskatastrophe‹ von Georg Picht; SK)?

So unterschiedlich wie die Schocks sind auch die Vorschläge zur Überwindung der Ergebnisse, durch die diese Schocks ausgelöst werden. Wir kämen beispielsweise nie auf die Idee, den bereits jetzt gewaltigen Stress der Schüler/innen durch die Reduzierung der 13-jährigen Schulzeit auf 12 Jahre weiter zu erhöhen, nur damit beim nächsten internationalen Schüler/innen-Vergleich der Stoff schon sicherer sitzt. Die Antwort auf unseren Schock können wir dagegen ganz einfach formulieren: Beendigung des selektiven dreigliederigen (im Grund genommen inzwischen viergliederigen) Schulsystems durch eine Schule für alle. Weg mit einem Schulsystem, welches nicht in der Lage ist, Kinder individuell zu fördern (weshalb es die eigentliche ›Einheitsschule‹ darstellt). Und Schluss mit der ideologisch überfrachteten Diskussion über die Perspektiven unserer Kinder und unserer Gesellschaft.«

Exakt letztere wird derzeit geführt um die Einrichtung sogenannter Gemeinschaftsschulen. Das beginnt schon bei deren Bezeichnung, vielen

Wenn die soziale Benachteiligung im Bildungswesen glaubwürdig überwunden werden soll, führt kein Weg an der Auflösung des gegliederten Schulwesens vorbei. Selektion soll es dann nur noch nach oben geben.

klingt sie anrüchig nach sozialistischem Erbe. Und neben den Gymnasien stehen die ehemaligen Reformmodelle, nämlich die Gesamtschulen mit gymnasialer Oberstufe in der ersten Reihe der Verweigerer. Der Grund für dieses auf den ersten Blick nicht nachvollziehbare Bündnis: Die Furcht um den eigenen guten Ruf und vor dem Vertrauensverlust bildungsbeflissener Eltern, d. h. im Ergebnis ein sozialer Abstieg der Schülerschaft und damit der Schule. Zudem misstraut man sicherlich auch den finanziellen Versprechungen der Politik, und dies nach bisherigen Erfahrungen nicht von ungefähr (vgl. Susanne Vieth-Entus: Gemeinschaftsschule – Ein Umweg, kein Holzweg. In: Der Tagesspiegel vom 25. September 2007).

So begrüßenswert die Einrichtung einer gemeinsamen Schule für alle Schülerinnen und Schüler innerhalb eines Sozialraumes aus integrationspädagogischer Sicht ist: Wirklichen Erfolg haben kann ein solches Modell nur, wenn ihm die leistungsstärkeren Heranwachsenden nicht von Eliteeinrichtungen abgeworben werden. Diese Erfahrung hat man bereits mit den Gesamtschulen gemacht, die sich seit ihrem Bestehen um genügend Schüler/innen im oberen Leistungsdrittel sorgen müssen. Infolgedessen kann das gegliederte Schulwesen faktisch nur überwunden werden, indem es abgeschafft wird.

Unklar bleiben muss auch, welche Zuweisungseffekte die bereits eingeführten Standardisierungen in einer solchen Gemeinschaftsschule auslösen. Es ist eine alte integrationspädagogische Forderung, die Verschiedenheiten der Schülerinnen und Schüler mit konsequent binnendifferenzierenden Angeboten zu beantworten (vgl. dazu im Einzelnen Kap. 7). Wenn eine gemeinsame Schule diese Zielsetzung durch Vermessungs- und Zuweisungsmechanismen weiterhin von innen her aushöhlen würde/müsste, wäre nichts gewonnen, im Gegenteil, den Reformkritikern in die Hände gespielt (vgl. auch Kap. 4.8.4: Fazit).

Auf die Frage »Wie fühlen sich Kinder in der Schule?« würde die Antwort weiter lauten, dass Acht- bis Neunjährige zu 44 Prozent Angst haben, in der Schule zu viele Fehler zu machen. 30 Prozent der Siebtklässler haben Schulversagensängste (vgl. Enderlein 2007, S. 4). Die Elf- bis 13-Jährigen reagieren auf diese Belastungen zu 22 Prozent mit psychischen Auffälligkeiten, 27 Prozent der Jungen entwickeln Verhaltensprobleme und 23,5 Prozent der Mädchen Essstörungen (Enderlein 2007, S. 8). Schülerinnen und Schüler der fünften, siebten und neunten Klassen leiden zu 46 Prozent regelmäßig an Müdigkeit und Erschöpfung, zu 25 Prozent an Kopfschmerzen, 27 Prozent haben Einschlafstörungen und 30,5 Prozent schlechte Laune und sind reizbar (Enderlein 2007, S. 10). »Hinter diesen psychosomatischen Symptomen verbergen sich Stress, Burnout/Erschöpfung und Depressionen. Tatsächlich diagnostizieren Kinderärzte immer häufiger Depressionen bis hin zum Wunsch, nicht mehr leben zu

Leistungs- und Selektionsdruck machen Kinder, Jugendliche und Lehrkräfte krank.

wollen, bei immer jüngeren Kindern – schon bei Achtjährigen!« (Enderlein 2007, S. 11)

Sicher ist Schule nicht der einzige Auslöser für diese Probleme, aber immerhin scheint sie auch nicht dazu beizutragen, sie zu mindern. Dies wäre jedoch eine ernst zu nehmende gesellschaftliche Aufgabe. Verschärfte Standardisierungen, Kontrollen und vermehrter Leistungsdruck weisen in genau eine entgegengesetzte, falsche Richtung.

Die gesundheitlichen Gesichtspunkte stehen im Übrigen wiederum in einem engen Zusammenhang zu Fragen der Menschenwürde und der Kinderrechte. Aus gutem Grund verbindet der Gesetzgeber die Gestaltung von Arbeitsplätzen mit umfangreichen Auflagen zur Wahrung gesundheitlich vertretbarer Bedingungen. Zwar ist Kinderarbeit in Deutschland untersagt, doch gleichwohl sind »Kinder zwischen Vorschul- und Schulalter [...] weitgehend zu einem Leben gezwungen, das ihren altersspezifischen und für ihre Entwicklung wesentlichen Lebensbedürfnissen zuwider läuft. Deshalb entwickeln sie verschiedene Formen von Entwicklungsstörungen, Krankheiten, Verhaltensauffälligkeiten. Dies sind ›Hilferufe‹ und ›Abwehrmechanismen‹, die bislang vorwiegend symptomatisch therapiert werden.« (Enderlein 2007, S. 53)

Aus systemischer Warte ergänzt die Integrationspädagogik: Verstörende Bedingungen werden geschaffen, Störungsbilder erfunden und ontologisierend dem Individuum zugeschrieben (vgl. Kap. 6.1).

Wenn in Talkshows immer wieder darauf hingewiesen wird, dass die Schule die sozialen Härten des Lebens vorwegnehme und daher gut auf die Wirklichkeit vorbereite, verfolgt und erfüllt sie offensichtlich ganz andere als die behaupteten Zwecke und Ziele.

5.3   (Ganztags-)Schule als Lebenswelt

Nach der Veröffentlichung der ersten PISA-Studie schaltete sich der Bund in das originär von den Ländern verantwortete Bildungswesen mit einer groß angelegten Offensive zur Förderung ganztägiger Schulen ein. Im Jahre 2003 wurde das Vier-Milliarden-Giro-Investitionsprogramm »Zukunft Bildung und Betreuung« von Bund und Ländern unterzeichnet. Gefördert werden können »Ausbau und Weiterentwicklung« neuer Ganztagsschulen, die »Schaffung zusätzlicher Plätze« an vorhandenen Ganztagsschulen oder die »qualitative Weiterentwicklung« von Ganztagsangeboten. Die Förderung läuft bis Ende 2009. Die Entscheidung, welche Schulen und Schulformen gefördert werden, sowie die inhaltliche Ausgestaltung und die Personalausstattung obliegen den Ländern. Bislang profitieren bundesweit nahezu 6 500 Schulen in allen Bundesländern von den Mitteln.

Von Beginn an verfolgte das Programm aber nicht nur einen quantitativen Ausbau ganztägiger Schulen und eine Verlängerung der dort zu verbringenden Zeit, sondern verknüpfte diese Zielsetzung mit qualitativen pädagogischen Ansprüchen.

Die Länder favorisieren ihrerseits unterschiedliche Modelle von Ganztagsangeboten, gemeinsam ist lediglich die grundlegende Definition der Kultusministerkonferenz, dass »Ganztagsschulen« sich auf zumindest drei Wochentage mit wenigstens sieben Zeitstunden zu erstrecken haben. Der Grad der Verbindlichkeit der über den Unterricht hinausgehenden Angebote unterscheidet sich, je nachdem, ob es sich um eine Ganztagsschule in gebundener (verpflichtend für alle Schüler/innen), teilgebundener (verpflichtend nur für einen Teil, z. B. einzelne Jahrgänge oder Klassen) oder offener (freiwilliger Besuch unterrichtsergänzender Angebote) Form handelt. Die unterschiedlichen Formen eröffnen verschiedene Optionen der zeitlichen Flexibilisierung und der Kooperationen.

Um die Auseinandersetzung um das bessere Modell nicht in einen ideologisch geführten Wettstreit münden zu lassen, wurde die Deutsche Kinder- und Jugendstiftung als neutraler, zivilgesellschaftlicher Partner mit der Moderation eines Begleitprogramms betraut. Mit dem Programm »Ideen für mehr! Ganztägig lernen.« werden wissenschaftliche Erkenntnisse für die Schulpraxis übersetzt, erhalten Schulen die Möglichkeit, sich zu präsentieren und auszutauschen und werden in zurzeit 14 Bundesländern von regionalen Serviceagenturen unterstützt (zur weiteren Information: www.ganztaegig-lernen.de; 28.9.2007).

Lernen ist mehr als Unterricht. Ein pädagogischer Grundgedanke der Ganztagsschule besteht in dem Anspruch, jungen Menschen gute Aufwachs- und Lernbedingungen zu bieten. Der umfangreichere Zeitrahmen rückt ins Bewusstsein, dass Schule als soziales Umfeld einerseits immer schon einen Teil der Lebenswelt von Kindern und Jugendlichen darstellt. Gleichzeitig besteht die programmatische Herausforderung darin, diese Lebenswelt so zu gestalten, dass sie den Bedürfnissen Heranwachsender entspricht. Hier steht die Förderung geistig-kognitiver Kompetenzen gleichrangig neben einer gesunden körperlichen und sozio-emotionalen Entwicklung. Denn es drängt sich ja förmlich die Einsicht auf, dass Kinder, die den ganzen Tag in der Schule verbringen, dort nicht ausschließlich sitzend unterrichtet und unterwiesen werden können. Gerade die Kritiker der Ganztagsschule monieren, dass die Freiräume und der Ausgleich in Form von Spiel, Begegnung und Sport vernachlässigt werden könnten. Dabei verkennen sie indes, dass gerade diese Bereiche in heutigen Kinderwelten ohnehin viel zu kurz kommen. Das jüngste LBS-Kinderbarometer, veröffentlicht Ende September 2007, bestätigt erneut, dass ein Drittel der Jugendlichen übergewichtig ist und aus Sicht der Kinder 55 Prozent der Erkrankungen stressbedingte Kopf- und Bauchschmerzen sind; weitere 45 Prozent sind im weitesten Sinne allergischen Reaktionen zuzurechnen, bei denen psychische Auslöser oft nicht unbeteiligt sind.

Als umso wichtiger wird also im Kontext der Ganztagsschuldebatte erkannt, dass ein Schultag sehr viel mehr bieten muss als Wissensvermittlung. Je nach politischer Position mag man diesen gesellschaftlichen Auftrag als zu der Familienerziehung subsidiär betrachten und daher eher für offene Formen plädieren oder aber ein reichhaltiges und ausgewogenes Angebot für alle Schülerinnen und Schüler anstreben. Dieses soll den Tag im Wechsel von An- und Entspannung rhythmisieren und die Berücksichtigung gesunder und kultivierter Essensversorgung sowie ausreichender Bewegung auf der einen und Ruhe auf der anderen Seite für selbstverständlich erachten, und infolgedessen für gebundene Formen eintreten.

Der modernen ganztägigen Schule ist daran gelegen, für die Bewohner ihres Sozialraumes das geeignete Angebot zu machen unter Berücksichtigung der Bedürfnisse und Wünsche der Familien. Sie knüpft an der außerschulischen, lebensweltlichen Erfahrung der Schülerinnen und Schüler ebenso an wie an ihren individuellen Lernvoraussetzungen, Stärken und Neigungen. In ihrem Selbstverständnis ist sie eine Einrichtung, die Kindern und Heranwachsenden eine wertschätzende Haltung entgegenbringt und ihre ganzheitliche Förderung im Blick hat (vgl. Knauer/ Durdel 2006; Kahl/Knauer 2007).

Zahlreiche Schulen mit ganztägigen Angeboten in Deutschland bemühen sich ohne spezifische programmatische Akzentuierung um Nichtaussonderung, Gemeinsamkeit in Vielfalt, individuelle Förderung und betrachten das Lernen in heterogenen Gruppen als bereichernde Herausforderung. Sie reagieren damit auf die unterschiedlichen Lebensbedingungen und Lebenswelten in ihrem sozialräumlichen Umfeld und sind darum bemüht, ein diesem Kontext entsprechendes Angebot zu entwickeln und fortzuschreiben. Ihre Haltung entspricht nicht der häufig noch anzutreffenden Auffassung »Ich leiste gute Arbeit, aber die Schüler und Schülerinnen sind nicht lernwillig oder lernfähig«, sondern bemessen den Wert ihrer Arbeit an den Erfolgen der Schüler/innen. Die Perspektive ist bei ihnen verlagert vom institutionellen Blick zum Kind und Jugendlichen im Zentrum.

In der Tat entsprechen ganztägige Betreuungs-, Erziehungs- und Bildungsangebote unter dieser Prämisse exakt einem integrationspädagogischen Profil. Es ist also nur folgerichtig, dass das Forum Bildung, ein Arbeitsstab in der Geschäftsstelle der Bund-Länder-Kommission für Bildungsplanung und Forschungsförderung, in seinen Empfehlungen den Zusammenhang zwischen ganztägigen und integrativen Schulen herausstellt, damit den allgemein-pädagogischen Ansatz der Integrationspädagogik unterstreicht und eine entsprechende Qualifizierung einfordert:

»Das Forum Bildung empfiehlt daher:

- bedarfsgerechte Ausweitung des Angebots an Ganztagsschulen mit Schwerpunkten der individuellen Förderung und des sozialen Lernens,

Lernen ist mehr als Wissen ansammeln.

Die moderne Ganztagsschule versteht sich als Servicezentrum in Sachen Bildung.

**Benachteili-
gungen und
Behinderungen
überwinden!**

- Verbesserung der Bedingungen für das Finden und Fördern von Begabungen, u. a. durch
  - qualifizierte Diagnose und Beratung,
  - Verstärkung von Zusatzangeboten,
  - bessere Vorbereitung der Erzieherinnen und Erzieher sowie der Lehrkräfte und permanente Weiterbildungsangebote,
- Verbesserung der inhaltlichen, organisatorischen und personellen Förderbedingungen für Kindertageseinrichtungen und Schulen mit hohem Anteil von Kindern aus sozial benachteiligten Familien und von Kindern mit Migrationshintergrund, verstärkte Einbeziehung und Beratung von Eltern insbesondere in diesen Bildungseinrichtungen,
- verstärkte Integration von Behinderten in Regeleinrichtungen, Verbesserung der Bedingungen für die individuelle Förderung von Behinderten in Regeleinrichtungen, Vertiefung von Fragen der Integration und spezifischen Förderung von Behinderten, Entwicklung einer Pädagogik der individuellen Förderung sowie ihre Einbeziehung in die Aus- und Weiterbildung der Lehrenden,
- Ausbau von Diagnostik und qualifizierter Beratung, beispielsweise des schulpsychologischen Dienstes.« (Forum Bildung 2006, S. 8 f.)

5.4   Informelle Lerngelegenheiten

Nachdem die Diskussion um informelle Lernprozesse in Deutschland geraume Zeit vernachlässigt wurde, hält sie in den letzten Jahren verstärkt Einzug in die Bildungsdebatte.

**Lernen passiert
ja einfach.**

Informelle Lernprozesse umfassen nach einer Schätzung der UNESCO aus dem Jahre 1972 (Faure 1973) rund 70 Prozent allen Lernens. Insbesondere durch die beschleunigte Veränderung und Technologisierung der Lebens- und Arbeitswelten gewann der internationale Diskurs über zu wenig extern gesteuertes und nicht zertifiziertes Lernen in den zurückliegenden zehn Jahren sichtbar an Dynamik. Er wird international auch im Zusammenhang mit der Globalisierung des Lernens geführt. Hier soll nicht vertiefend auf die Problematik der definitorischen Abgrenzungen zwischen informellen, non-formalen und formalen Lernvorgängen eingegangen werden (vgl. hierzu Overwien 2004; 2005). Diese Diskussion scheint nicht nur an dieser Stelle unpassend, sondern ist, mehr noch, von ihrer Struktur her selbst infrage zu stellen; denn wenn eine »Entgrenzung« der Bereiche Arbeits- und Privatleben wesentliches Merkmal der Entwicklungen der neueren Zeit ist und damit die neue Bildungsdebatte maßgeblich beeinflusst, sind infolgedessen die Übergänge zwischen beiden Lebensbereichen fließend. Die zunehmende Bedeutung informeller, selbstgesteuerter Lernvorgänge entspricht den Anforderungen des Arbeitsmarktes, der Arbeitsplätze und der Arbeitsmedien; auf allen drei Dimensionen lassen sich die notwendigen Kompetenzen nicht mehr ausschließlich curricular planen und steuern (vgl. Overwien 2004, S. 54). Diese strukturell bedingt weichen Faktoren, die im internationalen Maßstab sehr viel mehr berufsförderliche Anerkennung genießen als in Deutschland, wo nach wie vor formale Zertifizierungen den hauptsächlichen Ausschlag geben, entziehen sich daher auf den ersten Blick weitgehend formal organisierten und gerahmten Bildungsangeboten; das reicht von zeitlich-räumlichen Aspekten bis hin zu methodisch-didaktischen.

Zu entwerfen ist also ein Konzept, das formale und informelle Lernprozesse individuell bedarfsgerecht abrufen und miteinander verschränken lässt. Die bisherige Debatte hebt noch zu sehr auf die akademische Trennung der Lernweisen ab, statt sich konsequent den Lernbedürfnissen des Individuums zuzuwenden (wenngleich dies als Herausforderung von Overwien beispielsweise erkannt wird). Auf den »mittleren« Begriff, das non-formale Lernen, soll im vorliegenden Zusammenhang gänzlich verzichtet werden, weil zum einen die Definitionen erheblich voneinander abweichen – hier sind es mehr die Formen des Lernens, dort mehr die Strukturen oder die institutionelle Einbettung, die den Begriff umreißen. Zum anderen soll betont werden, dass, betrachtet man informelles und formal gerahmtes Lernen als zwei Pole, im optimalen Falle das Lernhandeln selbst, beide Seiten komplementär nutzend, zwischen ihnen pendeln kann; je nach Bedarfs- und Bedürfnislage wird es einmal mehr nach der einen, ein anderes Mal mehr nach der anderen Seite ausschlagen. Denn wenn es zutrifft, dass die Mehrheit der Lerntätigkeiten informeller Natur sind, wenn dafür gilt, dass sie sich »in einem weder linearen noch sequentiellen Prozess« (Overwien 2004, S. 54) vollziehen, dann muss ein Zusammenspiel informeller und formaler Lerntätigkeiten zirkulären und selbstreferentiellen Bewegungen folgen, um sich ihrer wechselseitigen Bezugnahme und damit zugleich ihrer selbst zu vergewissern.

Kritiker ganztägiger Bildungsangebote befürchten nun, informelles Lernen, welches originär inzidentelle (zufällige) und implizite (dem Tun innewohnende, nicht reflektierte) Merkmale trägt, könne in ganztägigen Schulen entweder völlig verdrängt werden oder aber es würde eine Kolonialisierung der (privaten) Lebenswelten vorangetrieben. In der Tat sollten derartige Vorbehalte nicht vorschnell von der Hand gewiesen werden; dazu gibt es zu viele auch negative Erfahrungen mit der Institution Schule. Overwien (2004, S. 68) beschließt seine Reflexionen zu informellem Lernen im Kontext der internationalen Debatte folgerichtig:

Informelles Lernen kann man nicht systematisieren und didaktisieren.

Informelles Lernen könnte die sozialen Grenzen der Bildung sprengen.

»Die Lernanforderungen der ›Wissensgesellschaft‹ und in Verbindung damit die Debatte um Schlüsselqualifikationen bzw. Schlüsselkompetenzen, so diffus sie sich insgesamt entwickelt haben mag, fordert eine Neubewertung dieses außerschulischen Kompetenzerwerbes und ein intensives Nachdenken über Verbindungslinien zwischen den Lernarten und -formen heraus. Dabei sind soziale Lerngrenzen mit zu beachten, aber auch Strategien der Menschen, diese Grenzen zu überschreiten. Bourdieu hat mit seinen Arbeiten zum Habitus und zum kulturellen und sozialen Kapital auf die Grenzen der sozial ausgleichenden Funktion von Schule hingewiesen. Trotz aller Schwierigkeiten bei der Umsetzung dieses Anspruches darf er nicht aufgegeben werden. Ganztagsbildung kann dazu beitragen, diesen Anspruch zu verwirklichen. Dies ist aber nur möglich, wenn hier neue Lernräume geschaffen werden, in denen sich formales und informelles Lernen treffen, in denen eigenständiges Lernen kulturell und sozial sensibel begleitet wird. Pädagogische Konzepte dazu müssen nicht neu erfunden, sondern kreativ angepasst werden. [...] In diesem Rahmen muss es auch um eine neue Professionalität der LernbegleiterInnen gehen, denn eine Ganztagsbildung, die sich nicht neuen professionellen Herausforderungen stellt, die nur reformresistente Schule verlängert oder nur anspruchsarme Aufbewahrung würde, wäre eine Veranstaltung, die informelles Lernen eher behindert.« (Overwien 2004, S. 68)

Für die integrationspädagogische Diskussion sind die Aspekte informellen Lernens aus mindestens zwei Gründen von herausragender Bedeutung:

Zum einen stellen sie die Rolle selbstgesteuerter Aneignungtätigkeiten noch einmal ganz klar heraus und damit eine gleichschrittige Didaktik/Methodik infrage.

Zum anderen betont die Forschungslage die (sub-)kulturelle Bedingtheit informeller Aneignungsweisen. Befunde liegen aus soziologischen, psychologischen und ethnologischen Untersuchungen vor. Damit wird von dieser Seite her das unter dem Blickwinkel der Armut, der individuellen Benachteiligung, der Bildungsferne, der kulturellen Differenz und anderen benachteiligenden Faktoren sowie deren Tendenz zur Akkumulation beleuchtete »PISA-Syndrom« zusätzlich unterlegt. Was Urie Bronfenbrenner schon in den 1970er Jahren feststellte, dass nämlich mexikanische Einwanderer mit den ihnen kulturell fremden Integrationsangeboten nichts anfangen konnten, weil weder Passung noch Anschlussfähigkeit zu ihren lebensweltlichen Identitäten bestanden, hat von seiner Richtigkeit und Aktualität nichts eingebüßt. Die bei Overwien (2004) zitierten Forschungsbeispiele zeigen eben diese Problematik auf und beobachten zudem die Ethnozentrik westlicher Bildungssysteme und ihre

Unfähigkeit, diesen Umstand angemessen zu berücksichtigen, sodass Benachteiligung und Behinderung sich im Bildungsprozess vermehren müssen. Wenn nämlich, wie anschließend zu zeigen sein wird, in unseren Bildungssystemen vor allem eine wechselseitige Fremdheit, ein kommunikatives Nicht- und Missverstehen Behinderung begründen und innerhalb der Systemlogik sowie den bestehenden Machtverhältnissen als strategisches Problemlöseverfahren konstruieren, wenn die Autopoiese (der Selbsterhalt) des bestehenden Systems in seinen eingefahrenen Funktionsweisen die Oberhand gewinnt, können wir der zu beobachtenden Zuspitzung, nämlich immer mehr Bildungsverlierern, überhaupt nicht entfliehen. Denn die Beibehaltung der Systemgrenzen und -strukturen entfernt sich zunehmend von der gesellschaftlichen Wirklichkeit und schafft sich unzählige blinde Flecken.

5.5 Partizipation

Teilhabe und Partizipation sind verbreitete Schlagwörter der augenblicklichen Debatte. Auf den ersten Blick scheint es sich hier um nichts Neues zu handeln, sind doch Eltern- und Schülervertretungsrechte überall fest verankert und verbrieft. Gleichwohl werden die meisten Leserinnen und Leser die Erinnerung an lustlose Klassensprecherwahlen teilen, die Erfahrung wirkungsloser Ämter, bestenfalls erfolgloser Einmischungsversuche in den institutionellen Alltag. Nicht sehr viel anders sieht es bezüglich der Elternrolle aus, die sich weithin darin erschöpft, dass Mütter in Pausen und bei Schulfesten selbstgebackenen Kuchen und selbstgeschmierte Brötchen zugunsten der Klassenkasse oder des Fördervereins verkaufen.

Wenn Teilhabe und Mitgestaltung in der Schule mehr als nur Worthülsen sind, halten demokratische Verhältnisse Einzug.

    Doch im Zusammenhang mit den Schlagwörtern fallen neue Begriffe, nämlich »Mitgestaltung« und »auf Augenhöhe«, und bei näherem Hinsehen sind auch neue Beteiligungsstrukturen zu erkennen. Beispielsweise gibt es da die bundesweite Servicestelle Jugendbeteiligung (www.jugendbeteiligung.info), gegründet 2001 als Projekt zur Förderung und Vernetzung jugendlicher Aktivitäten in Politik und Gesellschaft, und deren Bundesarbeitskreis »Schüler gestalten Schule«. Im Rahmen des Ganztagsschulprogramms »Ideen für mehr! Ganztägig lernen.« wirken Jugendliche nicht nur unterstützend mit, sondern setzen eigene Akzente. Unter anderem führen sie mit Schulen Zukunftswerkstätten zur Schulentwicklung durch, publizieren Broschüren und Filme. Zum Thema der individuellen Förderung und der Integration drehten sie im Jahre 2005 in Kooperation mit der Deutschen Kinder- und Jugendstiftung den dokumentarischen Film »Weißt du, was ich kann?« und beziehen damit eindeutig Stellung gegen separierende Maßnahmen.

Eltern tragen nicht nur als Experten mit ihrem beruflichen Know-how zu einer Vergrößerung und Verbreiterung des Bildungsangebots bei, sie beteiligen sich auch aktiv an der Schulentwicklung. Zu erwähnen ist zum Beispiel der aus Elterninitiative entstandene gemeinnützige Verein »democaris« (www.democaris.de), der über verschiedene Erhebungen und gesteuerte Formen von Feedback eine neue, transparente Kommunikationskultur in die Schulen trägt und damit dazu beiträgt, dass Schulen ihre jeweiligen Entwicklungsaufgaben bestimmen und bearbeiten. Begleitend achtet »democaris« darauf, dass alle an Schule beteiligten Personen und Gruppen gleichberechtigt an einem demokratischen Austausch und der gemeinsamen Weiterentwicklung beteiligt sind.

Eltern als Partner können der Schule wichtige Entwicklungsimpulse geben.

Durch diese und andere, vergleichbare Formen der »Einmischung« fällt es aufgeschlossenen Schulen leichter, ihre Veränderungsprozesse in Angriff zu nehmen, zu beschleunigen und erforderlichenfalls stärkere Durchsetzungskraft zu entwickeln. Umgekehrt geraten Bastionen alter Pauk-Pädagogik unter Druck, weil ihnen die Schüler/innen ausbleiben. Unübersehbar ist ein wachsendes zivilgesellschaftliches Interesse an den Lebens- und Lernbedingungen in den Schulen unter Privatpersonen, Vereinen, der Wirtschaft und sonstigen Einrichtungen und Gruppierungen. Gemeinsam ist ihnen das Anliegen, einen wertschätzenden, entwicklungsfördernden und -förderlichen Rahmen zu schaffen, dem die heranwachsende Generation im Wortsinne »anvertraut« werden kann. Der Selektionsgedanke ist einer solchen Denkkultur fremd und für die Integrationspädagogik heißt das, hier Ansprechpartner zu finden und Aufklärungsarbeit hinsichtlich der gängigen Auslese- und Aussonderungsmechanismen zu leisten.

5.6 Bildungslandschaften

Bildungspolitisch sind die Auswirkungen der Föderalismusreform – kaum dass sie in ihrer Umfänglichkeit voll bewusst sind – in vielfacher Hinsicht spürbar: Die Bundesländer entdecken Bildung als Standortfaktor und loten in erstarktem Selbst- und Verantwortungsbewusstsein die regional passenden institutionellen Formen und Strukturen aus. Gelegentlich scheint sich die neue Bildungsdiskussion freilich weniger um die Bedürfnisse der Kinder als um die Abgrenzung der Rechte und Pflichten zwischen Familien und Staat zu drehen. Immerhin: Das bislang nahezu mit Sprachtabu belegte Subsidiaritätsprinzip kommt dadurch in die Diskussion. Selbst konservativen Kreisen, die für seinen Erhalt plädieren (vgl. den Leitantrag zum Grundsatzprogramm der CDU 2007 – dort taucht der Begriff allein elfmal auf), ist klar, dass es zumindest intensiver, aktiver Unterstützung, also gesamtgesellschaftlicher Verantwortungsübernahme bedarf, um den Vorrang der Elternrechte substanziell zu legitimieren. Denn eine wachsende Anzahl vom Erwerbsleben abgekoppelter, sozial ausgegrenzter Familien kann ihren Erziehungsaufgaben nicht mehr hinreichend nachkommen. Beängstigend mehren sich die Meldungen über unterversorgte, vernachlässigte, misshandelte, entwicklungsretardierte, sozial-emotional irritierte und orientierungslose Kinder. Diese gesellschaftliche Erziehungsinsuffizienz trifft auf einen heute bereits spürbaren und künftig weiter steigenden Bedarf an qualifizierten Arbeitskräften.

Im historischen Wandel von der Industrie- zur Wissens- und Informationsgesellschaft spielt Bildung – wen wundert´s? – eine besondere Rolle, die sämtliche anderen Gesellschafts- und Politikfelder berührt. Und das ist das wirklich Neue, dass nämlich Bildung gesellschaftliche Definitionsmacht gewinnt, dass Bewusstsein Sein bestimmen kann. Ein wahrhafter Paradigmenwechsel!

Keineswegs neu ist demgegenüber, dass neue Verhältnisse auch neue Strukturen und Steuerungsmechanismen erfordern. Und diesbezüglich scheinen wir uns genauso inmitten eines Umwälzungsprozesses zu befinden. Weder ist freilich dessen Ausgang absehbar, noch lässt sich dieser grundlegende Wandel augenblicklich in seiner Tragweite absehen und verallgemeinernd beschreiben.

Zwar wird nicht erst seit heute das Problem der zersplitterten Lebenswelten benannt, auch in seinen Auswirkungen auf Familienplanung und -gründung und damit in seiner demografischen Dimension. Doch erst in jüngster Zeit beginnt man allmählich, verloren gegangene oder auch beseitigte Strukturen auf ihre essenziellen und unverzichtbaren Bestandteile abzuklopfen, die sozio-psycho-ökologisch-ökonomischen Bedingungen für ein gesundes Aufwachsen und Leben von Kindern und Jugendlichen zu bestimmen und gezielt im sozialen und räumlichen Umfeld wieder herzustellen. Aus diesem Blickwinkel ist Schule kein losgelöster, unangefochtener Eigenraum mehr, sondern findet sich wieder im kooperativen Kontext anderer reproduktiver Einrichtungen.

Überall in der Republik lassen sich kleinere und größere Projekte beobachten, die Schule nicht »in Ruhe lassen«, die sich einmischen und Schulen ihrerseits zur Einmischung auffordern (wie z. B. Jugendliche und Eltern). Wie üblich, wenn tradierte, festgeschriebene und zum Teil verkrustete Rahmungen gesprengt werden, vollziehen sich derartig tief greifende Veränderungen nicht eindimensional und kontinuierlich, sondern zeichnen sich geradezu aus durch situative, episodenhafte und diskontinuierliche Ereignisse. Während sich an einem Punkt Entwicklungen und Ereignisse zu überstürzen scheinen, auch Konflikte aufwerfen, gedeihen anderswo – gewissermaßen im »Windschatten«, nahezu unbemerkt und unbehelligt zarte Sprossen nachhaltiger Umorientierungen.

In Bildungslandschaften kooperieren Kommunen, verschiedene Ressorts und Träger von Angeboten in formalen und informellen Lerngelegenheiten und schaffen Synergieeffekte.

Gemeinsam ist all diesen Aufbrüchen die Sozialraumorientierung, die Entschlossenheit zu Wirksamkeit und Erfolg und – die Suchbewegung. Insbesondere letztgenannte versetzt die Beobachter/innen in Staunen: Auf einem Gebiet, nämlich dem der Schulpolitik, auf dem gewohnheitsmäßig Antworten schon lange da waren, bevor überhaupt reflektiert werden konnte, ob – und wenn ja – welche Fragen es geben könne, wird mit einem Mal infrage gestellt und in Zweifel gezogen, werden sogenannte Sachzwänge als Zwangssache empfunden, wird Probehandeln zur Mutprobe und werden Mutproben zum unverzichtbaren Faktor für die Schaffung von Gelingensbedingungen.

Die Fülle von Fachbeiträgen und -tagungen zur Thematik »kommunale Bildungsplanung und -steuerung«, die dort präsentierten Beispiele, manche unter ihnen Lehrstücke fast, scheinen vereinzelt den Eindruck zu vermitteln, als habe die Entwicklung vor Ort die politischen Rahmenbedingungen überholt, als habe der Rückzug der Bundespolitik aus der Bildung die Zuständigkeit der Länder gleich mit hinweggefegt und die Verantwortlichkeiten in lokale und kommunale Strukturen verlagert. Was sich demnach als zutreffend erst noch erweisen müsste, könnte ein neues Ausloten und Verorten der personellen und finanziellen Ressourcen sowie der verwalterischen Ressorts zwischen Ländern und Kommunen sein. Außerdem zeigt die Sozialraumorientierung manche Akzentverschiebungen. Sie hat die Einbeziehung verschiedener Gruppen von Akteuren zur Folge, die im herkömmlichen Verständnis mit Schule allenfalls mittelbar im Zusammenhang standen: Verbände und Vereine, Kirchen, Betriebe, Initiativen und weitere zivilgesellschaftliche Einrichtungen wie aber auch Privatpersonen auf der einen, der »non-offiziellen«, und Jugend-/Schulsozialarbeit auf der anderen, der »amtlichen« Seite.

Interdiszipli-
näres, interkul-
turelles und
intergeneratives
Lernen erfüllt
Standorte mit
Leben ...

Sobald eine soziale Kommunalpolitik ihre (bildungspolitische) Aufgabe weniger im Verwalten als im Gestalten sucht, je mehr dem subjektiven Faktor als Bestimmungsgröße sozialer Verhältnisse Bedeutung beigemessen wird, desto mehr gibt das konkrete soziale Feld den Rahmen für nachhaltige Entwicklungs- und Steuerungsprozesse ab. Diese müssen infolge des zugrunde liegenden Verständnisses die tradierten Monokulturen einzelner Ressorts und Disziplinen sprengen und in synergetischen Annäherungs- und Kooperationsprozessen überwinden.

Historische, politische, ökonomische, soziale und wissenschaftliche Entwicklungslinien fließen ineinander. Die integrationspädagogisch lange geforderte Lebensweltorientierung von Schule beispielsweise nimmt Gestalt an in ganztägig rhythmisierten schulischen Angeboten, die ihrerseits angewiesen sind auf die Unterstützung und das Mittun gesellschaftlicher Akteure aus dem Umfeld.

Ein Schlüssel zum Erstarken kommunaler Bildungsstrategien liegt sicherlich im parteiübergreifenden Streben der lokalen Systeme nach nachhaltigen Strukturen. Vielerorts hat man in den zurückliegenden 15 Jahren einen dramatischen Bevölkerungsrückgang und damit eine bedrohliche sozialräumliche Verödung, brisante demografische und soziale Schieflage und wirtschaftliche Verelendung hinnehmen müssen. Da lässt es aufmerken, wenn die eine oder andere Gemeinde oder Stadt gegen diesen Trend Erfolge verzeichnet. Dort hat man verstanden, dass eine an sozialen, familialen Bedürfnissen ausgerichtete Infrastruktur einen wirtschaftlichen Standortvorteil bedeutet. Betriebe und Familien lassen sich nieder, bleiben, identifizieren und engagieren sich, junge Menschen sehen für sich eine Zukunftsperspektive. Denn gerade angesichts der ökonomischen Globalisierungstendenzen wollen Menschen sich »verorten«, sie müssen sich sogar »verankern«, um ihre Stärken, Fähigkeiten und Fertigkeiten optimal, zum eigenen und zum gesellschaftlichen Nutzen zu entfalten. Das haben mittlerweile auch führende Wirtschaftsvertreter erkannt (z. B. Hans-Jörg Seeberger, Vorstandsvorsitzender der EganaGoldpfeil [Holdings] Limited, der sich die Parole »Think Global, Act Local« als Motto auf die Fahnen schreibt).

... Das bringt soziale und wirtschaftliche Standortvorteile mit sich.

Unter der vorliegenden Perspektive ist es unzweifelhaft, dass Bildung als gemeinschaftliche Aufgabe nicht nur ein Tages-, sondern ein lebenslanges Projekt ist und deshalb die halbtägige, einseitig auf Wissensvermittlung an junge Menschen ausgerichtete Schule ein Auslaufmodell ist. Die Entwicklung, so ist es beispielsweise an den Fensterschulen in Groningen, aber auch den Extended Schools in England sowie weiteren Modellen unserer europäischen Nachbarn zu beobachten, wird sich in die Richtung lokaler Servicezentren bewegen (vgl. Deutsche Kinder- und Jugendstiftung 2007). »Inclusive Education« ist dort keine Frage des »Ob«, sondern des bestmöglichen individuellen Förderarrangements. Exklusion ist undenkbar, denn das hieße gleichzeitig, Anrainer aus Angeboten für alle Bürger auszuschließen.

In lokalen Bildungslandschaften findet die afrikanische Weisheit, es brauche ein ganzes Dorf, um ein Kind zu erziehen, gewissermaßen ihre postindustrielle Interpretation und Verwirklichung.

5.7 Die deutsche Schwäche: Kategorisierungen und Schubladen

Zu den Kernsätzen der aktuellen Bildungsdiskussion zählt die individuelle Förderung in heterogenen Gruppen (vgl. BMBF 2005). Gerne wird auf die europäischen PISA-Sieger, die skandinavischen Länder, verwiesen. Denn dort gelten zwei Devisen: »Kein Kind darf zurückbleiben!« und »Kein Kind darf beschämt werden!«

So einfach kann es also sein!?

Das Fragezeichen steht dafür, dass wir es gerne ein bisschen komplizierter haben. Diese Haltung ist von Vorteil, wenn eine differenzierte, analytische Betrachtungsweise in passgenaue Modelle mündet. Nachteilig ist sie allerdings, wenn in der Komplexität die Orientierung verloren geht, wenn Einzelmaßnahmen gegeneinander arbeiten und wenn Vorschriften, die eine Verbesserung beabsichtigen, so weit von der Alltagspraxis entfernt sind, dass sie Verschlechterungen bewirken und der Verrechtlichung des Schulalltags Vorschub leisten. Auf diese Weise wird die Handlungsfähigkeit vor Ort unnötig erschwert und eingeschränkt.

Der gemeinhin vorgebrachte Einwand gegen das skandinavische Vorbild lautet deshalb folgerichtig: Geht bei uns nicht, hier gibt es andere Voraussetzungen, andere Rahmenbedingungen, andere Vorschriften.

Im Online-Adventskalender 2003 des Forum Bildung verbirgt sich hinter dem Türchen mit der Nummer fünf eine Sentenz des Bildungsjournalisten Reinhard Kahl. Unter der Überschrift »Entneurotisierung« schreibt er:

> *»Zu meinen stärksten Eindrücken in skandinavischen oder kanadischen Schulen gehört, dass Zugehörigkeit erst mal viel wichtiger als Leistung ist. Aber genau deshalb steigen die Leistungen. Ein für viele Deutsche fremder Gedanke. Die Finnen sagen: jeder gehört dazu, keiner darf beschämt werden. Dort sind die Schüler stärker bei sich und näher an den Sachen. Sie sind mehr mit dem Leben und weniger mit ihrem Überleben befasst. Solche Systeme sind weniger neurotisierend. Das Problem der Neurotiker ist ja, dass sie so sehr mit sich verstrickt sind, dass ihnen Energie für die Welt fehlt.*
>
> *Mein Wunsch ist deshalb, dass sich das menschlichere, elegantere und schließlich erfolgreichere indirekte Spiel in der deutschen Bildung durchsetzt. Das etwas dumme, direkte Schießen aufs Leistungstor, bei dem so viel daneben geht, sollten wir als Altlast des Industriezeitalters hinter uns lassen …«* (bildungplus.forum-bildung.de/templates/imfokus_inhalt.php?artid=256; 4.10.2007)

Die Schule könnte mehr Gelegenheit lassen für unmittelbares Erleben, echte Erfahrungen und authentische Begegnungen.

Das »Leistungstor« findet sich ja aber nicht bloß in Schule und Unterricht selbst, sondern auch im Nachdenken darüber: Dieses Kategorische, Rechthaberische, immer schon Wissende, wie etwas richtig geht und wie es deshalb alle machen sollen; dieses Fehlen an Fragehaltung, an Ambiguitätstoleranz, auch an Sich-überraschen-lassen-Wollen, an Zuversicht, dass beispielsweise Lernen ein vitales Interesse von Kindern ist und sie gar nicht anders können. Stets kommt dem Oberbegriff größere Bedeutung zu als dem konkreten Fall – und Fehler liegen niemals im System, sondern im Einzelnen, denn sonst könnte es ja passieren, dass durch das Verschieben eines Mosaiksteinchens andere ins Rutschen geraten und sich alles gar nicht mehr so hübsch widerspruchsfrei zusammenfügt. Wer nachdenkt über Schularten, frühe Selektion, äußere Differenzierung und Sitzenbleiben »*wird doch nicht etwa die Schulstrukturdebatte vom Zaun brechen wollen?*« – so der drohende Unterton, als handele es sich um ein Sakrileg. Und Einwände, Lena und Murat kämen aber mit dem augenblicklichen Leistungsdruck nicht zurecht, sie litten unter Versagensängsten, seien entmutigt und ihre Leistungen würden daher in der Tat immer schwächer, lassen sich leicht entkräften mit dem Hinweis auf fehlende familiäre Unterstützung, mangelnde Intelligenz und Sprachkenntnisse: »Wenn die in zwei Jahren noch nicht einmal … und das nicht nur in Deutsch … im Vergleich zu Julia … dann können wir ja gleich …«

Betrachtet man die Beispiele innovativer Schulen in Deutschland, fällt deren weitverbreitetes Bemühen um Nichtaussonderung ins Auge (vgl. Arbeitskreis reformpädagogischer Schulen »Blick über den Zaun«, www.blickueberdenzaun.de; 20.10.2007 – sowie die Praxisbeispiele auf dem Internetportal www.ganztaegig-lernen.de). Dabei wird der integrative Aspekt in ihrer Programmatik gar nicht unbedingt hervorgehoben. Es geht diesen Schulen einfach darum, ihre Schülerinnen und Schüler zu fördern und zu erfolgreichen Abschlüssen zu führen. Und dazu wählen sie den Weg attraktiver Lernanreize, betrachten sich als kooperativen Bestandteil des kommunalen Umfeldes – und sind selbstbewusst in diesem Kontext zugleich ein wirtschaftlicher Standortfaktor, der Familien anzieht. Selbstverständlich ist ein solches Selbstbild undenkbar ohne die partizipative Mitwirkung aller Beteiligten. Nur so kann ein Klima wechselseitiger Wertschätzung wachsen, und wo Wertschätzung im Vordergrund steht, hat der Selektionsgedanke keinen gedeihlichen Nährboden.

Eine Kultur der Anerkennung setzt Energien frei und schafft Ressourcen.

Freilich haben es auch diese Schulen nicht immer leicht, denn die Struktur des gegliederten Schulwesens bleibt bestehen. Auf der anderen Seite nämlich gibt es auch durchaus Schulen, die sich einseitig als Anstalten der fachlichen Eliteförderung sehen und sich allzu gerne zulasten reformbereiter Schulen der Schüler/innen entledigen, die ihnen pädagogische Anstrengungen abfordern würden. Diese Schulen haben die Debatte um Mindeststandards fehlinterpretiert: Aus ihrer Sicht handelt es sich um Messlatten, die an Heranwachsende anzulegen sind. Stattdessen spiegeln die Lernergebnisse jedoch die Qualität des Bildungsangebots. Für diese Erkenntnis gilt es mit Sicherheit noch längere Zeit Überzeugungsarbeit zu leisten und im besten Sinne – nämlich im Sinne der Kinder und Jugendlichen – mit guten Argumenten zu streiten.

Das Forum Bildung erkennt im Kontext individueller Förderung die Problematik von sozial benachteiligten Kindern und Kindern mit Migrationshintergrund sowie der Begabungsförderung wieder und stellt explizit die Zusammenhänge her, wie sie einem modernen Lernbegriff und der Integrationspädagogik innewohnen.

Übrigens: Auch auf die in Deutschland neu entflammte Debatte um die Benachteiligungen von Schülerinnen und Schülern mit Migrationshintergrund im Bildungssystem finden wir in einem skandinavischen Land eine knappe Antwort: Dort heißen Schülerinnen und Schüler aus anderen Herkunftsländern »Neuschweden«.

So einfach kann es also sein!?

Schon die Sprache verrät die Absicht – zu festschreibenden Kategorisierungen oder aber Möglichkeiten eröffnenden Perspektiven. Nein, einfach ist es sicherlich nicht, das Umdenken zu forcieren und in der (föderalen) Bildungspolitik, den Bildungswissenschaften und der Bildungspraxis flächendeckend und nachhaltig zu verankern. Doch die Anstrengung lohnt, denn dann würde zusammenwachsen, was zusammengehört, in einer wirklich ausnahmslosen, allgemeinen Pädagogik – und auf einmal wäre nicht alles, aber vieles ganz einfach. Die neue Bildungsdebatte lässt diese Vision zur Perspektive werden, weil sie in ihren Dimensionen, ihrem Tempo und ihren sichtbaren Früchten vor Ort hergebrachte Verkrustungen und vermeintliche Sachlogiken und -zwänge übergeht und überwindet, weil sie sich nicht mehr an ausgetretene administrative Pfade hält, nicht die Ordnungsprinzipien für maßgeblich hält, sondern die jeweils eigenen Zielstellungen zur Richtschnur wählt. So findet das Unkonventionelle, Spontane und Kreative Eingang in eine Domäne, die organisationsstrukturell jahrzehntelang geprägt war von der »Aktenlage« und wissenschaftlich auf weite Strecken von einem in gespreiztem, exklusionärem Duktus geführten Diskurs.

5.8 Einladung zum Perspektivwechsel: Das Kind im Zentrum

Auf dem Höhepunkt der Integrationsbewegung in den 1990er Jahren, als zumindest im Westen der Republik alle Länder integrative Möglichkeiten in ihren Schulgesetzen verankerten, wurde besonders herausgestellt, dass es weniger um den Ort als vielmehr um das jeweilige Kind und dessen optimale Förderung gehe. Mag man auch die politische Absicht hinter dieser Aussage vermuten, die einflussreichen Interessenvertreter des Sonderschulwesens nicht allzu sehr durch eine integrationspädagogische Prioritätensetzung zu verprellen – eingeläutet wurde mit dieser Erkenntnis ein Wechsel des Beobachterstandpunkts: An die Stelle der Institution als ordnungsstruktureller Definitionsgröße rückte das Individuum mit seinen jeweiligen Bedürfnissen in den Fokus der Aufmerksamkeit (wobei vieles unklar blieb, wie beispielsweise die Möglichkeiten, Grenzen und Zielsetzungen der Förderung, vgl. Kap. 7). Mittlerweile ist auch die allgemeine pädagogische Reflexion an diesem Punkt angelangt.

Schulen mit reformpädagogischer Ausrichtung in Deutschland legen ihrer Arbeit die Erkenntnisse der Lernforschung zugrunde. Sie definieren

Lernen und Lernerfolg nicht aus der Sicht der Institution, sondern aus der Perspektive des Kindes und Jugendlichen. Entsprechend werden den Lernenden die Lerninhalte als Angebote mit hohem Aufforderungscharakter unterbreitet. Es ist demnach kein Zufall, dass reformpädagogisch ausgerichtete Schulen, die sich dem Disklassifizierungskarussell versagen, große Erfolge verbuchen können. Sie sind nicht nur häufig unter den Preisträgern pädagogischer Verbände zu finden, sondern schneiden überdies auch in internationalen Vergleichsstudien gut ab (Knauer 2004, S. 299). Nicht wenige haben aus sich selbst heraus, teilweise nahezu unmerklich, ganztägige Bildungsangebote entwickelt. Nachdem sie den modernen Lernbegriff verstanden und reflektiert hatten, interpretierten sie ihr Aufgabenverständnis um – weg vom »Eintrichtern«, hin zu einem lebensweltorientierten, ganzheitlichen Angebot. Von diesem Punkt an lösen sich die herkömmlichen Strukturmomente – curriculare Didaktik, lehrerzentrierte Methodik, akademische zeitliche Taktung sowie entsprechende Raumeinteilungen – beinahe »automatisch« auf.

Stärke- und förderorientierte Schulen erzielen größere Erfolge – bei allen Schüler/innen.

Den Unterricht anreichernde Angebote – sei es Frühstück oder Mittagsverpflegung, Theaterspiel, Musikinstrumentalunterricht oder Hausaufgabenbetreuung, Lese- und Schreibwerkstätten, Schulgärten oder dergleichen mehr – brachten eine zeitliche Ausdehnung des Schultags mit sich. Die flexible Unterrichtsgestaltung mit individuellen, situationsangemessenen Pausenzeiten, freier Arbeitseinteilung, klassenübergreifenden Angeboten, vielfältigen Lernmaterialien und Schülerselbstkontrolle führte zu einer neuen Rhythmisierung des Schultages und neuen räumlichen Gestaltungen wie Lernecken, Ruhezonen, Werkstätten, Cafés. Oft mehr unter der Notwendigkeit, neue Funktionsräume zu gewinnen, wurden die Türen der Klassenräume geöffnet und Flure als Arbeitsbereiche entdeckt. Informelle Lerngelegenheiten fanden ebenso selbstverständlich Eingang in den Schulalltag wie Gelegenheiten zur Pflege von Neigungen, Interessen, Begabungen.

Reformpädagogische Schulen schneiden in Vergleichsstudien besser ab.

Auch die Rolle der Lehrkräfte hat sich geändert: Wenn Schülerinnen und Schüler als Subjekte ihres Lernens gesehen werden, vermindert sich die Anstrengung, alle gleichzeitig zur Aufmerksamkeit auf einen Gegenstand anzuhalten, es vermindern sich auch die Notwendigkeit und das Bemühen, ein und dasselbe immer und immer wieder auf die eine und auf die andere Art zu erklären, bis möglichst alle es begriffen haben – wobei einige sich unendlich langweilen und andere den Anschluss dennoch nicht bekommen, weil ihnen die erforderlichen Voraussetzungen fehlen. In reformpädagogischen Schulen verhalten sich die Lehrkräfte vollkommen anders: Sie gehen zu den verschiedenen Schülern und Schülerinnen, um zu erkennen, ob sie Hilfe oder Unterstützung benötigen, sie sehen kleinen Arbeitsgruppen zu, beobachten deren Rollen- und Arbeitsaufteilung, erklären manchmal der Großgruppe neues Lernmaterial, begegnen auf dem Flur anderen Erwachsenen – Eltern, Lehrer/-innen, Sonder- und Sozialpädagog/innen, Erzieher/innen, die ihrerseits Lerngruppen betreuen – und finden sich wieder im Gespräch über Lernzugangsweisen und -fortschritte einzelner Schüler/innen. Sie überlegen gemeinsam, wie ein Kind stärker in die Lerngruppe einbezogen werden kann, welche zusätzlichen Angebote nützlich sein könnten. Da die Räume geöffnet sind, tragen solche Begegnungen oft den Charakter von zufälliger Alltäglichkeit und ersetzen in vielen Fällen das Anberaumen von Fallbesprechungen und Konferenzen. Dadurch wirken sie gleichzeitig präventiv: Es muss nicht erst etwas passieren, damit etwas geschieht. Allmählich übernimmt die Lehrerin/der Lehrer eine andere Rolle: Lehrende werden vom Einzelkämpfer, Alleinunterhalter und disziplinierenden Dompteur zum Lern- und Entwicklungsbegleiter, vom »Macher« zum sorgfältigen, teilnehmenden Beobachter, vom Verwalter zum Gestalter, der den Kindern und Jugendlichen individuell passende, anschlussfähige Angebote unterbreitet.

Eltern bereichern als Experten unterschiedlicher Professionen die Angebote, Leihgroßeltern und Lesepaten sorgen für emotionale Aufladung und dafür, dass Lesen als etwas Angenehmes, Interessantes und Geborgenheit Vermittelndes erlebt werden kann. Dafür werden sie mit kleinen Computerlehrgängen von den Schüler/innen belohnt, wird ihnen gezeigt, wie sie eine E-Mail oder SMS an ihre Enkelkinder schreiben können.

Die hier aufgezählten Thematiken mögen auf den ersten Blick den Eindruck eines großen Durcheinanders, einer »neuen Unübersichtlichkeit« (Habermas 1985) vermitteln. Da mag es scheinen, als würde hier die eine, dort jene andere Anforderung an eine moderne Schule gerichtet, beide hätten miteinander nichts zu tun, ja würden am Ende vielleicht gar im unvereinbaren Widerspruch zueinander stehen, wie beispielsweise der hochkonjunkturelle Hochbegabungsbegriff auf der einen und Integration auf der anderen Seite. Da würde einerseits mehr naturwissenschaftliches Lernen angemahnt, andererseits der spiralcurricularen Didaktik und dem fragend-entwickelnden Unterrichtsgespräch eine Absage erteilt. Doch was vordergründig möglicherweise aussieht wie ein zusammenhangloser, beliebig eklektischer Partikularismus, wird durch die Klammer einer individuumzentrierten, systemisch-konstruktivistischen, integrativen Pädagogik verbunden. Dieser paradigmatische Perspektivwechsel eröffnet den Blick auf die Kohärenz der Thematiken jenseitig von Ressorts und administrativen Zuständigkeiten.

Die Anstrengung lohnt. Eine Pädagogik aus der Perspektive der Kinder schürt die Hoffnung auf eine Schule der Zukunft, die integrativ-ganzheitliche Bildung ernst nimmt. Damit könnte Heinz von Foersters (2004, S. 55) vernichtendes Urteil, wir würden unsere Kinder »in eine

Trivialisationsanstalt schicken, die man offiziell als Schule bezeichnet«, schon bald der Vergangenheit angehören. Die konsequente Anwendung eines Lernbegriffs, der die Lernfähigkeit jedes Einzelnen als offene, unbestimmbare Größe definiert, überwindet nämlich endlich die Behandlung junger Menschen als »triviale Maschinen« (von Foerster/Pörksen 2004, S. 55), die nach dem vorhersagbaren Prinzip Input-Operation-Output funktionieren. Und stößt man das Fenster noch weiter auf, erschließen sich dem Betrachter künftige lebendige Landschaften, in denen verschiedenste Menschen jeden Alters an thematischen Treffpunkten zu Begegnungen in unterschiedlichen Interessen, zu gemeinsamen Lerngelegenheiten eingeladen werden. Die Sichtweise der Schüler/innen im Zentrum der pädagogischen Überlegungen verändert Schule grundlegend.

6. Theoretischer Exkurs: Behinderung? Behinderung!

Der Versuch, alles Lebendige den Ordnungsprinzipien der Sprache zu unterwerfen, und die Sprachlogik für das Ebenbild der Wirklichkeit zu halten, verstellt im äußersten Fall die Einsicht und kann zu gefährlichen Omnipotenzphantasien verführen.

Die Betrachtung des Phänomens »Behinderung« schließt sich vor allem auch deshalb gut an die vorangehenden Überlegungen an, weil ein Denkmodell moderner, sich reformierender Schule die herkömmlichen Ordnungsstrukturmerkmale überwindet, durch diese Dekonstruktion zunächst »unordentlich« wirkt und infolgedessen die Ängste der von Reinhard Kahl ausgewiesenen »Neurotiker« auf den Plan ruft. Die fixe Idee von der Möglichkeit, menschliches Leben widerspruchsfrei ordnen, mit Sprache alles fassen zu können, mündet im harmlosen Falle in »symbolische Überformungen« (vgl. Reich 2006):

> *»Wenn wir nicht verstehen, sind Berge Berge.*
> *Wenn wir anfangen zu verstehen, sind Berge nicht mehr Berge.*
> *Wenn wir richtig verstehen, sind Berge wieder Berge.«*
> (Zen-Buddhistische Weisheit)

In historischen Dimensionen verführte der Irrglauben an menschliche Ordnungsmacht zu den Bodenlosigkeiten des 20. Jahrhunderts:

> *»Der Traum von der Formbarkeit der Gesellschaft und des Einzelnen war ein Grundelement totalitärer Ideologien. Er lebte von einem engen Begriff ›lebenswerten‹ Lebens, der im Widerspruch steht zur pluralistischen Gesellschaft und ihrer Offenheit für vielfältige Lebensentwürfe.«*
> (Widmann 2005, S. 69)

Behinderungen versinnbildlichen wie kaum ein anderes Phänomen das Irritierende, nicht Plan- und Steuerbare, real und schicksalhaft über den Menschen Hereinbrechende. Sich mit dem Behinderungsbegriff zu beschäftigen, bedeutet infolgedessen auch, das eigene Menschenbild, das eigene Verhältnis zur Wirklichkeit, zu Möglichkeiten und Grenzen menschlichen Handelns zu befragen.

6.1 Ein systemischer Blick

Neue Gedanken entstehen nicht aus dem Nichts, sondern durch Weiterentwicklung oder Abgrenzung von bereits Gedachtem oder gesellschaftlichen Praktiken. So tragen sie immer auch »Altlasten« mit sich herum.

Die Integrationspädagogik hatte sich mit dem Behinderungsbegriff auseinanderzusetzen, dem Begriff, dem die Sonderpädagogik und die Sonderschule ihre Existenz verdanken und der schon innerhalb der heil- und sonderpädagogischen Disziplinen unterschiedlichen Interpretationsmustern unterliegt.

Bleidick hatte ihn um 1970 aus dem Sozialrecht mit der Absicht übernommen, »… das gesamte Begriffsinventar der Erziehung von Behinderten einer Sichtung und Neuordnung zu unterziehen« (Bleidick 1978, S. 4). Damit wurde eine außerpädagogische Kategorie als Oberbegriff in die Theoriebildung eingeführt, um die Sonderpädagogik erziehungswissenschaftlich zu fundieren. Indem Bleidick den fachfremden Begriff »Behinderung« mit »Erziehung« verknüpft, verleiht er ihm pädagogische Bedeutung: Eine »Erziehungsbehinderung« ist nach seiner Darstellung immer eine »Folgebehinderung« einer »Grundbehinderung« und in der Person des zu Erziehenden verankert. Nach diesem ätiologischen und defektologischen Erklärungsmodell benötigt jemand, dessen Bildsamkeit durch eine organische oder psychische Behinderung gestört ist, eine besondere Erziehung (vgl. Bleidick 1994).

Bereits 1976 (S. 411) unterschied Bleidick vier Erklärungsansätze für den erziehungswissenschaftlichen und pädagogischen Umgang mit den »Grund-« und »Folgebehinderungen«:

1. das personorientierte oder individualtheoretische Paradigma
2. das sozialpsychologische oder interaktionistische Paradigma
3. das schulorganisatorische oder systemtheoretische Paradigma
4. das politökonomische oder gesellschaftstheoretische Paradigma

Nicht allein die Verwendung des Paradigmenbegriffs erscheint im vorliegenden Zusammenhang fragwürdig, sondern es trifft zudem nicht einer der Ansätze konsistent auf alle »Behinderungen« zu, für die sich die Sonderpädagogik zuständig erklärt. Aus dieser Notlage erfand die ökologische Heilpädagogik die polyätiologisch verursachte, multifaktoriell zu umschreibende Behinderung. Indem sie sich durch diesen Kunstgriff einer Festlegung entzog, entging sie etwaigen kritischen Einwänden, beispielsweise dem, alle Verursachungsmomente seien ihrerseits genauso gut als Folgeerscheinungen zu betrachten und daher nicht letzte Gründe (vgl. Balgo 2003b, S. 8 f.).

Weil die Integrationspädagogik angetreten war in der Absicht, die Sonderpädagogik zu überwinden und sich von ihr abzugrenzen, war es nahe liegend, den ohnehin nicht schlüssigen und (erziehungs-)wissenschaftlich mehr als angreifbaren Behinderungsbegriff ins Visier zu nehmen. Indem sie ihn zerpflückte und als nicht haltbar entlarvte, distanzierte sie sich von ihm (Eberwein 1995b, 1995c) und vermied ihn künftig so weit wie möglich, setzte ihn in Anführungszeichen oder versah ihn mit der

Wie immer man den Behinderungsbegriff für pädagogische Belange zu fassen sucht – er führt stets zu Unvollständigkeiten, Widersprüchen und Zirkelschlüssen, solange er als statisches Merkmal gilt.

Erstaunlicher-
weise wird aber
am Behinde-
rungsbegriff und
den aus ihm
abgeleiteten
sonderpädago-
gischen Sparten
unverrückbar
festgehalten, als
handele es sich
um eine natür-
liche Gegeben-
heit. Cui bono?

Apposition »sogenannt« (vgl. z. B. Eberwein/Knauer 2002). Die Verfasse-rin stellte erstmals 1998 zur Diskussion, dass sich die Integrationspäda-gogik damit in ein logisches Dilemma manövrieren musste. Denn wofür, für wen sollte sie stehen, wenn es keine Behinderungen mehr gab? Und außerdem – das wird im folgenden Kapitel (6.2) erörtert – macht es durchaus einen Unterschied, ob der Begriff medizinisch, soziologisch oder psychologisch konstruiert wird; je nachdem kann er nämlich eman-zipatorisches oder restriktives Potenzial entfalten. Beispielsweise schlos-sen sich in den 1970er Jahren Menschen mit Körperbehinderungen selbstbewusst in der »Krüppelbewegung« zusammen, wodurch »Krüp-pel« eine Umdeutung im Sinne eines Geusenwortes[2] erfuhr und im UNO-Jahr der Behinderten 1981 zu einer Konfrontation zwischen der etablierten Behindertenhilfe und der sogenannten »Krüppelbewegung« beitrug.

Schließlich hat sich durch die trotzige und zunächst nicht unberech-tigte Sprachverweigerung der Integrationspädagogik gegenüber dem Be-hinderungsbegriff und die Argumentation, dass Sprache Bewusstsein und damit Wirklichkeit erschaffe, unbeabsichtigt ein Sprechtabu und Denkverbot eingeschlichen. Dieses kann im perfidesten Falle dazu führen, dass Menschen mit Behinderungen in Zeiten leerer Kassen erforderliche Hilfen versagt werden mit dem Hinweis darauf, sie seien vollkommen »normal«. Es ist daher unausweichlich, sich auch erziehungswissen-schaftlich dem Behinderungsbegriff anzunähern, um nicht dem Fehler des »Gesundbetens« (Milani-Comparetti 1987) zu verfallen. In der ein-schlägigen Literatur wird die Begriffsvermeidung als psychologische (des Einzelnen) und soziologische (der Gesellschaft) Funktion der Angstab-wehr beschrieben. Milani-Comparetti bezeichnete die Verleugnung und Nivellierung der besonderen Akzente in der organisierten Arbeit mit Menschen mit Behinderungen und den Versuch, Kinder mit und ohne Beeinträchtigungen unterschiedslos zu betrachten und zu behandeln, als »manische Verbandshaltung«: »Die übliche manische Verbandshaltung ist Gleichmacherei. Die Behinderten sind wie wir anderen« (S. 229). Er vermutet hinter dieser Haltung eine Variante der »Abwehrmechanismen, mit denen Menschen der Behinderung begegnen. (…) Ich glaube, daß die Geschichte der Überwindung dieser Abwehrmechanismen gegen die Angst eine wichtige Rolle spielt für die Integration.« (S. 229)

Die inhaltliche – wohlgemerkt nicht lediglich begriffliche – Aus-einandersetzung mit der diesen Abwehrmechanismen zugrunde liegen-den eigenen Angst vor Behinderung steht aber auch in der Integrations-

---

2 Als Geusenwörter (aus dem Holländischen: Geuzennaam) werden in der Lin-guistik Wörter bezeichnet, die ursprünglich eine Personengruppe beschimpfen sollten, von dieser aber positiv umgemünzt werden.

pädagogik bis heute weithin aus. Nach Carl Friedrich von Weizsäcker (1978) liegt der Abwehr eigener Ängste in Form der Negation von Behinderungen nämlich derselbe Mechanismus zugrunde wie der Ausgrenzung. Er stellt die These auf: »Der Behinderte braucht die Gesellschaft. Die Gesellschaft braucht den Behinderten.« (S. 107) und erläutert sie unter anderem folgendermaßen: »Isolierung ist ein gesellschaftliches Werkzeug der psychischen Verdrängung. Sie entspricht einem Bedürfnis der sogenannten Gesunden (…), die froh sind, die Leiden nicht zu sehen« (S. 108). Dies sei ein »Identitätsschutz der Gesellschaft, die sich für gesund hält« (S. 113).

Die Verweigerung gegenüber dem Behinderungsbegriff hatte durchaus ihre Berechtigung und Logik. Heute jedoch, da die Auslesemechanismen subtiler und raffinierter greifen, muss sich die Integrationspädagogik noch einmal sehr viel dialektischer mit ihm auseinandersetzen. Widmann (2005) greift die Thematik erneut auf und beschreibt die Barrieren, denen Behinderte begegnen, als eher sozialer denn medizinischer oder materieller Natur:

> *»Viele Behinderte sehen sich isoliert, weil Nichtbehinderte sie aus Angst, falsch zu reagieren, zu übersehen versuchen. Wo Kontakte zustande kommen, bleiben sie oft befangen, etwa weil Nichtbehinderte in ihrer Unsicherheit die Behinderung ihres Gegenübers krampfhaft überspielen, um der Situation den Anschein der Normalität zu geben. Als ›Irrelevanzregel‹ bezeichneten sozialwissenschaftliche Untersuchungen diese Strategie. Dabei leiden Behinderte oft weniger darunter, dass Nichtbehinderte etwas Falsches sagen, als darunter, dass sie das Gespräch von vornherein vermeiden.«* (Widmann 2005, S. 67)

»Manische Verbandshaltung«, »Identitätsschutz«, »Irrelevanzregel« – es stellt sich doch die Frage, weshalb demokratische Gesellschaften einen derart starken Regulierungsdrang gegenüber dem Phänomen Behinderung haben und weshalb sie ihn so vehement zu legitimieren suchen. Fuchs (2002) vertritt die These, dass Behinderungen die sozialen Systeme interaktional so stark strapazieren, dass Exklusion in den Erwartungshorizont tritt: »Der Strukturaufbau sozialer Systeme ist auf diese Begrenzung von Irritationsmöglichkeiten angewiesen. Strukturen brechen zusammen oder fangen zumindest an zu ›schlingern‹, wenn die Irritationen ein bestimmtes Maß überschreiten (…)« (S. 3). Er geht der Frage nach, warum »seit etwa zweihundert Jahren die Zwänge zur Regulation des Problems immer schärfer werden, sodass sich heute Expertenkulturen, im Wesentlichen abgezogen aus Medizin, Psychologie und Pädagogik, mit Behinderungen befassen, große Mengen an gesellschaftlichen Ressourcen binden und zu ihrer und (wie man vielleicht sagen kann) zur

Behinderungen manifestieren sich weniger in medizinisch bestimmbaren Abweichungen als in den Reaktionen auf sie und die dadurch verstörten Beziehungen.

Reproduktion des Problems selbst benutzen« (S. 1). Historisch sieht er die Ursache für dieses Phänomen im Übergang von der ständeförmigen zur funktional differenzierten Gesellschaft mit ihrem Gleichheitsanspruch. (Wir werden später im Zusammenhang mit »Lernbehinderungen« noch einmal auf diesen Aspekt zurückkommen.) Dieser Anspruch, als Inklusionsgebot zu verstehen, bringt begrifflich zwangsläufig Exklusion mit sich, denn ohne diese Unterscheidung ist der Begriff nicht fassbar und auch nicht erforderlich. Zunächst einmal ist herauszustellen, dass Inklusion nicht für alle Mitglieder der Gesellschaft das Gleiche bedeutet: »Generalisierte Inklusion ist gleichsam der Motor gesellschaftlicher Ungleichheit der Inkludierten. Erst im Exklusionsbereich kommt es zu dem, was man Gleichheit nennen könnte.« (Fuchs 2002, S. 8)

Die Verunsicherung, ausgelöst durch befremdendes Aussehen oder Verhalten, irritiert die pädagogische Interaktion.

Es scheint so zu sein, dass eine »Behinderung« im medizinischen Verständnis den Erziehungsprozess irritiert, indem sie die Aufmerksamkeit des Erziehenden (Lehrers) auf sich zieht und vom Inhalts- und Vermittlungsaspekt ablenkt, also Verunsicherung schafft und zudem die Beziehungsebene belastet. In diesem Sinne schrieb Fornefeld (1994, S. 28): »Allem Fremden wohnt etwas Unheimliches inne. Es führt zu Verblüffung, zu deren Wesen das Unerwartete, Unvorbereitete und das nicht Vorhersehbare gehört. ›Wenn nun‹, so erläutert der Arzt und Psychotherapeut Bodenheimer, ›jemand anders aussieht oder anders spricht, als wir es erwartet haben, dann kommt diese Verblüffung über uns; sie macht, daß wir uns unfrei fühlen – ausgeliefert mithin. Und zwar ausgeliefert an den, der uns in diese Situation versetzt.‹ […] Wir fühlen uns also dem Fremden, dem Behinderten ausgeliefert; das wiederum ist uns unheimlich und verunsichert uns. Und kann Aggressionen schüren gegenüber dem ›Verursacher‹ […].«

Nach Fuchs stehen die erforderlichen »gigantische(n) Kompensationsleistungen«, um die faktische Ungleichheit behinderter Menschen in »gesellschaftliche Gleichheit (also totale Inklusion) zu transformieren« (Fuchs 2002, S. 2) unter dem Druck, strukturell besondernde Einrichtungen schaffen zu müssen, um einerseits dem Gleichheitsanspruch äußerlich gerecht zu werden, ja mehr noch, vorgeblich den Behinderten besondere Fürsorge zukommen zu lassen, und gleichzeitig die soziale Interaktion von den genannten kommunikativen Strapazen zu entlasten. Bezüglich des Integrationsbegriffs zieht Fuchs die Schlussfolgerung: »In der Logik unserer Überlegungen steht zu erwarten, dass die Inklusion in solche Exklusionsbereiche ihrerseits als Ungleichheit registriert und in die Form eines Anspruches auf ›wirkliche‹ Inklusion gebracht wird. In diesem Kontext boomt das Wort ›Integration‹.« (Fuchs 2002, S. 2)

Zweifelsohne könnte man dieser Problematik vertiefend nachgehen und die Widersprüchlichkeiten schärfer stellen, doch mag für unsere Zwecke der Hinweis auf das letztlich »schier Unlösbare des Problems«

ausreichen. Befriedigend wird von Fuchs dadurch auch der begriffliche Wettstreit um »Inklusion« und »Integration« beantwortet: Letztere ist das tägliche Bemühen, exklusionäre Bedingungen zu überwinden und sich dem Zustand einer inklusiven Gesellschaft anzunähern, ungeachtet deren letztendlicher Unmöglichkeit (»Weil man … Gesellschaft nicht verwerfen kann …« – Fuchs 2002, S. 2). Damit wird der ethische Auftragswert der Integrationspädagogik benannt, der eben gerade nicht moralinsauer daherkommen, sondern von einer »rationalen Ethik« (Bauman 1996) getragen sein sollte, die in der Überwindung der (psychischen) Abspaltungen und (sozialen) Besonderungen, in der Erkenntnis von Altruismus und Egoismus als zwei sich gegenseitig bedingende Seiten derselben Medaille die einzige Chance zum Fortbestand der Zivilisation sieht.

Dieser Ansatz ist so ausschlaggebend, weil selbstverständlich die Integrationspädagogik in dem skizzierten Spannungsfeld immer eine Gratwanderung darstellt. Unauflöslich steht sie in der Gefahr, entweder von der genannten manischen Verbandshaltung oder aber von einer advokatorischen, karitativen Ethik eingeholt zu werden, mit der sie dem Behinderten wieder den Objektstatus anheftet.

Gerade am Beispiel der Behinderten-/Heil-/Rehabilitationspädagogik lässt sich Fuchs´ These von den Kompensationsleistungen, die in besondernde Einrichtungen münden, gut verdeutlichen. Denn hier ist es sogar so, dass die gesamte Disziplin auf weite Strecken von einer besondernden Einrichtung bestimmt wird, indem sich die »Sonderpädagogik« im Wesentlichen als »Sonder*schul*pädagogik« versteht: »Behindertenpädagogik hat sich allzu lange auf Sonderschulpädagogik beschränkt und die vorschulische, nachschulische und außerschulische Bildung vernachlässigt. Die gesellschaftliche Rehabilitation des behinderten Menschen ist eine umfassende Lebensaufgabe, in der die Teilfelder aufeinander bezogen sein müssen.« (Bleidick 1996, S. 32 f.) Was als wahrhaft besondere, vornehme Aufgabe gelten könnte, nämlich die Frage nach pädagogischen Einflussmöglichkeiten zur Überwindung sozialer Barrieren (z. B.: Wie sind Kinderspielplätze auszustatten, um auch Kinder mit Beeinträchtigungen einzubeziehen? Wie müssen sportliche und kulturelle Veranstaltungsorte, soziale Begegnungsstätten, Arbeitsplätze ausgestattet sein, um das Miteinander von Menschen mit und ohne Beeinträchtigungen, aber auch unterschiedlicher Altersgruppen, Geschlechtszugehörigkeit und Ethnien zu fördern und damit soziale Schranken abzubauen?), geriet in den Hintergrund. Hierin mag auch ein Indiz zu sehen sein für den gewaltigen Druck zu kompensatorischen gesellschaftlichen Leistungen, dass er sich eben am ehesten und am stärksten über die Schule vermittelt, eine Institution, die maßgeblich an der Zuweisung von Lebenschancen beteiligt ist.

Jede Pädagogik, die auf Minderheiten oder Benachteiligte fokussiert, also jede um Gerechtigkeit ringende Pädagogik, steht in dem Dilemma, dass sie zugleich an der Schaffung des Habitus beteiligt ist, der die Benachteiligung begründet oder verstärkt; so auch die Sonderpädagogik.

So konnten die Besonderungstendenzen innerhalb der Sonderpädagogik zunehmend Platzvorteile erringen. Mehr noch: Aus einem originär systemkritischen Ansatz, nämlich dem, gesellschaftlichen Separationsmechanismen entgegenzuwirken, wurde ein systemkonformer. Das Anliegen, soziale Barrieren gegenüber medizinisch beeinträchtigten Menschen abzubauen und stattdessen ihre kulturelle Einbindung zu fördern, pervertierte in sein Gegenteil: die frühe Separierung bereits im Kindergarten und in der Grundschule im dualistischen Sinne advokatorischer Schonraum- und Förderpädagogik.

Eberwein (1995a, S. 11) trug der Integrationspädagogik auf, »den Wandel vom medizinischen zum erziehungswissenschaftlichen Verständnis von ›Behinderung‹ in Theorie und Praxis zu vollziehen«, und stellte in Aussicht: »Eine Auseinandersetzung mit diesem interaktions- und systemtheoretischen Behinderungsbegriff eröffnet die Chance, die defektorientierte Sichtweise zu überwinden.« (Eberwein 1995c, S. 471)

Wie aber könnte ein integrationspädagogischer Behinderungsbegriff aussehen, was könnte er beinhalten und was müsste er leisten, ohne sich leichtfertig dem Vorwurf stigmatisierender Absichten oder Auswirkungen auszusetzen?

Fassen wir drei wesentliche Punkte zusammen:

- Was Stigmata anbelangt: Gesellschaftlich, kulturell und historisch (in der Antike wurde der blinde Theiresias als Seher verehrt) bedingte Etikettierungen wurden weder durch Begriffsverweigerung noch durch Pädagogik je aufgehoben. Sie dienen dem Spiel um Teilhabe und Macht.

- Ein wesentliches Problem liegt in einem neoliberalen, utilitaristischen Menschenbild, das die Ausgrenzung wirtschaftlich nicht »Verwertbarer« nach sich zieht. Gleichzeitig suchen die postmodernen Gesellschaften das bürgerliche Ideal von Gleichheit aufrechtzuerhalten. Theunissen (1989, S. 673) spricht von einer »neue(n) Behindertenfeindlichkeit« als »einer gesellschaftlichen Entwicklung, in der Momente wie Leistung, Erfolg, Karriere, Rationalität und Machtstreben zu einer handlungsbestimmenden Größe werden«. Daraus erwächst eine Anspannung um das Streben nach Aufhebung von Unterschieden und um das gleichzeitige Wissen, dass dieses Unterfangen zwecklos ist. Die Gefahr liegt nahe, Unterschiede nur zu negieren, zu tabuisieren und durch verbale Gleichmacherei dem Diskurs zu entziehen.

- Aufgabe der Postmoderne wird es sein, eine Ethik der Heterogenität zu entwickeln, die Unterschiede thematisiert und trotz der gesellschaftlichen Widerstände in Gleichberechtigung dialektisch aufzuheben sucht.

In einem systemischen Verständnis liegen Behinderungen nicht in einer einzelnen Person, sondern in der Kommunikation bzw. Interaktion. In der Schule treten sie immer dort auf, wo der Prozess der erzieherischen und/oder inhaltlichen Vermittlung von den Beteiligten als unbefriedigend und gestört wahrgenommen wird. Wenn wir das folgende kybernetische Kommunikationsmodell (nach Reich 2006, S. 58) zugrunde legen, gälte es im Einzelfall zu ergründen, an welcher Übermittlungsstelle respektive auf welcher Ebene Irritationen die Verständigung strapazieren:

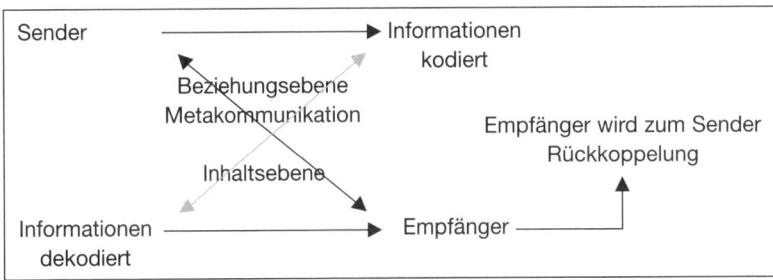

Abb. 1: Kreislauf der Kommunikation © Reich, K. (^{2}2005): Systemisch-konstruktivistische Pädagogik. Weinheim und Basel: Beltz, S. 58

An jeder Stelle dieses Modells können Verstörungen grundlegender oder situativer Art auftreten, die behindernde, ja – infolge der ungleichen gesellschaftlichen Machtverhältnisse von Kindern und Erwachsenen (besonders zwischen Schüler/innen und Lehrer/innen) – fatale Auswirkungen haben können. Sind Passung und Anschlussfähigkeit der Informationen an die Ausgangssituation der Lernenden nicht gewährleistet, kann die Kommunikation keinen fruchtbaren Fortgang nehmen; die Folge ist kognitives und/oder emotionales »Rauschen« (vgl. Kap. 3). Unabhängig von der Ursache oder dem Ursachenbündel derartiger Strapazen trägt der Erwachsene – namentlich der professionelle – im Interesse der Heranwachsenden die Verantwortung für eine Störungsbeseitigung.

Pädagogisch betrachtet existieren Behinderungen nur als Störungen der pädagogischen Beziehung und Kommunikation.

Aus einer abstrakteren, anthropologisch-erziehungswissenschaftlichen Perspektive wäre gar zu fragen, ob erzieherische Prozesse ohne Störungen überhaupt denkbar und möglich wären. Unter der Prämisse der dialogischen Meisterung von Schwierigkeiten sind aber »Behinderungen« nicht mehr außerhalb des »normalen« Erziehungsprozesses angesiedelt, sondern wohnen ihm gerade als unentbehrliches und konstitutives Moment inne.

»Behinderung« im pädagogischen Verständnis ist demzufolge nicht die von außen herangetragene Zumutung, die die produktive Interaktion unterbricht und stört (wie beispielsweise die Schulklingel). Sie ist vielmehr das dem Erziehungs- und Bildungsprozess innewohnende Schöpferische, Fruchtbare, der Monotonie Entgegenwirkende, denn es ist in Wahrheit die Norm, die – als starr eingrenzendes Muster verstanden – Entwicklungen einschränkt.

Insofern eröffnen »Behinderungen« im traditionellen Sinne der Pädagogik die Chance auf eine neue Beobachtungsmöglichkeit: Sie haben Signalfunktion. Die Beeinträchtigung eines Kindes wirkt sich auch auf sein Lernverhalten aus – in sein allgemeines Verhalten als Umsetzung spezifischer Welterfahrung fließt sie ohnehin ein. Über die Art dieser Auswirkungen gibt es Erfahrungswerte, die natürlich als Verallgemeinerungen wiederum für den Einzelfall überprüft werden müssen. Lindmeier ist beizupflichten, wenn er in Erwägung zieht, »daß durch eine Schädigung oder Beeinträchtigung der Erziehungsprozeß auch positiv beeinflußt werden kann« (1993, S. 5). Recht betrachtet, machen es offensichtliche Beeinträchtigungen der Pädagogik leicht; alle anderen »normalen« Kinder müssen erst durch ihr (abweichendes) Verhalten, durch Leistungsschwankungen oder verbal äußern, wenn sie sich behindert fühlen – im Zweifel so nachdrücklich, dass sie für behindert erklärt werden.

So sehr die schulrechtlichen Bestimmungen zugunsten integrativer Systeme in den 1990er Jahren zu begrüßen waren – die in sie gesetzten Hoffnungen hinsichtlich nachhaltiger Erkenntnisse und Veränderungsprozesse vermochten sie nicht einzulösen. Denn obschon integrativer Unterricht gelang, obwohl alle Schülerinnen und Schüler davon profitierten, obgleich unter Lehrkräften die neuen Impulse zu größerer Berufszufriedenheit und einem sinkenden Krankenstand führten und wir spätestens seit PISA wissen, dass wir uns auch aus wirtschaftlichen Gründen einen so hohen Anteil an Schulversagern nicht leisten können: Trotz integrationsfreundlicher Vorschriften steigt die Anzahl der Schülerinnen und Schüler, die an besondernde Einrichtungen verwiesen werden. In den neuen Bundesländern liegt sie weit höher als in den alten. Verfolgt man die simple These, dass diese Schüler/innen an Sonderschulen angemessener gefördert würden, müsste der Besuch zu besseren Schulabschlüssen führen. Das Gegenteil ist der Fall: 80 Prozent von ihnen bleiben ohne Hauptschulabschluss. In Bremen besuchen über 60 Prozent der Schüler/innen mit Lernproblemen die Regelschule, in Sachsen ist es gerade einmal ein Prozent (vgl. die grafischen Darstellungen in Kap. 8.1). Wockens vernichtendes Urteil über die Sonderschule lautet: »Abfalleimer des Systems. Je länger ein Schüler in der Förderschule ist, desto dümmer wird er.« (Die Zeit, Nr. 35, 23.8.2007)

Das Schlimme und eigentlich Skandalöse ist: Behinderung ist zweckmäßig!

Wurde in den Anfängen der schulischen Integration mittels der »Förderdiagnostik« durch eine »Kind-Umfeld-Diagnose« noch aufrichtig nach den erforderlichen Hilfen und den bestmöglichen Rahmenbedin-

Der sonderpädagogische »Sog« ist stärker als die Integrationsbemühungen. Die Anzahlen »behinderter« Kinder und Schüler/innen an Sonderschulen steigen.

gungen für das einzelne Kind gesucht, erwies sich diese Herangehensweise doch recht bald als aufwendig und teuer, zumal schon das diagnostische Vorgehen mit einem erheblichen Papierkrieg verbunden war; fast immer zog die Entscheidung für eine integrative Schule zusätzliche Ausstattungserfordernisse nach sich. So ist zu erklären, dass beispielsweise in Berlin im Jahr 1990 nach der Aufnahme des Paragrafen 10a in das Schulgesetz zugunsten integrativen Unterrichts zum einen gleichwohl die Sonderschulverordnung parallel beibehalten wurde; die sich daraus für Diagnostik, Standortentscheidung sowie Förderung ergebenden Widersprüche wurden bis heute nicht offen thematisiert. Zum anderen wurde der Begriff der »besonderen pädagogischen Förderung«, der mindestens ein wenig von den herkömmlichen Kategorisierungen abrückte, innerhalb von nur drei Monaten nach einem Regierungswechsel stillschweigend in »sonderpädagogische Förderung« rückverwandelt. Dies wiederum hatte zur logischen Folge, dass die diagnostischen Verfahren erneut festgelegt werden konnten auf das herkömmliche Procedere (z. B. Intelligenzmessungen), zudem die Gutachten die jeweilig infrage kommende sonderpädagogische Fachrichtung benennen mussten. Dadurch fiel es den Schulverwaltungen leicht, die Kinder im Falle von Ressourcenknappheit dem entsprechenden Sonderschultyp zuzuführen. Berlin ist hier nur beispielhaft angeführt; die damalige Lage in den anderen (alten) Bundesländern kann als Variationen zum Thema umschrieben werden.

> **Trotz politischer Beteuerungen, Integration habe Vorrang, wird sie in der Schule erschwert.**

Bis heute ist eine annähernd hinreichende Ausstattung von Schulen, insbesondere in benachteiligten sozialen Umfeldern, oftmals nur über die Zuschreibung einer »Behinderung« an einzelne Schüler/innen zu erreichen. Lehrkräfte stehen vor der moralischen Herausforderung, derartige »Bauernopfer« zu erbringen, um für einzelne Schüler/innen, aber auch für die Klasse in Gesamtheit lernförderliche Bedingungen zu schaffen. Zudem ermöglicht oftmals erst der Behindertenstatus eine Versorgung der betreffenden Heranwachsenden mit erforderlichen Therapie- und Ausbildungsplätzen. Bereits 1993 beklagten Füssel/Kretschmann dieses »Etikettierungs-Ressourcen-Dilemma«: Je mehr Schülerinnen und Schülern eine Behinderung attestiert wird, desto besser sind die Rahmenbedingungen für die Klassen. Fraglos steigert sich in einer Schule ohne Aussonderung, die individuelle Förderung in Vielfalt anstrebt, die Komplexität immens. Wenn sich eine Schule dem schwierigen pädagogischen Auftrag stellt, sich der Selektionslogik zu widersetzen, hat sie nicht nur Neuland zu erobern und zu verteidigen, sie bietet auch eine grundlegend höhere pädagogische Qualität. Es liegt – im Übrigen auch sozialwissenschaftlich fundiert (vgl. Knauer 1995, 1997) – auf der Hand, dass diese nicht ohne zusätzliche personelle und materielle Ressourcen sichergestellt werden kann.

Vor diesem Hintergrund ist es mehr als problematisch, z. B. das Zwei-Lehrer-System und damit den kooperativen Unterricht von der Behinderungszuschreibung an einzelne Schüler/innen abhängig zu machen. Hinzu kommt, dass diese zusätzlichen Mittel, der Unterricht an Regelschulen überhaupt, wie Gnadenakte gehandhabt werden: Die Betroffenen sollen sich freuen, wenn sie trotz leerer Haushaltskassen die normale Schule besuchen dürfen (obwohl die Sonderschule teurer ist; vgl. z. B. Preuss-Lausitz 1996)!

Der Sonder-schulbesuch beschädigt das Selbstwertge-fühl nachhaltig.

Erst kürzlich konnten wir der Tagespresse entnehmen, dass zur Eindämmung des Lehrermangels in Berlin doch die vorgeblich reichhaltigen Fördertöpfe für Behinderte und Migranten zu durchforsten seien.

Das Zirkuläre der Darstellung und der Argumentation untermauert als Beobachtung zweiter Ordnung die These vom Kompensationsdruck und verweist auf die Grenzen, einigermaßen widerspruchsfrei erscheinende Lösungen anzubieten.

Eine Sonder-schülerin zu einer Praktikan-tin: »Willst du auch an der Sonderschule unterrichten? Tu das nicht! Du bist so nett. Dann denken alle, du wärst auch blöd. Wir sind hier näm-lich alle doof.«

Der Mythos vom notwendigen und den Schülern entsprechenden, sie ansprechenden Schonraum »Förderschule« wird in der Dissertation von der Bildungsjournalistin Brigitte Schumann erneut Lügen gestraft: Von 240 befragten Sonderschülern gab fast ein Drittel an, ihre Lehrer seien »froh gewesen, sie loszuwerden«; sie hätten überwiegend kein positives Selbstbild, sondern das Gefühl der Stigmatisierung (Die Zeit, Nr. 35, 23.8.2007): »Die Beschämung durch den erzwungenen Ausschluss aus dem Regelschulsystem und dem damit verbundenen Statusverlust erzeugt bei Schüler/innen Gefühle der Unterlegenheit, Wertlosigkeit und Ohnmacht. Diese werden durch die Schamgefühle der Eltern schmerzhaft verstärkt.« (Schumann blz-online, Nr. 03/2007, S. 3; www.gew-berlin.de/blz/6858.htm; 12.10.2007)

6.2 »Echte« und »unechte« Behinderungen?

Auf einen ersten Blick mag es widersprüchlich erscheinen: Eben haben wir noch geklärt, dass aus einem systemisch-konstruktivistischen Blickwinkel Behinderungen nicht in Personen, sondern in den Interaktionen zwischen den Personen liegen, gleichzeitig ist die Rede von »Behinderten«. Wie lässt sich dieses Problem lösen?

Der springende Punkt ist, dass wir es im vorliegenden Zusammenhang weder mit sozialrechtlichen, noch medizinischen, sondern mit pädagogischen Fragestellungen zu tun haben. Das bedeutet, Aufgabe und Zielsetzung bestehen darin, jungen Menschen die bestmöglichen Aufwachs- und Lernbedingungen zu bieten. Lehrkräfte befinden sich in der Rolle von Moderatoren, die Unterstützungsinstrumente bereithalten, um es Heranwachsenden zu ermöglichen und zu erleichtern, sich ein Welt-

und Menschenbild zu errichten, mit dem sie sich in der Umwelt orientieren, mit ihr in einen gedeihlichen Austausch treten und aktiv handelnd zu ihrer Gestaltung beitragen können. In welcher Weise und in welchem Umfang das jeweilig möglich sein wird, hängt von zahllosen individuellen, sozialen und situativen Faktoren ab, die sich nicht annähernd prognostizieren lassen. Es kommt also daher ausschließlich darauf an, jedem einzelnen Schüler, jeder einzelnen Schülerin die bestmögliche individuelle Förderung angedeihen zu lassen, um möglichst alle Entwicklungspotenziale entfalten zu können.

Handelt es sich nun um Schüler/innen, die eine spezifische, medizinisch benennbare Beeinträchtigung mitbringen, geht es zunächst darum zu ergründen, in welcher Weise und welchem Umfang sie in einer Umwelt, die von Menschen im Vollbesitz ihrer Kräfte für ebensolche geplant und eingerichtet wurde, Einschränkungen unterliegen und wie sie infolgedessen diese Welt und sich selbst in ihr wahrnehmen, auch welche psychologischen Kränkungsbewegungen und infolgedessen spezifischen Verhaltensmuster möglicherweise damit verknüpft sind. Selbstverständlich können aus diesen Überlegungen politische Aktivitäten abgeleitet werden, beispielsweise die Forderung nach Personenaufzügen auf Bahnhöfen, oder ein gesellschaftliches Engagement wie die Betreuung von Urlaubsreisen mit Rollstuhlfahrern. Diese zivilgesellschaftlich zweifelsfrei wertvollen, im Allgemeinen ehrenamtlichen Betätigungen sind allerdings neben dem pädagogischen Auftrag in der Schule angesiedelt. Auf keinen Fall dürfen sie das erforderliche professionelle Leitbild überlagern oder bestimmen. Bereits 1924 widmete sich der Hirnforscher und Psychologe Wygotski dieser Problematik und stellte heraus, dass Lernen strukturell allgemeingültigen Gesetzmäßigkeiten unterliegt, die auch für Behinderte gelten. Lediglich methodische Unterschiede sind berechtigt, weil sich eben die Zugangsweisen den jeweiligen individuellen Möglichkeiten anpassen. Daher prangert Wygotski es als schädlich an, dem behinderten Kind eine pädagogisch-psychologische Sonderbehandlung zu verordnen. Seine Rede ist so klar, so überzeugend, dass wir ihn selbst zu Worte kommen lassen:

> *»Selbst in der Familie ist das blinde oder gehörlose Kind in erster Linie ein besonderes Kind; die Familienmitglieder nehmen eine ungewöhnliche, eine besondere Haltung ihm gegenüber ein, anders als zu einem anderen Kind. Sein Unglück verändert zunächst seine soziale Stellung in der Familie. Und das trifft nicht nur für die Familien zu, in denen man solch ein Kind als Last und Strafe empfindet, sondern auch dort, wo man das blinde Kind mit doppelter Liebe, mit verzehnfachter Fürsorge und Zärtlichkeit umgibt. Gerade diese erhöhte Aufmerksamkeit und das Mitleid sind eine schwere Bürde für das Kind und bilden eine Sperr-*

Nachteils-ausgleich: ja! – »Schongang«: nein!

mauer um das Kind, isolieren es von den übrigen Kindern. [...] Das Problem der kindlichen Defektivität muß man in der Psychologie und in der Pädagogik als soziales Problem erkennen und durchdenken, vor allem weil sich das bisher übersehene soziale Moment, das gewöhnlich als zweitrangig und abgeleitet angesehen worden ist, in Wirklichkeit als primäres Moment, als Hauptmoment erweist. Man muß es an die erste Stelle setzen. Man muß kühn und unerschrocken diesem Problem als sozialem Problem ins Auge schauen.« (Wygotski 1924, S. 66)

»Das Verhalten eines Blinden und eines Gehörlosen kann unter psychologischem und pädagogischem Aspekt durchaus dem Normalen gleichgesetzt werden. Die Erziehung des Blinden und des Gehörlosen unterscheidet sich grundsätzlich durch nichts von der Erziehung des normalen Kindes. [...] Wir können sagen, daß es bei psychologischer Betrachtung keinerlei besondere, grundsätzlich unterschiedliche, getrennte Pädagogik der defektiven Kinder gibt. Die Bildung und Erziehung des defektiven Kindes ist Gegenstand nur eines Kapitels der allgemeinen Pädagogik. Daraus folgt unmittelbar, daß alle Fragen dieses schwierigen Kapitels im Lichte der allgemeinen Prinzipien der Pädagogik neu durchdacht und gesehen werden müssen.« (Wygotski 1924, S. 68)

Abweichende physische Merkmale oder physiologische Funktionen fordern zur Suche nach einer gemeinsamen Sinnebene auf.

»Es scheint tatsächlich unfaßbar, daß ein so einfacher Gedanke bisher nicht als Binsenwahrheit in die Wissenschaft und in die Praxis Eingang gefunden hat, daß sich bisher in neun von zehn Fällen die Erziehung auf die Krankheit orientierte und nicht auf die Gesundheit. ›Zuerst ein Mensch und erst dann ein besonderer Mensch, d. h., ein Blinder‹ – das ist die Losung der wissenschaftlichen Blindenpsychologie.« (Wygotski 1924, S. 69)

»Die Welt ist von sehenden Menschen hauptsächlich als sichtbares Phänomen aufgebaut, und auf das Leben in dieser allen gemeinsamen Welt müssen wir das blinde Kind vorbereiten. Folglich muß es das Licht kennen. [...] So bedeutet unter psychologischem Aspekt ein physischer Defekt eine Störung der sozialen Verhaltensformen. Wenn das Verhalten eines lebenden Organismus seine Wechselwirkung mit der Umwelt, ein System von Anpassungsreaktionen an die Umwelt darstellt, dann wirken sich Veränderungen dieses Systems zuallererst auf die Umstrukturierung und Verschiebung der sozialen Verbindungen, Beziehungen und Bedingungen aus, unter denen sich der normale Verhaltensprozeß vollzieht und verwirklicht. Alle eindeutig psychologischen Besonderheiten des defektiven Kindes sind ihrer Grundlage nach nicht biologischer, sondern sozialer Natur. [...] Die Bildung und Erziehung eines defektiven Kindes (eines blinden, eines gehörlosen Kindes) ist genauso ein Prozeß der Ent-

wicklung neuer Verhaltensformen, der Bildung von bedingten Reaktio-
nen wie beim normalen Kind. Die Probleme der Erziehung defektiver
Kinder können folglich nur als Problem der Sozialpädagogik gelöst wer-
den. [...] Das ist ein schlechter Arzt, der einen Kranken ohne die nor-
male Nahrung läßt und seine Hoffnung nur auf Mixturen und Pillen
setzt. Genauso handelt unsere Sonderschule, in der die Heilpädagogik
die normale Pädagogik, die sonderpädagogische Erziehung die Sozialer-
ziehung verschlungen hat.« (Wygotski 1924, S. 71)

Er schließt in der wissenschaftlich begründeten Hoffnung: »Möglicherweise ist die Zeit nicht mehr fern, da die Pädagogik es als peinlich empfinden wird, von einem defektiven Kind zu sprechen.« (Wygotski 1924,
S. 72) Sofort fällt uns wieder Fragner ein mit der »moderneren Schule«,
»die eine integrative sein wird« (1996, vgl. Kap. 3). Angesichts der ver-
strichenen und weiter verstreichenden Zeit und der vergleichsweisen
Stagnation in der Bildungspraxis fällt es nicht leicht, am Glauben an den
wissenschaftlichen Fortschritt und seine Wirkung auf die pädagogische
Praxis festzuhalten.

Sollte also die Schule medizinisch zu benennende Beeinträchtigungen
in erster Linie als pädagogisch-kommunikatives Problem betrachten, so
müsste sie nach Wegen suchen, die es ermöglichen, mit den Schülerinnen
und Schülern auf der Grundlage ihrer jeweiligen Welterfahrung eine gemeinsame Sinnebene herzustellen.

Wie aber sieht es aus, wenn es um sogenannte Lernbehinderungen
oder um sozio-emotionale Verständigungsschwierigkeiten geht, die den
Unterrichtsablauf stören (das System Unterricht »strapazieren«; Fuchs
2002)?

Um die Antwort vorweg zu nehmen: Diese Behinderungen werden
durch die Schule im Allgemeinen erst geschaffen bzw. von ihr verstetigt
(vgl. z. B. Knauer 1996). Es handelt sich hier nämlich nicht um medizinische Befunde, sondern ausschließlich um das Problem misslingender
Kommunikation und fehlender gemeinsamer Deutungsmuster zwischen
Lehrkräften und Schülern: »Lernbehinderung als nicht gelungener kommunikativer Umgang mit Verschiedenheit.« (Balgo 2003a, S. 109)

Hier wird aus der misslingenden Kommunikation zwischen Lehrenden und Lernenden geradezu ein medizinisch-biologischer Defekt konstruiert, dem »Nicht-Lerner« oder »Störer« als Eigenschaft angeheftet,
damit gewissermaßen mit der Autorität vermeintlich objektiver Faktizität ummantelt, und die betreffende Person mit dieser »ontischen Entität«
(bewusstseinsunabhängige Größe) zum Behinderten gestempelt: »Eine
solche *individuumzentrierte* Sichtweise von Behinderungen im Bereich
des Lernens übernimmt den für die Ebene der körperlichen Prozesse entwickelten Krankheitsbegriff des biomedizinischen Modells und über-

Lernbehinde-
rungen gibt es
außerhalb von
Schule und
Unterricht so gut
wie nicht.

trägt diesen auf andere, nicht biologische Phänomenbereiche.« (Balgo 2003a, S. 104; zur Abgrenzung des Behinderungs- vom Krankheitsbegriff vgl. Knauer 1998a, S. 193) Die Überlegungen zur Frage von »Lernbehinderungen« gelten in gleicher Weise für den gesamten Formenkreis eines als »besonders« klassifizierten Verhaltens, einschließlich der Sprache (vgl. z. B. Baerwolff 2002).

Behindert die Schule das Lernen?   Verweilen wir einen Moment beim Phänomen »Lernbehinderung«, das nicht nur eines der interessantesten und unter den herkömmlichen Behinderungsarten das am weitesten verbreitete ist: Rund 55 Prozent der Schülerinnen und Schüler mit Behinderung gehören primär dieser sonderpädagogischen Sparte an, eine eindeutig medizinische Ursache liegt demgegenüber bei etwa zehn Prozent der Sonderschüler/innen vor (vgl. Deutscher Bundestag: Drucksache 16/6148 vom 27.7.2007).

Zum Auftakt als These eine etwas kryptische Provokation:

Niemand hat eine Lernbehinderung – Jede Behinderung ist eine Lernbehinderung – Kein Lernen ohne Lernbehinderung.

Im Folgenden soll versucht werden, dieses Knäuel zu entwirren, wodurch sich die These belegen lässt.

6.2.1   Niemand hat eine Lernbehinderung

Spielen wir ein kleines Frage-Antwort-Spiel:

> **Was ist eine Lernbehinderung?**
>
> *Wenn jemand nichts, zu wenig oder zu langsam lernt.*
>
> **Aha! Wer stellt denn das fest?**
>
> *Die Schule.*
>
> **Ach so! Kann das jeder gleich merken?**
>
> *Nein, dafür braucht man ausgebildete Diagnostiker.*
>
> **Mhm! Und wann ist nun jemand lernbehindert?**
>
> *Wenn der Diagnostiker feststellt, dass das Nicht-Lernen schwerwiegend, lang andauernd und umfänglich ist.*
>
> **Wann ist das so?**
>
> *Wenn jemand nicht nur ein bisschen zurückbleibt, sondern so richtig doll, dass wenigstens Fünfen auf dem Zeugnis stehen, und zwar nicht nur eine, sondern gleich in mehreren Fächern, und das schon mindestens zwei Jahre so geht und überhaupt gar nicht mehr besser werden will.*

Verstehe, wofür braucht man denn jetzt noch einen Diagnostiker?

Weil man sich ja absichern muss, dass das nicht nur Zufall ist, sondern dass mit dem Schüler wirklich etwas nicht stimmt, was man erst einmal von außen gar nicht sehen kann. Sonst weiß man ja auch gar nicht, wie man ihm helfen soll, damit er genau so viel und das zu lernen bekommt, wie und was er lernen kann. Jetzt zum Beispiel bekommt er ja ganz offensichtlich mehr und anderes zu lernen, als er lernen kann, und das schafft er eben nicht und deshalb ist er so schlecht. Wenn er jetzt weniger und Leichteres zu lernen bekommt, hat er gleich viel bessere Noten.

Das ist ja pfiffig! Und wie macht der Diagnostiker das?

Der Diagnostiker stellt dem Schüler viele, sehr unterschiedliche Fragen. Die Fragen sind so schlau zusammengestellt, dass der Diagnostiker am Ende sagen kann, ob der Schüler normal ist. Er rechnet nämlich aus, ob das, was der Schüler weiß, mit seinem Lebensalter und mit dem, was die meisten in diesem Alter wissen und können, übereinstimmt.

Woher weiß der Diagnostiker das besser als der Lehrer, der ja schon festgestellt hat, dass der Schüler weniger weiß als die anderen in der Klasse?

Weil der Diagnostiker Tabellen hat und daraus ganz genaue Profile errechnen kann, also auch das, was jemand besonders gut oder besonders schlecht kann.

Woher hat der Diagnostiker das alles? Kann er in die Köpfe gucken?

Nein, er kann sich auf Intelligenztests verlassen. Die Testentwickler haben sehr viele Menschen befragt und konnten daraus errechnen, was die meisten in einem bestimmten Alter können beziehungsweise nicht können. Und was einer kann und weiß, ist seine Intelligenz.

Das ist aber eine gewagte Behauptung! Die Diagnostiker messen doch nur die Antworten, die jemand auf bestimmte Fragen gibt. Daraus auf eine Substanz zu schließen, die noch nie jemand gesehen hat, finde ich sehr mutig! Und interessant ist auch, dass diese Substanz offenbar so gestaltet ist, dass jeder, der sie in ausreichendem Maße besitzt, auf Fragen antwortet, und nicht nur das, sondern darüber hinaus ein jeder mit derselben Antwort. Das ist ja trivial … und ziemlich unintelligent. Und wer hat jetzt eine Lernbehinderung?

Wem dieses Spiel zu dumm ist oder dem es nicht beigebracht wurde, dass seine Chancen davon abhängen, wie geschickt er es mitspielt.

Und wenn einer keine Lernbehinderung hat und trotzdem in der Schule schlecht ist?

Dann kriegt er bestimmt bald eine!

Im Übergang zur funktional differenzierten, bürgerlichen Industriegesellschaft gewann die individuelle, geistige Tüchtigkeit zunehmend an Bedeutung (vgl. auch S. 164 ff.). So ist es kein Zufall, dass gerade die Fähigkeit, mit komplexeren technischen Geräten umzugehen, zu einem maßgeblichen wirtschaftlichen und auch militärischen Faktor anwuchs. Um die Wende vom 19. zum 20. Jahrhundert hatte die Psychometrie ihren Ursprung. In Deutschland, England, Frankreich und den USA arbeitete man an Verfahren, die Denkfähigkeit des Menschen zu vermessen. Hatte der 1905 vom französischen Erziehungsministerium mit der Entwicklung eines Messverfahrens beauftragte Psychologe Alfred Binet zunächst noch angenommen, man könne vom Schädelumfang auf die geistige Potenz schließen, ging man nun – ganz im Zeitgeist der psychoanalytischen Theorien Sigmund Freuds – von der Existenz einer inneren »Black Box« aus, die den einen schlechter, den anderen – später auch die andere – besser denken ließ. Hintergrund der massiven finanziellen Unterstützung waren die umfangreichen Aufrüstungsbestrebungen, zunächst vor allem in Europa, und die damit in Verbindung stehende Entwicklung neuer Waffensysteme, deren Bedienung mathematisch-technisches Verständnis voraussetzte. In Frankreich entwickelte man zuerst die Idee, junge Menschen, die in den Testverfahren unzureichend abschnitten, auf Sonderschulen so weit zu fördern, dass sie sich als Rekruten eigneten. In den USA wurden damals 1 750 000 Wehrpflichtige mithilfe des weiterentwickelten Diagnostikums ausgesiebt (vgl. Enzensberger 2007). Kriegspläne als Impulse für das Bildungswesen? Das mag den unbefangenen Leser doch befremdlich anmuten, ist hingegen keinesfalls eine neue Erfindung gewesen und vermutlich auch nicht letztmalig aufgetreten.

Selbst wenn Enzensberger – unwidersprochen – zu dem Schluss kommt, dass Intelligenztests angesichts der heutigen Diskurshoheit von Kognitions- und Neuropsychologie etwas altbacken daherkommen, ändert das nichts an der Tatsache, dass sich die Schulpsychologie ebenso altbacken ihrer bedient, um die Spreu vom Weizen zu trennen.

Noch einmal zu Alfred Binet und den von ihm in Zusammenarbeit mit dem Arzt Theodore Simon entwickelten Intelligenzfeststellungsverfahren: »Er stellte sogenannte Test-Items (Fragen) zusammen, die sich an den Lehrplänen der Regelschulen und den Beurteilungen der Unterrichtsleistungen der Schüler durch die Lehrer orientierten. [...] Indem er die Lehrerbeurteilungen zum Kriterium für die Validierung seines Intelligenztests machte, konnte er den Schulerfolg oder -misserfolg der Kinder und somit ihre ›Sonderschulbedürftigkeit‹ vorhersagen. Ähnlich könnten wir beim Auto anhand des von der Benzinuhr gemessenen Benzinquotienten vorhersagen, wie weit das Auto kommen wird. Doch ebenso wenig, wie der Intelligenztest die Substanz ›Intelligenz‹ misst, misst die Benzinuhr die Substanz ›Benzin‹ und nur derjenige, der dies annimmt, wäre erstaunt darüber, dass das Auto sich keinen Zentimeter fortbewegt, obwohl die Benzinuhr den Zustand ›voll‹ anzeigt, sich im Tank aber lediglich Wasser befindet.« (Balgo 2003a, S. 107) Schließlich finden in den In-

Intelligenztests weisen Rückstände im schulischen Lernen nach – ein Zirkelschluss.

telligenztests im Wesentlichen lediglich kognitive Wissensbestände und Denkoperationen Berücksichtigung, und selbst die sogenannten »sprachfreien« Instrumentarien fragen logische Operationen ab, deren Bewältigung ohne linguistische Strukturierungsmuster undenkbar erscheinen. Hier spiegelt sich nach wie vor die Unterscheidung und Wertigkeit der alten »Haupt-« und »Nebenfächer«: künstlerische, musische, poetische und sportliche Befähigungen und Neigungen sind völlig unerheblich (obschon man beispielsweise längst erkannt hat, wie sehr Musizieren das Denkvermögen anregt; vgl. Hilgers 2007).

Ein weiterer Motor zur Etablierung des Konstrukts »Lernbehinderung« und entsprechender Klassen und Schulen lag in der uferlosen Überforderungssituation der Volksschulen zur Zeit der Jahrhundertwende (19./20. Jahrhundert). Eberwein hat wiederholt (z. B. 1998) auf die Entlastungsfunktion des medizinischen Modells der »Schwachbefähigung« und der Sonderschulen angesichts überfüllter Klassen mit bis zu 100 Schülern hingewiesen. Anstatt »Lernbedingungen« anzuprangern, die es den Lehrer/innen unmöglich machten, auf einzelne Schüler, geschweige denn deren Lernprobleme einzugehen, verlagerte man die Problematik in die Schüler selbst, indem man ihnen einen Defekt anheftete. Die ehedem ethisch motivierten Ärzt/innen und Pädagog/innen, die sich zuvor vom Bildungswesen ausgeschlossenen Außenseitern der Gesellschaft (Blinden, Gehörlosen, schwer körperlich oder geistig Beeinträchtigten) mit Bildungsangeboten zugewandt hatten, sahen sich mit einem Mal umgeben von einer Gefolgschaft, über die sie nicht vorbehaltlos glücklich gewesen sein dürften (zur Kritik am Hilfsschulwesen vgl. auch Eberwein 1998): Die Hilfsschul- und Sprachheillehrer witterten ihre berufsständische Chance, indem sie sich unverhohlen mit einem weißen Kittel bzw. einem Stethoskop dekorierten und als »Medizinmänner« daherkamen. Die Volksschullehrer waren, sofern sie sich von der Hilfsschulbewegung nicht kritisch distanzierten, erleichtert: Waren doch nicht sie es, die versagten, sondern die biologisch bedingten Mängel der Schüler, die sie daran hinderten, dem Unterricht zu folgen.

Diesen Mangelerscheinungen pädagogisch ohne Be- und Aussonderung zu begegnen, wurde im Kontext der Regelpädagogik lediglich von wenigen, z. B. dem Schulrat Witte aus Posen, gefordert.

Festzuhalten ist, dass eine vermutete »Intelligenzminderung« als Begründung für Lernbehinderungen nicht standhält. Denn niemand vermag zu sagen, was eine Lernbehinderung als personale Eigenschaft eigentlich sein sollte. Das wissenschaftliche Ringen um den Begriff der Lernbehinderung gipfelte in dem Zirkelschluss Bleidicks (1995, S. 106): »Lernbehindert ist der, der die Schule für Lernbehinderte besucht.«

Heute wissen wir: »Das Behindernde liegt nicht in den Phänomenen, nicht in einer Störung, einer Schädigung, einem Intelligenzmangel etc.,

Das Konstrukt »Lernbehinderung« entlastet von dem Gefühl und dem Vorwurf pädagogischer Unzulänglichkeit.

sondern ist eine Frage der Passung der Bedingungen aller Beteiligten.« (Balgo 2003a, S. 110)

Der erste Teil der These, »*Niemand hat eine Lernbehinderung*«, darf damit als belegt gelten.

6.2.2   Jede Behinderung ist eine Lernbehinderung

Unsere Umwelt ist in erster Linie so erdacht und gestaltet worden, dass nicht Behinderte unbehinderten Zugang zu ihr haben. Die demokratische Forderung nach uneingeschränkter, gleichwertiger Teilhabe aller Menschen scheint – wie berechtigt und notwendig auch immer – in der diversifizierten modernen Gesellschaft nicht zu verwirklichen zu sein, schon aus Gründen der Logik: »Inklusion ist als Formbegriff gebunden an das, was sie ausschließt: an Exklusion. Sie ist nur zu verstehen als eine Seite der Differenz, als das, wogegen sie sich unterscheiden und bezeichnen lässt. Auf Inklusion setzend, setzt man (sozusagen schweigend) auf Exklusion mit. [...] Die Gegenseite der Präferenz für Inklusion rückt mit jeder Generalisierung in die Möglichkeit, beobachtet zu werden, und zwar als nicht vereinbar mit der Differenzierungsform der Gesellschaft. Diese Beobachtungsmöglichkeit verschärft sich, wenn das Inklusionsgebot der modernen Gesellschaft konfrontiert wird mit der Faktizität quasi-naturaler Chancenungleichheit (Frauen, Behinderte) und mit der Faktizität sich einstellender Differenzen zwischen Inklusions- und Partizipationsmöglichkeiten: Rothschild ist anders inkludiert als ein Hilfsarbeiter. Die Inklusionsgleichheit ist gerade nicht Gleichheit der Inkludierten, und das führt zur Konvertierung faktischer Ungleichheiten in Ansprüche der Individuen mit allen Folgeproblemen, die wir heute unter Titeln wie Wohlfahrtsstaat, soziale Hilfe, soziale Bewegung, Emanzipation und wiederum politischer Korrektheit kennen.« (Fuchs 2002, S. 2)

Infolge der verschiedenen sozialen Rollen, die die Individuen einnehmen, ist ihre subjektive Weltsicht – je nach ihrer jeweiligen Lebenswelt – eine spezifische. Neben den sozialen Faktoren spielen aber eben auch persönliche, individuelle Voraussetzungen eine maßgebliche Rolle für Wahrnehmung und Verhalten (die Kommunikation). Die je eigenen Zugangs-, d.h. Beobachtungsmöglichkeiten tragen entscheidend zu Sinnkonstruktionen und somit Sinn- und Bedeutungszuschreibungen bei. So nimmt selbstverständlich ein Mensch, der im Rollstuhl sitzt, andere Barrieren, ebenso gut aber auch andere Gelegenheitsstrukturen wahr als ein auf beiden Beinen gehender. Die Verständigung mit den Mitmenschen ist wechselseitig vor ganz andere Herausforderungen gestellt. Allein vordergründig betrachtet, gewinnt die in jüngerer Zeit gern gebrauchte Redewendung von einer Kommunikation »auf Augenhöhe« eine neue, sehr

Worum geht es in der Schule, wenn nicht um Lernen? Wenn es mit dem Lernen keine Probleme gibt, wozu dann eine Behinderung?

viel praktisch-konkretere Bedeutung. Das Bild, welches hier verwendet wird, ist im alltäglichen Sprachgebrauch bereits hinter die sinnbildliche Bedeutung gerückt, schiebt sich nun aber wieder in den Vordergrund und lässt beide Bedeutungskonnotationen nebeneinander wirken und zusätzlich zirkulär-reflexiv aufeinander einwirken. Denn niemand, die/der diesen Gedanken in einer solchen Kommunikationssituation einmal gedacht hat, kann je wieder hinter ihn zurück. Wenn demnach das soziale System, seine Interaktion, durch die Behinderung strapaziert wird und Lernen (in engerem Sinne schulisches Lernen im Unterricht) im kommunikativen Konstruieren gemeinsamer Deutungsmuster und der Verständigung auf einer gemeinsamen Sinnebene besteht, dann stimmt zwangsläufig »*Jede Behinderung ist eine Lernbehinderung*«.

6.2.3 Kein Lernen ohne Lernbehinderung

Um diese Behauptung zu untermauern, müssen wir uns ein wenig mit Formen schulischen Lernens in Abgrenzung zur »Lernbehinderung« befassen und einen kurzen Blick auf die strukturellen Eigenarten von »Lernen« schlechthin werfen. Die Beobachtung schulischen Lernens ist gebunden an die (mündlichen, schriftlichen, motorischen, musischen …) Äußerungen der Schüler/innen – und an das Verstehen dieser Äußerungen durch die Lehrkräfte. Beantworten die Schüler Lehrerfragen mit unerwarteten Phrasen, wird das in den seltensten Fällen honoriert – unabhängig von deren Qualität. Das Ziffernnotensystem geht nun davon aus, dass Schüler/innen mehr oder weniger erfolgreich lernen und entsprechend zensiert werden. Die (vom Lehrer gewusste) Lösung gestellter Aufgaben dient als Beweis für das Ausmaß des Lernens bei den Schüler/-innen, zugleich wird sie als prognostisches Instrument künftiger Statuszuweisung genutzt: Versetzung, Förderunterricht … . Im gegliederten Schulsystem zieht die dokumentierte Qualität solcher Lösungsversuche die Zuweisung zu soziologisch beschreibbaren Gruppen nach sich: Hauptschüler versus Gymnasiasten.

In der Schule wird zwischen »gutem« und »schlechtem«, »richtigem« und »falschem« Lernen unterschieden und entsprechend gewertet.

Die Wahl des graduell abgestuften Ziffernsystems zur Beurteilung von Schülern belegt, dass in der Schule ganz klar zwischen »alles lernen«, »viel lernen«, »wenig lernen« und »nichts lernen« sowie einigen Abstufungen dazwischen unterschieden wird. Interessanterweise ist das Tun der Lernenden schleichend vom »Lernen« zur »Leistung« (»Leistungsbeurteilung«) mutiert, wobei letztere gewissermaßen als »pars pro toto« eine Zuordnung der Person – von welchem Beobachterstandpunkt und welchem Referenzsystem aus eigentlich – ist das noch Pädagogik? – zu verschiedenen sozialen Systemen rechtfertigt. Weniger deutlich ist eigentlich – doch das sei hier nur am Rande erwähnt – die Norm, an der die

Leistung bemessen wird: ein abstrakter Lehrplan, der individuelle Lernzuwachs, das Abschneiden der Vergleichsgruppe, standardisierte Tests, die persönliche Anstrengung …?

Man geht also – und das ist im Rahmen einer solchen Systematik auch gar nicht anders möglich – nicht etwa davon aus, dass alle Lerner dasselbe und in gleichem Maße erfolgreich lernen, sondern das Nicht- und das Wenig-Lernen sind bewusst Bestandteile des alltäglichen Unterrichtsgeschehens und werden als »Normalfall« hingenommen. Doch wie soll das »normale Nicht-Lernen« beschrieben werden? Was zeichnet es als »normal« aus und unterscheidet es von »nicht normalem Nicht-Lernen« (vgl. Balgo 2003 b, S. 3)? »Hierfür stellt man […] sogenannte Test-Items (Fragen) zusammen, die sich an den Lehrplänen der Regelschulen und den Beurteilungen der Unterrichtsleistungen der Schüler durch die Lehrer orientieren.« (Balgo 2003 b, S. 4) Fortsetzung: siehe oben. Das Problematische an diesem Vorgehen ist, dass es unzulässigerweise die Ebenen der Beobachtung (Was tut ein Schüler?), der Bewertung (Ist das gut oder schlecht?) und der Erklärung (Warum tut der Schüler das?) ungeniert miteinander vermengt. Dadurch wird nach Balgo (2003 a, 2003 b) verschleiert, dass Lernen nicht beobachtbar ist, sondern ein Erklärungsprinzip für bestimmte (erwartete oder unerwartete) Verhaltensweisen. Aus dieser definitorischen Gemengelage lassen sich dann besondere pädagogische Arrangements ableiten, die infolge schleichender Umdeutungen kaum noch hinterfragt werden können. Im achten Kapitel wird der Frage nachzugehen sein, weshalb die Sonderschule als saubere Kompensationslösung erscheint und weshalb sie im gesamtgesellschaftlichen Kontext so nützlich sein kann, dass ihr Fortbestand trotz all ihrer Nachteile nicht zur Disposition steht. Daher wird dort noch einmal dezidiert die soziale Frage gestellt werden müssen, warum nämlich das Konzept »Lernbehinderung« vorzugsweise im Kontext weiterer Problemlagen auftritt. Nach Überzeugung der Verfasserin spielt der deutsche Bildungsbegriff in diesem Zusammenhang eine nicht unerhebliche Rolle.

Erstaunlich ist immerhin, dass zwei wissenschaftstheoretische Ansätze, die hinsichtlich ihrer Werteorientierung einander kaum fremder sein könnten, nämlich die Subjektwissenschaft und der systemische Konstruktivismus, im Hinblick auf ihr Verständnis von »Lernen« gar nicht so weit auseinanderliegen, sodass der undogmatische Beobachter sie gut gleichzeitig betrachten kann. Das besitzt den großen Vorteil, dass der Lernbegriff um die ihm innewohnenden »Lernwiderstände«, wie Holzkamp (1987) es formuliert hat, erweitert werden kann. Holzkamp hält nämlich die Entdeckung des eigenen Lernwiderstands für eine unverzichtbare Voraussetzung von Lernen (als Bedürfnis nach Überwindung des Lernwiderstands). Der »Lernwiderstand« ist das Moment, welches den nicht gezielt reflektierten Fluss des Lernens oder Nicht-Lernens un-

Wenn es nicht Schwierigkeiten beim Verstehen von Dingen und Zusammenhängen gäbe, Lernwiderstände, brauchten wir keinen Unterricht.

terbricht, die Aufmerksamkeit auf sich zieht und aktives Bemühen um Verstehen auslöst. Da aber die Schule selten geneigt ist, den angenommenen kontinuierlichen Lehr-Lernfluss durch derartige, unberechenbare, individuelle, rekursive Schleifen unterbrechen zu lassen, interpretiert sie den Lernwiderstand bzw. dessen Bearbeitung bevorzugt als Lernbehinderung, weil sie vom naiven Beobachter als Unterbrechung des Lernens wahrgenommen wird: »*Kein Lernen ohne Lernbehinderung*«.

Der Unterricht sollte den Schüler/innen ermöglichen, ihre jeweiligen Lernwiderstände zu entdecken und zu überwinden.

6.2.4   Wie aber hat man sich Lernen vorzustellen?

Der Mensch kann gar nicht anders als lernen. Indem er sich von Geburt an mit der sächlichen, natürlichen und sozialen Umwelt auseinandersetzt, sich auf das Wechselspiel von Aneignung und Anpassung einlassen muss, erweitert er seinen Aktionsradius. Lernen ist ein Lebensprinzip und immer eine Eigenwelterweiterung (Begemann 1996) des Einzelnen. Und in eigenaktiver, dialogischer Tätigkeit lernt der Mensch bis an sein Lebensende:

> »*Wo zentralnervöse Funktionen einen menschlichen Organismus existent erhalten, sind sie soweit ausgebildet und koordiniert, daß auch umfassendes zielgerichtetes Lernen möglich ist; ja ihre Funktion und Koordination kann auf menschlichem Niveau nur als Lernen im Sinne hochgradiger Anpassung assimilativ-akkomodativer Art und als Aneignung von Welt verstanden werden.*« (Feuser 1984, S. 268)

Im industriellen Zeitalter hieß Lehren im Rahmen öffentlicher Bildung, so viel wie möglich einzurichten. Und aufseiten der Schüler/innen: wie ein Schwamm so viel wie möglich aufzusaugen und anzusammeln. Dieses Verständnis von Lernvorgängen ist aus heutiger Sicht nicht nur überholt, sondern als Konzept auch nicht mehr anwendungstauglich:

In der Informationsgesellschaft ist der Bestandswert von Wissen stark verkürzt: Während sich das Wissen der Menschheit zwischen 1800 und 1900 verdoppelte, hat heutiges Wissen eine durchschnittliche Halbwertzeit von etwa drei Jahren. Zusätzlich ist es hoch komplex und vernetzt.

Heute kann niemand mehr alles wissen, sondern es kommt darauf an, die Informationsflut geschickt zu filtern und Zusammenhänge zu erkennen.

Um Wissen in vernünftiges Handeln münden zu lassen, muss es »übersetzt« werden. Das heißt, das Individuum muss zu ständigen Transferleistungen fähig sein, muss entscheiden können »Was bedeutet diese Information für mein Tun?« und »Wie kann ich mein bisheriges Wissen an neue Erkenntnisse anpassen?«.

Lernen ist ein aktiver Prozess des Einzelnen im sozialen Dialog mit anderen und erweitert sich exponentiell durch Transferleistungen.

Beispiel

Der Vater entzündet ein Streichholz und verwehrt dem Zweijährigen das Anfassen: »Nein, heiß!« Das Kind plappert nach »heiß«, ohne dem Wort eine Bedeutung zumessen zu können. Bei nächster Gelegenheit gelingt es ihm, ein verglimmendes Streichholz anzufassen. Es verbrennt sich die Finger und sagt weinend: »Heiß, aua!« Den Anblick des Herbstfeuers kommentiert es ohne Körperkontakt mit denselben Worten. Das Anfassen eines Kochtopfs auf dem Herd lehrt es schmerzlich, dass »heiß« nicht nur auf offenes Feuer zutrifft.

An dem einfachen Beispiel wird schon deutlich, dass Lernen immer dann sehr schnell und effektiv verläuft, wenn es eine unmittelbar einsichtige Bedeutung hat, wenn das Subjekt ihm einen Sinn geben kann.

Das heißt in Konsequenz: Lernangebote können aufgenommen und verarbeitet werden, wenn sie sich am jeweiligen Entwicklungsstand und den lebensweltlichen Erfahrungen orientieren. Gute Lernangebote zeichnen sich inhaltlich durch Passung (Viabilität; vgl. Glasersfeld 1992) und in ihrem Anforderungsgrad durch Anschlussfähigkeit aus.

Können alle alles lernen?

Um es gerade heraus zu sagen: Nein, im Gegenteil, niemand kann alles lernen.

Lernen ist die aktiv handelnde und reflektierende Auseinandersetzung mit der Umgebung.

Menschen beschreiten unterschiedliche Wege, die Wirklichkeit zu verstehen und ihre Wahrheit zu (er-)finden. Während manche den Zugang über die Mathematik suchen, wählen andere die Literatur oder aber den praktischen Umgang mit Natur oder Technik. Zwar mag im Einzelfall offensichtlich sein, was jemand nie lernen wird – so z. B. die Verfasserin die Gesetze der Atomphysik –, jedoch vermag niemand verbindlich vorauszusagen, was oder wie viel jemand lernen kann.

Letztlich ist die Lernfähigkeit jedes Einzelnen unendlich, denn jeder Mensch lernt lebenslang weiter, und sie ist unbestimmbar. Wäre es anders, wären wir alle triviale Maschinen (vgl. von Foerster/Pörksen 2004, S. 54 ff.), die nach dem vorhersagbaren Prinzip Input-Operation-Output funktionieren. Der Schule mit ihrer Frage-Antwort-Didaktik wirft von Foerster vor, eine Trivialisationsanstalt zu sein, die schöpferische junge Menschen wie pawlowsche Hunde dressiert; dass sie nämlich von der Annahme ausgehe, die Köpfe der Schülerinnen und Schüler seien einfache Operatoren, die den Input des Unterrichts in den Output der Lernerfolgskontrolle verwandeln – nicht einmal methodische Ungeschicklichkeiten werden als mögliche Risikofaktoren diskutiert.

6.2.5 *Fazit*

Der Behinderungsbegriff ist als dynamischer Bestandteil der pädagogischen Kommunikation immer mitzudenken, denn ohne die Möglichkeit des Misslingens ist eine gelingende Kommunikation nicht denkbar. Insofern sind misslingende oder gar scheiternde Interaktionen in der Schule immer Lernbehinderungen (»*Jede Behinderung ist eine Lernbehinderung*«). Die Lernbehinderung liegt allerdings, ebenso wenig wie das Lernen, in einer Person begründet, noch ist sie ihr als Eigenschaft anzuheften, sondern ist, wie das Lernen eben auch, das Ergebnis kommunikativer Aushandlungsprozesse (»*Niemand hat eine Lernbehinderung*«). Im positiven Falle gelingt den Beteiligten eine gemeinsame Sinngebung, im negativen Fall bleibt die wechselseitige Verständigung oberflächlich, hohl oder gänzlich aus. Idealtypisch wissen Lehrkräfte, dass Verstehensprozesse nur als Ko-Konstruktion in sozialen Situationen denkbar und möglich sind. Als verantwortliche und verantwortungsbewusste Moderator/innen suchen sie nach den jeweiligen Lernzugangsweisen ihrer Schüler/innen und finden mit ihnen gemeinsam die individuellen Lernwiderstände, Lernbehinderungen heraus, um sie als Herausforderung zu betrachten und zu überwinden (»*Kein Lernen ohne Lernbehinderung*«). Dieses Verständnis vom Lernen und seinen Behinderungen trifft im Übrigen nicht etwa nur auf Schülerinnen und Schüler zu, die im weitesten Sinne der sonderpädagogischen Klientel zuzurechnen wären, sondern gilt für jedes Kind, jeden Heranwachsenden, jeden Menschen schlechthin, somit also auch für die in den letzten Jahren zunehmend thematisierte Gruppe der sogenannten Hochbegabten. Die in irgendeiner Weise besonders neugierigen Menschen sind tatsächlich ein treffliches Beispiel für die Unzulänglichkeit des vorherrschenden (schul-)pädagogischen Lern- und Lernbehinderungskonzepts: Sie passen ebenso wenig unter die Gaußsche Glocke. (Der Begabungsbegriff ist im Übrigen genauso schwierig zu fassen wie der Behinderungsbegriff.) Eine ungekannte Zahl von ihnen landet schließlich auf der Sonderschule für Lernbehinderte, weil sie sich, unerkannt, unbeachtet und unterfordert, mental vom Unterricht abgemeldet und den Anschluss verpasst haben. Nicht selten werden ihnen (trotz oder neben der »besonderen Begabung«) ein Aufmerksamkeits-Defizit-Syndrom mit und ohne Hyperaktivität, Legasthenie, Dyskalkulie, Konzentrationsschwäche und Sprachstörungen attestiert. Als wesentliche Problematik der Schule wird genannt: still sein, still sitzen, sich langweilen (Quellen: Landesinstitut für Lehrerbildung und Schulentwicklung Hamburg, Beratungsstelle besondere Begabungen, www.li-hamburg.de/abt.lip/bbb/index.html; 7.11.2007). Diese Kinder werden in einer Schule, die sich am Durchschnittsschüler orientiert, behindert. Diese Betrachtung hilft, dem begrifflichen Ringen der Integra-

Lernen, so individuell es verläuft, folgt verallgemeinerbaren und vergleichbaren Grundsätzen.

tionspädagogik noch einmal einen Schub zu geben: Wenn es so ist, dass die Schule – anders als sie vorgibt zu handeln – behindert, dann werden die Opfer in der Tat zu Behinderten gemacht. Sie sind nicht Menschen mit Behinderungen, denn die Behinderungen haften ihnen nicht an, sondern begegnen ihnen in den misslingenden sozialen Sinnkonstruktionen und stellen sich ihrer erfolgreichen Lebens- und Lernbewältigung in den Weg. Insofern wäre es euphemistisch, von etwas anderem als von »Behinderten« zu sprechen. Und um dem Konzept der Lernbehinderungen gewissermaßen das I-Tüpfelchen aufzusetzen, muss nun nur noch erwähnt werden, dass den so Stigmatisierten ein Nachteilsausgleich nach dem Bundessozialhilfegesetz im Allgemeinen nicht zusteht (wenngleich das neue Sozialgesetzbuch IX leichter zugunsten »Lernbehinderter« interpretiert werden kann). Dort sucht man diese Behinderungsart nämlich ebenso vergeblich wie in der medizinischen Nomenklatur.

Nachdem hier ein dynamisches Verständnis von Lernbehinderungen als Unterbrechung der erwarteten Kommunikation im Unterricht grundgelegt wurde, soll nun geklärt werden, welcher gemeinsamen sinnlichen und Sinnkonstrukte es bedarf, um zu befriedigenden und erfolgreichen Lernarrangements gelangen zu können.

6.3 Wahrnehmung und Kommunikation als Lernvoraussetzungen

Wahrnehmung liegt allen menschlichen Sinneseindrücken zugrunde, und ihre Verarbeitung steuert das gesamte menschliche Verhalten, einschließlich des sozialen Umgangs und der Lernprozesse. Eine – in welcher Weise auch immer – »andere«, »abweichende« Wahrnehmung geht stets den übrigen Lernproblemen voraus, begleitet sie und zieht zugleich zwangsläufig emotionale, soziale oder kognitive Probleme geringeren oder größeren Umfanges nach sich.

Beispiel

Ein Kind mit übermäßig sensibler Rezeption akustischer Reize wird den durchschnittlichen Lärmpegel in einer Schulklasse als unerträglich empfinden und als feindselig interpretieren.
Mögliche Folgeerscheinungen sind:
- emotionaler Rückzug: Traurigkeit, Verstimmtheit
- sozialer Rückzug: distanziertes Verhältnis zu Mitschülern mit oder ohne aggressive Komponenten
- Lernprobleme: Schwierigkeiten, sich dem Lernstoff uneingeschränkt zuzuwenden; Konzentrationsstörungen bis hin zu Blockaden und Verweigerung.

Um die komplizierten Vorgänge, Stufigkeiten und Zusammenhänge des Wahrnehmens sowie Äußerungen eventueller Störungen verständlich zu machen, werden zunächst einige Grundlagen dargestellt. In einem zweiten Schritt wird auf dieser Basis das Ausmaß der Bedeutung der Wahrnehmung für den Menschen als unteilbarer Person, für seine Interpretation der Welt und Teilhabe an ihr aufgezeigt. Sodann wird der Blick auf schulische Anforderungen gerichtet und exemplarisch gezeigt, welche Leistungen der Wahrnehmung und Wahrnehmungsverarbeitung üblicherweise unhinterfragt vorausgesetzt werden.

Schließlich sollen mögliche Diskrepanzen zwischen den individuellen Voraussetzungen eines Kindes und der schulischen Erwartungsnorm symptomatisch angesprochen werden.

In sehr vielen Fällen kann einer den schulischen Bedingungen nicht hinreichend entsprechenden Ausgangslage mit spielerischen Formen der Wahrnehmungsförderung begegnet werden, generell nützt es dem Unterricht und allen Schüler/innen, neben Augen und Ohren auch andere Sinnesmodalitäten anzusprechen – und es bringt eben »Sinnliches« und damit Leben und Freude in den Schulalltag.

6.3.1   Was verstehen wir unter Wahrnehmung?

Als hoch komplexes System stellt die menschliche Wahrnehmung (Sensorik) in untrennbarer, zirkulärer Wechselwirkung mit der (Re-)Aktion (Motorik = Denken, Fühlen, Handeln, Sprache, Bewegung) die Grundlage für alles menschliche Tun, für ontogenetische wie phylogenetische Entwicklungen dar. In der menschlichen Kommunikation fließen beide Verhaltensaspekte ineinander und verwirklichen sich. Um das Verständnis und den Zugang zu diesen miteinander verwobenen Vorgängen zu erleichtern, werden sie zunächst getrennt voneinander, von basalen Funktionen ausgehend, analytisch dargestellt.

Wahrnehmen und Bewegen/Handeln stehen in untrennbarer Wechselwirkung zueinander.

Wichtig ist jedoch, im Auge zu behalten, dass weder einzelne Wahrnehmungsvorgänge für sich, noch unabhängig von motorischem Verhalten oder etwa der Regulierung durch die lebendige Umwelt auftreten. Die Trennung zwischen »input« und »output« ist eine künstliche und dient lediglich einer übersichtlicheren Darstellung und der leichteren Verständlichkeit.

Wahrnehmen, Denken und Handeln sind als unterschiedliche Kommunikationsformen untrennbar miteinander und mit den Reizen und Reaktionen der Umwelt verbunden.

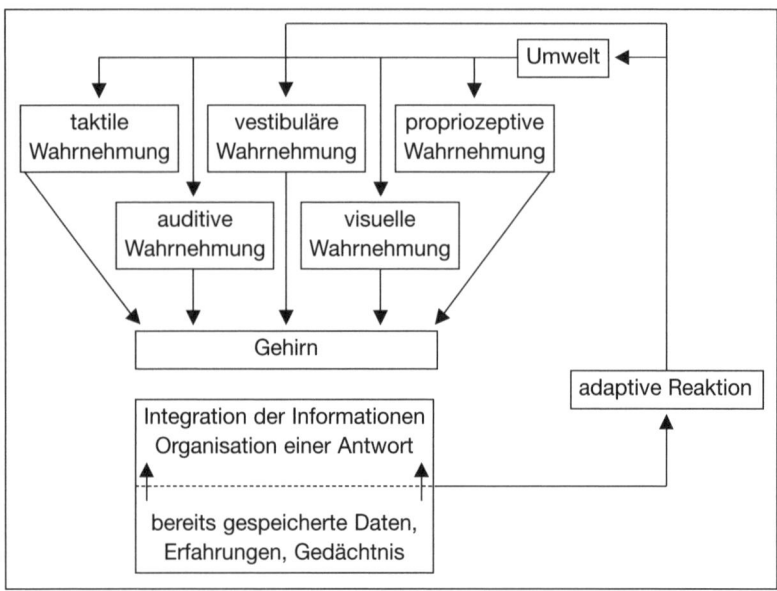

Abb. 2: Kreislauf von Wahrnehmen und Bewegen (Brand/Breitenbach/Maisel 1997, S. 25) © Brand I./Breitenbach, E./Maisel, V. (⁶1997): Integrationsstörungen. Diagnose und Therapie im Erstunterricht. Würzburg: Edition Bentheim der JWK Akademie, S. 25.

6.3.2 Neuropsychologische Grundlagen der Wahrnehmung

Vorausgesetzt, ein Mensch ist mit allen entsprechenden Sinnesorganen ausgestattet, stehen ihm sechs Wahrnehmungskanäle zur Verfügung: der taktile (Fühlen, Tasten), der olfaktorische (Riechen, Schmecken), der vestibuläre (Gleichgewichtsempfindung), der proprioceptive (Eigenwahrnehmung; sie reguliert beispielsweise den erforderlichen Krafteinsatz, je nachdem, ob ein Wattebausch oder eine Holzkugel aufzuheben ist), der auditive (Hören), der visuelle (Sehen). Zum Zeitpunkt der Geburt und während der ersten beiden Lebensmonate leiten die Wahrnehmungskanäle Umweltreize noch relativ unspezifisch und isoliert voneinander (modalitätsspezifisch) an das Zentrale Nervensystem (ZNS) weiter, und die Motorik befindet sich noch weitgehend auf der Stufe der unmittelbaren Reflexe (z. B. Saugen, Greifen, Schreien). Über sie steht der Säugling mit der Umwelt in Verbindung.

Die Sinnesorgane und ihre Funktionen lassen den Menschen in Beziehung zur Welt treten.

Die Reizfülle aus der Umwelt, der das Neugeborene ausgesetzt ist und mit der es sich kommunikativ arrangieren muss, setzt eine sich exponentiell beschleunigende Entwicklung in Gang, die sich im ZNS in einem rasanten Wachstum von Nervenzellen und deren synaptischer Vernetzung untereinander niederschlägt. Dieses Wachstum verlangsamt sich sehr rasch, sodass sich bei ungestörter Entwicklung bereits nach zwei bis drei Lebensmonaten die vereinzelten Nervenzellen beachtlich verästelt und miteinander verknüpft haben, nach zwei Jahren ein dichtes Verbindungsnetz entstanden ist, welches bis zum sechsten Lebensjahr noch einmal sehr viel engmaschiger, differenzierter und funktioneller wird, sich dagegen fortan bis ins Erwachsenenalter nur noch wenig verändert.

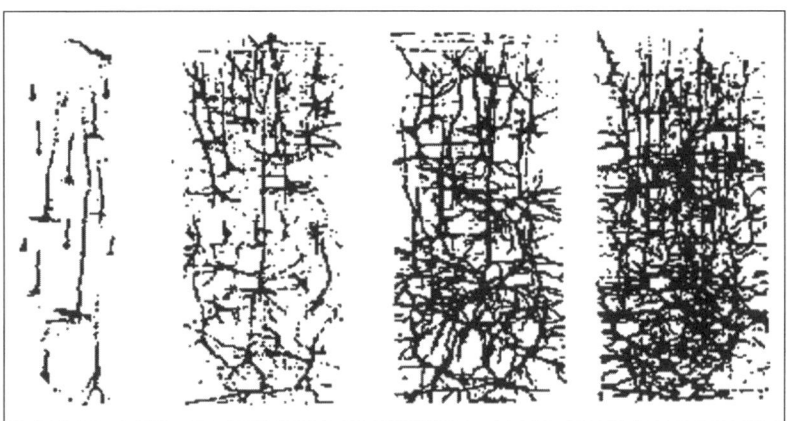

Abb. 3: Entwicklungsstand eines Areals des Vorderhirns. A = kurz nach der Geburt, B = nach 3 Monaten, C = nach 15 Monaten, D = nach 24 Monaten (nach unveröffentlichtem Seminarpapier)

Die synaptischen Verbindungen stellen die »Schaltstellen« zwischen den Nervenzellen dar.

Beispiel

Ein sehr junger Säugling reagiert auf eine ihm in die Hand gelegte Kordel (taktiler Reiz) mit dem Greifreflex. Der zugleich wahrgenommene optische Eindruck der Kordel wird noch nicht mit dem taktilen Reiz in Verbindung gebracht.

Auf dieser Stufe der modalitätsspezifischen Wahrnehmung leistet das kindliche Nervensystem eine zunehmende intramodale Integration, indem es seine Reaktionen (z. B. Augenbewegungen, Saugen) auf die dargebotenen Reize einrichtet und schließlich systematisch wiederholt.

Bereits ab dem dritten Lebensmonat setzt dank den vermehrten synaptischen Zellverbindungen die intermodale und seriale Verknüpfung von Sinneseindrücken ein, d. h. von verschiedenen Wahrnehmungskanälen an das ZNS »gemeldete« Eindrücke können allmählich auf ihren gemeinsamen Bedeutungsgehalt hin verbunden, aufeinander folgende Reize gleichfalls in Sinnzusammenhang gebracht werden.

Beispiel

Während das Kind unmittelbar nach der Geburt den Tagesanbruch visuell durch Helligkeit und auditiv durch einen höheren Geräuschpegel bemerkt, allerdings noch keinen Zusammenhang zwischen diesen beiden Eindrücken herstellen kann, hat es nach wenigen Monaten gelernt, dass beide Reize stets gepaart auftreten (intermodale Verknüpfung) und reagiert beispielsweise mit einer Steigerung seines Aktivitätsgrades. (Sollte einer der beiden Reize überraschend allein auftreten und der andere erwartungswidrig ausbleiben (beispielsweise am Wochenende), wäre das Kind irritiert und würde eventuell mit Weinen reagieren.) Etwa gleichzeitig kann es erkennen, dass das kurz darauf folgende Erscheinen der Bezugsperson mit den Anzeichen des Tagesanbruchs in Zusammenhang steht (seriale Verknüpfung).

Etwa zwischen dem neunten Lebensmonat und dem Ende des ersten Lebensjahres ist das Kind in der Lage, intermodale und seriale Verknüpfungen auch zu vollziehen, wenn Reize jeweils auf die unterschiedlichen Körperhälften einwirken. Damit ist eine wichtige Voraussetzung für die Koordination der gesamten Körpermotorik geschaffen (beidhändiges Greifen, Krabbeln).

Betont werden muss, dass die drei grundlegenden Stufen der sensorischen Integration nicht unabhängig voneinander und nicht nacheinander verlaufen. Sie überlappen sich und während hinsichtlich mancher neuropsychologischer Funktionen bereits ein der dritten Stufe entsprechender Entwicklungsstand erreicht sein kann, bleiben – insbesondere bei unerwarteten, neuen Sinneseindrücken – bis ins Erwachsenenalter durchaus intramodale Perzeptionsweisen üblich.

Insgesamt legt aber die Ausdifferenzierung und Optimierung der Reizverarbeitung den Grundstein für seriale, integrative Leistungen. Erst sie ermöglichen die Spezialisierung der Hirn- und Körperhälften, ohne die die höheren psychischen Funktionen des Menschen undenkbar sind.

Lange wurde darüber gestritten, ob im menschlichen Gehirn bestimmten Arealen spezifische Leistungen zugeordnet werden können. Heute weiß man, dass sich die Aufnahme von Reizen (Perzeption) und die (Re-)Aktion zwar bevorzugt in spezifischen Regionen ansiedeln, die bei den meisten Menschen vergleichbar lokalisiert sind. Gleichzeitig weiß man aber auch, dass diese Lokalisation eine dynamische ist, d. h. im Falle einer Verletzung beispielsweise (etwa durch einen Unfall) können andere Regionen die verloren gegangenen Funktionen übernehmen. Das ZNS verfügt über unvorstellbare Reserven, die bei Bedarf aktiviert werden können. Dank den synaptischen Vernetzungen können bislang unausgelastete Bereiche mit den notwendigen Informationen versorgt werden und die erforderlichen Aufgaben erfüllen. Wir haben uns das Gehirn demnach als außerordentlich plastisch, flexibel und anpassungsfähig vorzustellen.

Dieser Erkenntnis ist es zu verdanken, dass Kindern mit eingeschränkter Wahrnehmungsfähigkeit, deren schulischer Lernerfolg gefährdet ist, mit pädagogischer Unterstützung geholfen werden kann, ihre Probleme weitgehend zu überwinden.

6.3.3   Wahrnehmen, Denken und Handeln

Bislang wurde absichtlich so weit wie möglich auf die Darstellung des menschlichen Handelns als des »Output«, der Motorik, der (Re-)Aktion verzichtet; natürlich ist ein solches Vorgehen im praktischen Lebensvollzug unmöglich und unsinnig. Selbst der junge Säugling, ja schon der Fötus, reagiert mit Reflexen auf Sinneseinwirkungen bzw. ruft Sinneseindrücke propriozeptiv hervor (z. B. Daumenlutschen). Mit zunehmender sensorischer Integration der Reizaufnahme weichen die Reflexe gezieltem Tun (etwas mit den Augen fixieren, verfolgen; nach einem Gegenstand greifen), d. h. eingreifender Auseinandersetzung mit der Umwelt. Und wer immer ein Baby beobachtet hat, weiß, dass es während der Wachphasen unentwegt in Bewegung ist, um sich selbst durch Autostimulation im Verhältnis zur unmittelbaren Umgebung zu verorten (und zwar bezüglich sämtlicher Sinneseindrücke, d. h. auf allen Wahrnehmungskanälen). Die Motorik – einschließlich der später hinzutretenden Sprache – beeinflusst ihrerseits wiederum die Wahrnehmungsfunktionen. Wahrnehmung und (motorisches) Handeln sind also nicht voneinander zu trennen.

Zum eigentlichen Verständnis der umfänglichen Bedeutung der Wahrnehmung und ihrer Funktionen für den Menschen und seine Orientierung in der Welt ist es erforderlich, kurz auf die physiologischen Voraussetzungen der menschlichen Wahrnehmungsfähigkeit und die theoretischen Hintergründe der Erkenntnismöglichkeiten des Menschen einzugehen.

Um der Wahrnehmung Sinn zu verleihen, ordnet die reflektierende Erfahrung bestimmten Erscheinungen spezifische Bedeutungen zu.

Oben haben wir bereits gesehen, dass ein permanentes Fließgleichgewicht herrscht zwischen dem Aufbau neuer, spezialisierter Funktionen und dem Verschwinden primärer Reflexe. Victor von Weizsäcker legte bereits 1939 in der ersten Auflage seines Buches »Der Gestaltkreis. Theorie der Einheit von Wahrnehmen und Bewegen« eine ganzheitlich-ökologische, supradisziplinäre Theorie vor, die die durch den menschlichen Geist vorgenommenen Spaltungen und

Polarisierungen dialektisch überwindet, indem er die jeweiligen Gegensätze in übergeordnete Systeme einbindet. Seine Naturphilosophie setzt dem linear-kausalen, mechanistischen Weltverständnis (das in seiner naiven Ausprägung selbst für die klassischen Naturwissenschaften seine Gültigkeit eingebüßt hat) durch die Wiedereinbeziehung des Vitalen, dadurch immer Subjektiven, ein Ende. Die menschliche Existenz ist in all ihren Erscheinungs- und Äußerungsformen eingebunden in das Prinzip des Kommens und Gehens, des Auf- und Abbaus, des Erscheinens und Verschwindens durch Raum und Zeit. Um dieses Prinzip begreifen und individuell akzeptieren zu können, reichen Erklärungsmuster der einwertigen Logik nicht aus; und selbst eine mehrwertige Logik verweist in Konsequenz auf eine hinter den Phänomenen aufscheinende Instanz, die – entspringe sie nun ihrer objektiven Existenz oder einem subjektiven menschlichen Bedürfnis – den Kreisläufen Sinn, d. h. eigentlich selbsterhaltende (»autopoietische«) Energie verleiht. Immerhin haben wir einzugestehen, dass unsere Wahrnehmungs- und Erkenntnismöglichkeiten weiter als bis an diesen Punkt nicht reichen (können) und wir jenseitig auf metaphysische Begriffe wie »Schöpfung«, personalisiert als »Schöpfer«, verdinglicht-abstrahiert auf »Sinn« zurückzugreifen gezwungen sind.

Victor von Weizsäcker befindet sich mit seinen Überlegungen in großer Nähe zu der Erkenntnistheorie des systemischen Konstruktivismus: Welt ist das, was wir als Individuen als Welt erfahren und wie wir sie mit unseren Absichten gestalten. Über dahinterliegende Werte können wir keine Aussage treffen. Der Begriff der Objektivität beschränkt sich auf intersubjektiv vermittelbare Erkenntnisse und ist somit ein relativer.

Auf der Ebene des konkreten Lebens und Erlebens befinden wir uns immer in rekursiven Zirkularitäten (spiralförmigen Kreisläufen mit Rückschleifen), in die wir als Personen ganzheitlich eingehen, sodass es keine biologische Funktion ohne psychologische Beteiligung und entsprechende Rückwirkung auf biologische Funktionen geben kann.

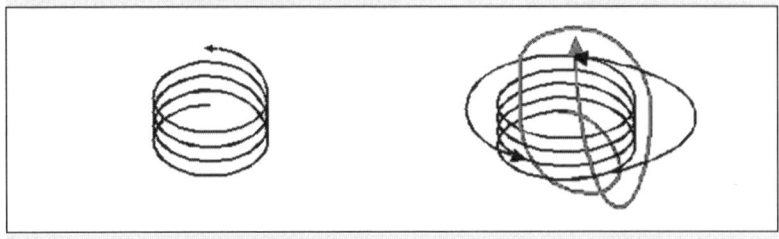

Abb. 4: Idealistisches Bild der Entwicklung als fortwährend aufsteigend

Abb. 5: Realistisches Bild der Entwicklung als fortschreitend, aber immer rekursive Schleifen nutzend

Nach Piaget beruht die kindliche Entwicklung auf wechselseitig einander ergänzenden Prozessen von Assimilation (Einpassung von Neuem) und Akkomodation (Anpassung an Neues) in der Begegnung mit der dinglichen und lebendigen Welt; Assimilation und Akkomodation sind überlebenswichtige Vorgänge der Teilhabe an Welt. Sie schließen Wahrnehmen (Perzeption) und Bewegung (Motorik) untrennbar ein, halten eine physische und psychische Balance zwischen Aktivität (Tun, Eingreifen, Bewirken) und Passivität (Erfahren, Hinnehmen, Erdulden), ohne die eine realistische Selbsteinschätzung und ein adäquates (soziales) Verhalten nicht erlangt werden können.

Beispiel

»Das Zweijährige wird beispielsweise auf einen kleinen Magneten zunächst im Sinne der Assimilation mit dem bereits vorhandenen Schema reagieren und ihn in den Mund nehmen. Sobald es aber die besondere Eigenschaft des Magneten entdeckt hat, wird es diesen Gegenstand an verschiedenen Metallobjekten ausprobieren, um seine Haftwirkung zu testen« (Akkomodation). (Steinhausen 1988, S. 6 f.)

Die Brücke, über die Sensorik und Motorik miteinander verbunden sind, ist das Verstehen, die Sinn- und Bedeutungszumessung und -zuschreibung durch das Individuum im sozialen Kontext, das Herstellen von kausalen, konsekutiven und temporalen, aber auch bildlichen und assoziativen sowie metaphorischen Zusammenhängen, die es ermöglichen, die (letztendlich unerklärbar bleibenden) Phänomene der Welt auf die dem Menschen verfügbaren Erfahrungs-, Erlebens- und Erkenntnismodalitäten abzubilden.

Was wir *nicht* sehen, können wir nicht wissen.

Das Experiment des »Blinden Flecks« verdeutlicht, dass unsere Wahrnehmung – infolge biologisch-physischer Grundbedingungen, die ihrerseits möglicherweise individuellen Einschränkungen unterliegen – immer eine spezifisch menschliche, d. h. selektive ist:

Abb. 6: Halten Sie das Buch in der linken Hand, schließen Sie das linke Auge und fixieren Sie mit dem rechten Auge den Stern. Bewegen Sie das Buch langsam vor und zurück, bis der schwarze Punkt unsichtbar wird. Wenn Sie den Stern gut fixieren, bleibt der Punkt unsichtbar, selbst wenn Sie das Buch seitlich oder nach oben und unten verschieben (nach: von Foerster/Pörksen 2004, S. 117).

Wahrnehmen können wir nur, was wir *wahr*-nehmen; und was wir wahrnehmen, nehmen wir zugleich für wahr, d. h. wir messen ihm wirklichkeitsgestaltende Bedeutung zu.

In diesem Sinne schreibt Kobi (2000, S. 25), dass die Beschreibung eines Wahrnehmungserlebnisses sowohl auf der oben ausgeführten Ebene der neuronalen Prozesse als eben auch zu erfolgen hat »auf der Subjektebene der individuellen Bedeutungen: für mich/uns innerhalb eines bestimmten gesellschaftlich-historischen Kontextes. Hier geht es um die verhaltensmäßigen Determinanten der Wahrnehmung. Deren Beschreibung bezieht sich auf Inhalte, die das Subjekt erfasst und die ihm und seiner Umgebung etwas bedeuten. [...] Diese Ebenen sind nicht zusammenhanglos. Ein auf der Objektebene materiell fassbares Faktum kann jedoch auf der Subjektebene Unterschiedliches beinhalten, erzeugen, bedeuten und seinerseits schließlich auch wieder bewirken. Die materiellen Trägerprozesse liefern zunächst beziehungslose Daten; erst auf der Ebene des Verhaltens wird das ›Signifikanz-Niveau‹ (die Bedeutung) hergestellt. Reize werden aufgenommen – Bedeutungen gestiftet! Aus Chaos (Beziehungs- und Gestaltlosigkeit) wird über die personale und soziale Aktivität Kosmos (Sinn, Gestalt, Ordnung) geschaffen.«

Dasselbe Ereignis kann unterschiedliche subjektive Bedeutungen haben.

»Bedeutung stiften« heißt aber immer, Unterscheidungen treffen, Bewertungen vornehmen. Wertneutrale ›objektive‹ Beobachtung ist qua definitione nicht möglich, weil sie stets eines beobachtenden Subjekts bedarf. Allenfalls annähernd kann es durch intensives Üben gelingen, die eigenen Bewertungsstrukturen und -maßstäbe zu erkennen, sie kommunikativ zu relativieren (validieren) und ihnen selbstkritisch zu begegnen.

Für die aktive Seite, die Motorik, das Handeln (einschließlich des Sprechens) beinhalten die Erkenntnisse über Wahrnehmung und deren neuronale Verarbeitung und sinnstiftende Bedeutungsentnahme/-zuschreibung weitreichende Konsequenzen: Zu welchem biografischen Zeitpunkt[3] und an welchem Punkt zwischen Reizeinwirkung und Sinnentnahme in welcher Wahrnehmungsmodalität oder Stufe deren Integration aus welchem Grunde auch immer eine Ablenkung (Irritation)[4]

---

3 Gedacht werden muss auch an vorgeburtliche Einwirkungen sowie an genetische Dispositionen.

4 Der Begriff der »Ablenkung« (Irritation) wird hier bewusst gewählt. Denn es verhält sich doch in keinem vorstellbaren Falle so, dass Leben ohne Reizaufnahme und -verarbeitung möglich wäre (selbst im Koma erreichen den Menschen noch Wahrnehmungen). Allerdings ziehen abgelenkte, d.h. abweichende Wahrnehmungsmuster normabweichende Reaktionsweisen nach sich, die die sich wechselseitig bedingenden Prozesse von Akkomodation und Assimilation erschweren können und deren Optimierung im Sinne einer kulturspezifisch zu erwartenden Reiz-Reaktions-Kette behindern. Von der Umwelt wird im Allgemeinen das nicht Erfüllen der Erwartungsnorm nur als Defizit registriert, während höchst differenzierte alternative Wahrnehmungsfähigkeiten (z.B. der ausgeprägte Tastsinn nicht sehender Menschen) ausgeblendet bleiben und deren – im Wortsinne – eigensinnige Qualitäten keine Beachtung finden.

erfährt, zieht sie zwangsläufig Veränderungen der Handlungsmöglichkeiten (einschließlich der kognitiven und psychischen Verarbeitung) nach sich, die nun ihrerseits veränderte Wahrnehmungsmuster bedingen, sodass die individuellen Zirkularitäten erheblich von der Erwartungsnorm abweichen können.

Wenn derartige Veränderungen zumeist als »Einschränkungen« beobachtet werden, so liegt dies am Maßstab und an der Bandbreite des gesellschaftlich als »unauffällig« geltenden Verhaltens. Die gesellschaftliche Norm selbst ist kulturspezifisch geprägt und unterliegt historischen Wandlungen.

Noch bis in die jüngste Zeit wurden beispielsweise linkshändige Kinder umerzogen. Dies kann katastrophale neuropsychologische Folgen für die Körper- und Hemisphärenlateralisation haben. Aber auch die sekundär hieraus erwachsenden psychologischen Folgen sowie primär-psychologische Effekte auf das Selbstwertgefühl, wenn es ein »schönes Händchen« gibt, das andere, bei allen Verrichtungen bevorzugte demnach hässlich ist, sind in ihrer Tragweite kaum absehbar.

6.3.4 Bereiche und Erscheinungsformen unzureichender sensorischer Integration

Während grundlegende Adaptionsschwierigkeiten der Wahrnehmungsmodalitäten sowie deren intra-, intermodaler und serialer Integration klinische Befunde, d. h. medizinische Störungsbilder zur Folge haben und die betroffenen Kinder bei Schuleintritt bereits ärztlich und (sonder-) pädagogisch begutachtet sind, sodass Lehrer/innen auf fachliche Beratung und Unterstützung zurückgreifen können, treten leichtere Formen ungenügender sensorischer Integration häufig erst im Zusammenhang mit schulischen Anforderungen zutage. Immerhin ist zu bedenken, dass der Unterricht bereits in der ersten Klasse im Hinblick auf die Bereiche der emotionalen Selbststeuerung, der sozialen Interaktionsfähigkeit sowie der kognitiven Wissensaneignung und -wiedergabe – fein- und grobmotorische Fähigkeiten eingeschlossen – auf der Stufe der serialen, integrativen Leistungen ansetzt. Damit werden Kinder, die, sei es auch nur partiell, noch auf weniger komplexen Integrationsstufen wahrnehmen und handeln, überfordert.

Landläufig setzt Unterricht schon beim Schuleintritt hoch komplexe Wahrnehmungsleistungen voraus.

Zeigt ein Kind Probleme in der Bewältigung des Schulalltags – sei es im Hinblick auf allgemeine Regeln und Rhythmisierungen, seine Anpassungsfähigkeit an Regeln des sozialen Umgangs, an die Leistungsanforderungen oder wirkt es verstimmt, ängstlich, zurückgezogen – sollte nach dem Ausschluss funktioneller sinnesorganischer Schäden (z. B. Seh-/Hörbeeinträchtigung) und psychosozialer Stressfaktoren (gravierende familiale Probleme) immer an mögliche Überforderungen seiner Wahrnehmungsfähigkeit gedacht werden.

So vielfältig wie Ursachen und Folgen ab-/fehlgelenkter Wahrnehmungsfunktionen sind auch ihre Erscheinungsformen. Ebenso wenig lassen sich lineare Kausalitäten zwischen Ursachen, Erscheinungsformen und Auswirkungen herstellen. Eine unzureichende Reizweiterleitung und Verarbeitungsfähigkeit ein und derselben Wahrnehmungsmodalität kann sowohl zu Über- wie zu Unterfunktionen, d. h. übergroßer wie zu geringer Reaktionsbereitschaft führen (Hyper- und Hyposensibilität).

Beispiel

Ein Kind mit unzureichender taktiler Wahrnehmungsfunktion kann entweder auch sanfte Berührungen bereits als schmerzhaft empfinden und aggressiv abwehrend reagieren oder aber nahezu schmerzunempfindlich sein und sein Bedürfnis nach taktilen Reizen autostimulativ befriedigen, beispielsweise durch absichtliches Klemmen der Finger in der Tür.

Wahrnehmungsprobleme können zahllose Ursachen und Erscheinungsformen haben. Ihrem Grunde nach sind sie natürlich Verständigungsprobleme. Doch für eine Meisterung des Lebens in unserer Gesellschaft muss Kindern geholfen werden, zu sozial verträglichen Anpassungsleistungen zu gelangen, damit sie an der allgemeinen und öffentlichen Kommunikation teilhaben können. Da zudem Kinder mit beeinträchtigten Wahrnehmungsfunktionen zu Beginn der Schulzeit ihre Schwierigkeiten häufig kompensatorisch verbergen, werden ihre Probleme oftmals erst erkannt, wenn sie sich zu massiven Störungsbildern verdichtet haben. Nicht selten wird dann ein kognitives Defizit, eine »Lernbehinderung« angenommen. Infolgedessen sollten Lehrkräfte ihre Schüler/innen aufmerksam beobachten und Hinweisen auf eine nicht reibungslose sensorische Integration nachgehen, um einem die schulische Kommunikation behindernden emotional-sozialen oder kognitiven Rauschen zu begegnen. Hierbei ist allerdings – dies kann nicht ausreichend betont werden – in allererster Linie an eine entsprechende Anpassung der Lernbedingungen zu denken.

Die pädagogische Kommunikation sollte die Wahrnehmung durch reflektierte Impulse fördern.

Im Folgenden seien die im Unterrichtsalltag am häufigsten auftretenden und am ehesten zu bemerkenden Problembereiche[5] genannt (in Klammern jeweils die vorrangig beteiligten Sinnesmodalitäten; vgl. Brand/Breitenbach/Maisel 1997, S. 108 ff.):

Taktile Abwehr (propriozeptive, taktile Wahrnehmung):

> Die Kinder vermeiden die Berührung rauer oder kalter Oberflächen und gehen (auch freundschaftlichen und zärtlichen) Körperkontakten aus dem Weg. Meist ist ihre Haut überempfindlich und das Umkleiden (z. B. zum Sportunterricht) missfällt ihnen.

Halte-, Stell- und Gleichgewichtsreaktionen (vestibuläre, propriozeptive Wahrnehmung):

> Den Kindern mangelt es an Konzentration und Ausdauer. Sie vermitteln den Eindruck, schnell zu ermüden und wirken »abgeschlafft«, d. h. sie »hängen« auf dem Tisch, lassen beim Rollbrettfahren in Bauchlage Arme und Beine schleifen. Es fällt ihnen schwer, auf einem Bein zu stehen und sie verlieren beim Balancieren rasch das Gleichgewicht. Beim Treppensteigen halten sie sich am Handlauf fest.

Körperschema (taktile, propriozeptive, vestibuläre Wahrnehmung):

> Berührungen am eigenen Körper können nicht lokalisiert werden, Menschen werden ungenau und unvollständig gezeichnet.

Bewegungsplanung und -ausführung (»Dyspraxie«) (propriozeptive, vestibuläre, eventuell auditive und visuelle Wahrnehmung):

> Die Kinder wirken ungeschickt und unselbstständig, können sich nur mühsam an- und auskleiden. Sie stolpern oft, fallen hin, stoßen an Gegenstände oder Personen. Sie können Körperteile (z. B. Finger) nur unter Schwierigkeiten einzeln bewegen und mit Werkzeugen oder kleinen Materialien umgehen.

Auge-Hand-Koordination (propriozeptive, vestibuläre, visuelle Wahrnehmung):

> Kleine Gegenstände im Pinzettengriff zu fassen, fällt den Kindern schwer. Die Bewegungen beim Malen und Schreiben wirken verkrampft und unkontrolliert. Sie schießen über das Blatt hinaus, können Linien nicht nachfahren und basteln ungern. Das Schriftbild ist eckig und ungleichmäßig.

Beispiele problematischer Reizverarbeitung

---

5   Über die Bedeutung der olfaktorischen Wahrnehmung, des Riechens, werden in der pädagogischen Literatur nach Wissen der Verfasserin keine Aussagen getroffen. Dennoch sollte dieser Sinneskanal für die Orientierung in der Welt nicht unterschätzt werden. Säuglinge nehmen die Mutterbrust zunächst olfaktorisch wahr, und der Verlust der Riechfähigkeit (»Anosmie«) ist nicht nur gefährlich (z. B. ausströmendes Gas, anbrennende Speisen), sondern auch eine schwere Einbuße an Lebensqualität (vgl. Sacks 1991, S. 210 ff.). Nicht umsonst gibt es das Sprichwort »jemanden nicht riechen können«.

Zungen- und Mundmotorik (propriozeptive Wahrnehmung):

Die Kinder können ihren Speichelfluss nur schwer kontrollieren. Sie kauen ungern, bevorzugen weiche und flüssige Speisen, beim Schlucken bewegen sie die Zunge stark nach vorn. Sie können oft nicht pfeifen, einen Luftballon aufblasen und aus dem Strohhalm trinken. Die Sprache ist undeutlich und verwaschen.

Augenmotorik (visuelle, vestibuläre Wahrnehmung):

Die Augen können nicht gezielt unabhängig vom Kopf bewegt werden, sie wirken nervös und angespannt. Es fällt den Kindern schwer, einen Gegenstand, zumal einen beweglichen, zu fixieren und zu verfolgen. Das Suchen mit den Augen wirkt unsystematisch und ungezielt.

Formkonstanz (taktile, visuelle Wahrnehmung):

In unterschiedlicher Größe oder Lage dargebotene grafische Zeichen werden nicht wiedererkannt, ähnliche Zeichen werden verwechselt. In einer Zeichenkette können einzelne Zeichen nicht aufgefunden werden.

Beispiele problematischer Reizverarbeitung

Figur-Grundwahrnehmung (propriozeptive, visuelle, auditive Wahrnehmung):

akustisch: bei etwas höherem Geräuschpegel können wichtige nicht von unwichtigen Lauten unterschieden werden.
optisch: Buchstaben können in einem Text nicht aufgefunden werden. Die Kinder verlieren die Stelle, an der sie gerade lesen, Wörter können nicht analysiert werden, Buchstaben werden verwechselt, weggelassen oder durch andere ersetzt.
Die Kinder wirken fahrig, unaufmerksam und ablenkbar.

Raumorientierung (propriozeptive, vestibuläre Wahrnehmung):

Die Kinder verwechseln grafische Zeichen, spiegeln und verdrehen sie. Sie können Muster weder nachzeichnen noch nachlegen. Sie finden Räume und im Raum ihren Platz nur schwer wieder, können Ortsangaben nicht korrekt benennen, finden sich auf Arbeitsblättern nicht zurecht.

Bilateralintegration (propriozeptive, vestibuläre Wahrnehmung):

Die Kinder können beidhändige Tätigkeiten nur schwer bewältigen – und zwar sowohl, wenn beide Hände dieselbe Bewegung ausführen (Ball fangen) als auch, wenn jeder Hand eine andere, mit der anderen Hand koordinierte Aufgabe zukommt (Musikinstrument spielen, Essbesteck handhaben).
Beide Körperhälften werden als wenig einander zugehörig empfunden und ihre Bewegungen sind daher nur unzureichend aufeinander abgestimmt. Das Überkreuzen der Körpermittellinie wird vermieden (Gegenstände werden auf jeder Seite mit der entsprechenden Hand ergriffen; beim Zeichnen werden die Hände gewechselt oder das Blatt gedreht; Augenbewegungen stocken und werden ruckhaft, wenn die Mittellinie überschritten wird, das Ziel geht dabei gelegentlich verloren).

Wenn Lehrkräfte in einem oder mehreren der genannten Bereiche Schwierigkeiten feststellen, sollten sie diese protokollarisch über einen Zeitraum von zwei bis vier Wochen festhalten. Erhärtet sich der Verdacht auf Wahrnehmungsschwierigkeiten bei einem Kind, empfiehlt sich eine gezielte Einzelbeobachtung (selbstverständlich nicht ohne vorherige Gespräche mit den Eltern und deren Einwilligung). Gelingt es nicht, die Symptomatik eng genug zu umreißen, sollten Gespräche mit schulpsychologischen, schulärztlichen oder pädagogischen Beratungsdiensten in die Wege geleitet werden.

Welche folgenschweren Auswirkungen Probleme im Bereich der Wahrnehmung nach sich ziehen können, illustrieren die folgenden Beispiele.

Die Lehrerin teilt nach einer Einführungsphase Arbeitsblätter aus und fordert die Kinder auf: »Nehmt euer Schreibzeug heraus und kreuzt die richtigen Antworten an. Schreibt euren Namen oben links auf das Blatt.«

Beispiele

1. Lea hat Schwierigkeiten, ihre Bewegungsabläufe vorauszuplanen. Sie kann die sprachlichen Aufforderungen der Lehrerin kaum in die verschiedenen erforderlichen Handgriffe umsetzen (Schultasche öffnen, Federtasche herausnehmen, Schultasche schließen, Federtasche öffnen, Schreibzeug – welcher Stift ist gemeint?). Sie sitzt hilflos und traurig vor dem Blatt, dessen Fragen sie alle unschwer zu beantworten wüsste.

2. Moritz, der Probleme in der Raum-Lage-Orientierung und mit seiner Lateralität hat, weiß nicht, was die Lehrerin mit »oben links« meint. Das Blatt liegt doch auf seinem Tisch. Wo ist da oben? Die Begriffe »oben« und »unten« signalisieren ihm Dreidimensionalität, also Himmel und Erde oder Fußboden und Decke. »Links« und »rechts« verwechselt er außerdem. Verschreckt fährt er hoch, als die Lehrerin ihn ermahnt: »Nun fang endlich an!« Er möchte ja, und er hat sich das Blatt schon bis zum Ende angesehen und in Gedanken seine Kreuze gezeichnet. Doch er scheitert an den formalen Anforderungen.

3. Tine, die ihre beiden Körperhälften noch nicht miteinander koordinieren kann, sitzt eifrig an der Bearbeitung des Blattes. Sie gerät allerdings in Streit mit ihrer Tischnachbarin, weil sie diese stört, indem sie sie mit dem Ellenbogen anstößt und deren Arbeitsergebnis erheblich beeinträchtigt. »Sitz doch endlich mal still und nimm nicht den ganzen Tisch ein!«, schimpft die Mitschülerin. Tine kann nicht ihre Körpermittellinie überkreuzen. Um die geforderten Kreuze zu zeichnen, muss sie das Blatt immer wieder hin und her drehen, um die Orientierung nicht zu verlieren, muss sie aufstehen und um den Tisch herumgehen, den Stift lässt sie von der linken in die rechte Hand wandern, je nach dem, welchen der beiden Striche eines Kreuzes sie gerade zeichnet.

Diesen Kindern kann im integrativen, kooperativen Unterricht ausreichend geholfen werden, indem eine der beiden Lehrkräfte sich ihnen individuell zuwendet und – neben erforderlichen Übungen der Wahrnehmung und Motorik – in Momenten der schulischen Leistungsanforderung ganz konkret praktische Hilfe anbietet, z. B. die Arbeitsschritte einzeln wiederholt und schrittweise ausführen lässt, die Ecken des Arbeitsblattes zeigt und benennt oder vorübergehend einen einzelnen Arbeitsplatz bereitstellt.

Integrativer Unterricht stellt sich auf den Entwicklungsstand der Schüler/innen ein.

Wird in der Schule der Einsicht in die vorrangige Bedeutung der sozialen Kommunikation zur Vermeidung von Lernbehinderungen gefolgt, ist es selbstverständlich, dass Lehrkräfte ihre Schüler/innen präventiv sorgsam und reflexiv beobachten und ihre Beobachtungen mit den Kindern teilen. Nur so lässt sich nämlich eine gemeinsame Sinnebene (Kobi) finden und eine Zielstellung als Herausforderung, als Überwindung des Lernwiderstands (Holzkamp), als Zone der nächsten Entwicklung (Wygotski) formulieren.

7. Behinderung verhindern – die integrative Schule als Antwort auf heutige Bildungsherausforderungen

Die PISA- und in ihrem Gefolge die Standarddebatte erzeugen einen neuen Begriff, eine neue Gruppe von Schulaufsehern, eine neue Aufgabe nach der anderen: Qualitätssicherung, Visitation, Evaluation in Qualitätszirkeln – das hört sich schon fast geheimbündlerisch an. Fraglos ist die Überprüfung des schulischen Bildungsangebots nicht nur berechtigt, sondern viel zu lange vernachlässigt worden. Gleichwohl bewirken das augenblicklich zu beobachtende Tempo, die Form und das Ausmaß der Überprüfungen – und als solche werden die »Inspektionen«, wie sie mancherorts heißen, von den Schulen zumeist wahrgenommen – stirnrunzelnde Nachdenklichkeit. Woher weiß man denn so genau, worin Qualität besteht? Haben alle dieselbe Vorstellung davon? Und wissen die Schulen das auch? Welche Erwartungen werden an sie gerichtet? Woher kommen die Maßstäbe? Gibt es Vorgaben? Sind diese Vorgaben evaluiert? Gelten dieselben Grundsätze für alle Schularten? Warum werden Sonderschulen nicht evaluiert (vgl. Wocken 2005)? Wie sind die Inspektoren ausgebildet, von wem? Kommt es ihnen auf Prozesse oder auf Produkte an? Befragen sie auch die Schülerinnen und Schüler als »Experten«? Inwieweit fließt der pädagogische Stil, auch pädagogischer Takt, in die Beurteilungen ein? Fragen über Fragen – und bislang können sich die Bundesländer noch nicht auf gemeinsame Positionen verständigen.

Evaluation setzt transparente Qualitätskriterien voraus.

Bereits 1987 (S. 77 f.) kommentierte Emil E. Kobi ein solches Vorgehen unnachahmlich:

> »*Der dreist als ›Verwissenschaftlichung‹ bezeichneten Umwandlung der holistisch-beziehungsbezogenen Pädagogik in eine objektivierte Erziehungswissenschaft verlief der Verlust ihres sozialpolitischen Einflusses parallel. ›Die Gleichsetzung des Messbaren mit dem tatsächlich Existierenden‹ (nach Berman) und die Reduktion des tatsächlich Existierenden auf das Messbare ließ zwar Datenberge kreißen, aber kaum Reform-Mäuse gebären. […] Auch durch einen szientifischen Cargo-Kult ließ sich jener Geist nicht herbeizwingen, der nötig gewesen wäre, allein um eine den Lebensverhältnissen des 20. Jahrhunderts angemessenere Schule zu formen.*« (Kobi 1987, S. 77 f.)

Die ersten Jahre des 21. Jahrhunderts vermögen diese Beschreibung nicht zu entkräften, sondern es hat bedauerlicherweise den Anschein, als würde sich diese Tendenz noch verschärfen – und das könnte durchaus auch an anderen Phänomenen diskutiert werden als dem für den vorliegenden Zusammenhang ausgewählten – zumal das Wissen um die Begrenztheit »objektiven« Erkennens heute zum Common Sense zählt. (Welch fragwürdige Qualität sich teilweise – mindestens im Bildungsbereich – als »wissenschaftlich fundiert« apostrophiert und damit öffentlich und öffentlichkeitswirksam reüssiert, kann nicht unbedingt als vertrauensbildende Maßnahme in das Bildungssystem und seine Eliten gewertet werden.) Doch »Mogelpackungen« erscheinen in immer neuen Gewändern und büßen an Verführungskraft nicht ein. Gleichwohl bleiben die Grundfragen pädagogischer Ethik in Theorie und Praxis dieselben, haben sich die gesellschaftspolitischen Herausforderungen eher verschärft (vgl. Kap. 4 und 5).

Zutreffend schrieb Eberwein mit Datum vom 27. Februar 2003 im »Tagesspiegel«: »Rückblickend kann man feststellen, dass die Integration die bedeutendste bildungspolitische Reform der 80er und 90er Jahre in der Bundesrepublik darstellte.«

7.1 Integrationspädagogische Grundzüge

Die Integrationspädagogik muss nach wie vor gegen eine Beschneidung der sozialen und kulturellen Vielfältigkeit in der Schule antreten und sich – systemisch ausgedrückt – als permanent perturbierender Faktor (Huschke-Rhein 1996) in einem sich zunehmend an wirtschaftlichen Gesichtspunkten orientierenden und an ihnen seine Effizienz messenden Schulsystem verstehen. Wenn es ihr gelingt, auch kontroverse Interessen und Bedürfnisse von Schülerinnen und Schülern in gegenseitige Aushandlungsprozesse überzuleiten und hinter vordergründig Trennendem die Gemeinsamkeiten aufzudecken, bleibt sie ihrem Selbstverständnis treu und passt zugleich ihr konkretes Handlungsspektrum den gegenwärtigen Bedingungen an.

Die Integrationspädagogik stellt sich einer simplifizierenden Reduktion gesellschaftlicher Komplexität entgegen.

Bedauerlicherweise wurde die innovative Schubkraft der Integrationspädagogik im Hinblick auf die heute aktuellen Thematiken nicht hinreichend erkannt und so blieben etliche Chancen ungenutzt. Viele ehemals aktive und engagierte Lehrerinnen und Lehrer sind enttäuscht und ermüdet angesichts der unzähligen Rückschläge und der begrenzten Wirksamkeit ihres Einsatzes.

Die allgemeinbildenden Schulen sind die einzige gesellschaftliche Institution der Bundesrepublik, die obligatorisch von allen Kindern und Jugendlichen besucht wird – unabhängig von Hautfarbe, Muttersprache, Religion, Geschlecht, Sozialstatus sowie speziellen individuellen Seinsmerkmalen, wie beispielsweise »Behinderungen«. Somit hat die öffentliche Schule als wahrhaft säkulare Einrichtung eine gewaltige Integrationsleistung zu erbringen, die sie stets erneut vor Herausforderungen stellt und ihr immense Verantwortungsübernahme abfordert.[6]

Ihre pädagogischen Einflussmöglichkeiten wird die Integrationspädagogik nur verwirklichen können, wenn sie ihr Augenmerk verstärkt auch auf jene Schüler und Schülerinnen richtet, die keine Behinderung im medizinischen, sozialrechtlichen oder sonderpädagogischen Verständnis aufweisen. Denn auch all jene sogenannten »normalen« Kinder und Jugendlichen haben ein Anrecht auf eine Schule, die ihre Bedürfnis- und Interessenlage berücksichtigt, auch sie leiden unter Leistungsdruck, Über-/Unterforderung, sozialen Spannungen in Familie und Schulklasse, unter Ungerechtigkeiten, Außenseiterpositionen und so fort.

Wenn schließlich die Schüler/innen, denen sonderpädagogischer Förderbedarf attestiert wird, aus Sicht der Integrationspädagogik keine Sonderbehandlung mehr erfahren sollen, hat sich pädagogisches Handeln an individuellen Bedürfnissen zu orientieren, sich situationsspezifisch und prozessual zu begreifen. Erst dann wäre der festschreibende, ontologisierende Behinderungsbegriff überwunden und durch einen erziehungswissenschaftlichen ersetzt.

Es kann nicht erwartet werden, dass sich sogenannte nicht behinderte Schüler einfühlsam auf den aktiven Austausch mit Benachteiligten einlassen, ihnen Offenheit, Respekt und Toleranz entgegenbringen, solange ihre eigenen Problemlagen beständig ignoriert und übergangen werden.

Integration vollzieht sich in wechselseitiger Annäherung, in gegenseitiger Akzeptanz und im aufrichtigen Interesse füreinander.

Integrationspädagogik ist eine individuell stärkende Pädagogik für alle.

Hierin schlummert ein wesentliches Arbeitsfeld der Integrationspädagogik und ihre Chance, den Selektionstendenzen der Bildungspolitik entgegenzuwirken: Sie muss Personengruppen, die über gesellschaftliche Teilhabe, Einfluss und Entscheidungsmöglichkeiten verfügen, in die Verantwortung nehmen und von der fundamentalen anthropologischen Bedeutung ihres Anliegens überzeugen. Sie muss bestrebt sein, die Überwindung von Tabus und Ausgrenzungen als Beitrag zu psychischer, sozialer und ökologischer, schließlich auch ökonomischer – sprich: nachhaltiger – Equilibrierung zu vermitteln (vgl. Kreie 1985, S. 119). Eine konkrete Aufgabe besteht in der gezielten pädagogischen Berücksichtigung und Einschließung eben jener Schüler/innen, die – landläufig als »normal« bezeichnet, ganz elementar von der angestrebten Gemeinsamkeit gefordert sind, deren jeweilig spezifische Schwierigkeiten und Schwächen ohnehin pädagogisch zu wenig Beachtung finden und die in

---

6 Aus diesem Grunde ist z. B. der wachsende und sich exponentiell beschleunigende Trend zu Privatschulen besorgniserregend. Ca. sieben Prozent eines Schülerjahrgangs besuchen bereits heute private Einrichtungen.

der unvorbereiteten Begegnung mit erschwerten Kommunikationsbedingungen durch intellektuell, körperlich oder sinnesbeeinträchtigte Menschen erst recht an ihre psychischen und interaktionalen Grenzen stoßen.

Erst wenn auch »Nichtbehinderte« in der vollständigen Einbeziehung von Menschen mit Behinderungen eine für sie selbst erstrebenswerte Normalität erkennen und nicht einen altruistischen, karitativen Akt, ist ein tatsächlicher Paradigmenwechsel vollzogen.

Wenn die Behinderung eines Mitschülers/einer Mitschülerin nicht mehr als wesentlichste Eigenschaft wahrgenommen wird, kann das im Einzelfall zu einer zunächst verstörend anmutenden, letztlich aber wahrhaften Aussage führen, deren Zeugin die Verfasserin einmal wurde: »Du bist zwar behindert, aber ich finde dich trotzdem blöd.«

Behinderungen berechtigen nicht zu einer kommunikativen Sonderrolle.

Eine solche Äußerung eröffnet die Chance zu einer unverstellten, offenen Auseinandersetzung der Subjekte ohne hierarchisches Gefälle, ohne lineare oder paradoxe Machtstrukturen.

Weil Teilhabe und Ausgrenzung zu den menschlichen Grunderfahrungen zählen, die sich nur dialogisch überbrücken lassen, wird es um eine fortwährende Ausbalancierung zwischen Annäherung und Distanzierung gehen, die niemals ein stabiles Gleichgewicht (vgl. Kreie 1985, S. 119) gewinnen kann, sondern eine permanente Integrationsbereitschaft erfordert. Und im Zwischenraum dieses Pendelns zwischen Gleichgewicht und Taumel findet Lernen statt: Anpassung an nicht Veränderbares, Angleichung von Veränderbarem, Erfahrung als Konstrukt sozialer Aushandlungsprozesse. Das gilt freilich nicht lediglich für die miteinander in interaktionalen Beziehungen zueinander stehenden Individuen, sondern auch für überindividuelle Systeme. Wir sprechen daher auch von »lernenden Organisationen« (vgl. z. B. Willke 2003).

Im folgenden Punkt wollen wir die unterschiedlichen Aspekte der Organisation Schule – Schulentwicklung, Unterrichtsentwicklung, Personalentwicklung – unter für das Heranwachsen wichtigen Gesichtspunkten beleuchten. Dabei soll im Ergebnis nach dem Prinzip »ansteckender Gesundheit« – so beschreibt der Bildungsjournalist Reinhard Kahl das finnische Schulwesen – begierig gemacht werden auf das Lernen in Veränderungs- und eigenen Gestaltungsprozessen, soll Freude vermittelt werden an dem Lern-Taumel in der Gewissheit, sich wieder zu fangen und gehalten zu werden. Mechthild Reinhard (2003, S. 307) nennt diesen Taumel auch Tanz:

»Vielleicht suchen die Kinder mit ihren ›Lernstörungen‹ nach Lösungen in Bereichen, wo wir gar keine Fragen (mehr) stellen, weil wir in uns so viele triviale Antworten (erfolgreich) verankert haben und uns in unserem Wissen nicht stören lassen woll(t)en. Doch der kulturelle Wandel er-

eignet sich, weil Lust-Lernen der ansteckendere Virus ist. Und das Leben als gemeinsamer Tanz ist eine schönere Metapher als das Leben im Kampf. [...] Daher gebe ich die Hoffnung nicht auf!« (Reinhard 2003, S. 307)

7.2 Schule auf dem Weg zur Echtzeit: Impulse der Integrationspädagogik zur Schulentwicklung

Eine Schule, die sich gezielt der Frage nach Heterogenität, individueller Förderung und damit Integration zuwendet, begibt sich auf die Reise zu einem veränderten Selbst- und Aufgabenverständnis.

Die Integrationspädagogik will zum Umdenken anregen: Der einzelne Schüler/die einzelne Schülerin mit den jeweiligen individuellen Voraussetzungen, der individuellen Ausgangslage, den jeweiligen Fähigkeiten, Bedürfnissen und Möglichkeiten soll Ansatzpunkt der Schulpädagogik sein.

Freilich steht Schule vor dem Dilemma zwischen Förderung und Auslese. Jedoch darf die Entscheidung nicht zulasten der einzelnen Schülerin/des einzelnen Schülers gehen. Die Belastung der weniger erfolgreich Lernenden bis hin zu psychischen Erkrankungen darf nicht als selbstverständlich hingenommen werden, auch dürfen sie nicht mit Aussonderung (Sitzenbleiben, Sonderschule) bedroht und abgestraft werden.[7]

Insofern leistet die Integrationspädagogik einen Beitrag zur Erneuerung der Schule. Sie fokussiert die Probleme, mit denen die vereinheitlichende Schule, die keine Einheitsschule mehr ist, ohnehin konfrontiert ist.

Die wesentlichen Charakteristika einer integrativen Schule, die sich in ihrem entwickelten Selbstverständnis lieber als »eine Schule für alle Kinder« verstanden wissen will, seien hier in gebotener Knappheit thesenartig aufgelistet und mögen als Impuls zum Nachdenken, Nachforschen und Diskutieren dienen:

Mit der Integrationspädagogik gelingt es Schulen, ihre Isolation vom gesellschaftlichen Umfeld zu durchbrechen.

- Die Schule stellt sich ihrer sozialpädagogischen Aufgabe (vgl. Struck 1995):»Normal« ist ein offenes, vorurteilsfreies Gestalten von Interaktionen, Situationen und Abläufen der beteiligten Subjekte miteinander.

---

7 Zu sehr zeigt sich die Schule heute noch dem Prinzip der homogenen Lerngruppe verpflichtet, obwohl die geschlechtsspezifische Schule der koedukativen, die konfessionelle der säkularisierten weichen musste und bereits die frühen Jahrgangsklassen eine Altersstreuung von bis zu zwei Jahren aufweisen. Dennoch bleibt die Lernzielgleichheit – wiewohl Fiktion, denn haben »gute« und »schlechte« Schüler/innen tatsächlich dieselben Lernziele erreicht? – weithin unangetastet.

- Schulen übernehmen die Zuständigkeit für alle Schüler/innen ihres Einzugsbereiches: »Integrationsfähigkeit« beschreibt den Zustand einer Schule, nicht den von Personen. Heterogenität in jeder Hinsicht wird als Bereicherung begrüßt (vgl. Hinz 1993).
- Über die erforderliche Verteilung der materiellen und personellen Ausstattung kann von der Schule in eigener Verantwortung entschieden werden. Sie muss nicht am Bedarf einzelner Kinder oder Jugendlicher (»sonderpädagogischer Förderbedarf«) festgemacht werden.
- Heranwachsende in Problemlagen werden neben dem Unterricht sozialpädagogisch/psychologisch betreut; jungen Menschen mit ähnlichen Beeinträchtigungen werden gezielt Möglichkeiten zum Erfahren der Gemeinsamkeit und individuellen Unterschiedlichkeit geboten.
- Die zumindest verlässliche Halbtagsschule mit Mittagstisch und freiwilligen nachmittäglichen Angeboten ist die längst überfällige Antwort auf die Klagen über zunehmenden Vandalismus und Gewaltbereitschaft als Ergebnis der Entfremdung der Kinder von ihrem Umfeld, ihrer Vereinsamung in tagsüber menschenleeren »Schlafstädten«, ihrer Not in problemüberladenen Familienverhältnissen.

Integrationspädagogische Schul- und Unterrichtsprinzipien

- Als übergreifendes Unterrichtsprinzip gilt »Gleichheit in Vielfalt« (vgl. Prengel 2002); die Schule trennt sich vom starren Jahrgangsklassenprinzip. Das Voneinanderlernen zwischen Älteren und Jüngeren kann den Verlust des diesbezüglichen familiären Erlebens kompensieren.
- Die außerschulischen Lebenswelten der Schüler/innen finden Eingang und Berücksichtigung im Unterricht. Dies schlägt sich nieder in gründlichen Kind-Umfeld-Analysen und setzt sich im förderdiagnostischen Begleiten der Lern- und Entwicklungsprozesse fort (vgl. Kap. 7.3.1; auch Knauer 1995).
- Weil wir heute wissen, dass rein kognitives Lernen äußerlich bleibt und ohne übergreifende Einbettung, ohne Transferangebote rasch vergessen wird, werden expansive und kreative Lernzugangsweisen gefördert (vgl. Breitsprecher 1996) und informelle Lerngelegenheiten geschaffen. Je jünger die Kinder sind, desto mehr lernen sie in sachstrukturellen Zusammenhängen, die sich nicht mit der jeweiligen Zuständigkeit von Unterrichtsfächern decken. Sie sind dabei nicht ausschließlich kognitiv tätig, sondern ständig auch mit ihren sinnlichen, emotionalen, sozialen Wahrnehmungen und konkreten Handlungen präsent. Prinzipiell gilt dies natürlich für alle Lernenden, auch die älteren. Die moderne Schule löst sich daher vom 45-Minuten-Takt und vom dreiviertelstündigen Fach- und Lehrerwechsel.
- Die Unterrichtsinhalte stehen Fächer übergreifend miteinander in Zusammenhang und sind an lebensbedeutsamen Fragen ausgerichtet. Die Kulturtechniken rücken in den Rang eines Instrumentariums,

das zur Bewältigung der ausgewählten Fragestellungen erforderlich ist. Sie haben keinen Selbstzweck. Der Einsatz von Print- und audiovisuellen, auch sogenannten neuen Medien und Technologien wird zur Informationsgewinnung ausdrücklich gefördert.

- Der heute noch vorherrschende curriculum- und lehrerzentrierte Unterweisungsunterricht muss flexibleren Vermittlungsformen weichen: Sowohl Elemente der Reformpädagogik, wie Projekt(-orientierter) Unterricht und handelndes Lernen, als auch Ansätze aus der Montessori- und der Freinet-Pädagogik sowie weitere Formen selbstgesteuerten Lernens können nebeneinander bestehen und den Frontalunterricht auf seinen funktional sinnvollen Einsatz reduzieren.

- Der Klassenraum ist als Lebens- und Lernraum gestaltet, der die wesentlichen Lernmaterialien jederzeit frei zugänglich bereitstellt. Hierbei ist auf eine Vielfältigkeit der Angebote zu achten, sodass Lernanreize verschiedene Wahrnehmungskanäle ansprechen und unterschiedliche Zugangspräferenzen (z. B. visuelle, taktile, auditive usw.) Berücksichtigung finden. Beachtet werden muss auch, dass die Arbeitsmittel den Schüler/innen einen eigenständigen Zugang und selbstständige Erfolgskontrollen ermöglichen. Dem kreativen Potenzial der Schüler und Schülerinnen stehen gleichfalls Betätigungsmöglichkeiten offen, wobei der ästhetische Aspekt durchaus bereits bei der Ausgestaltung des Raumes als auch bei der Materialauswahl bedacht wird. Wünschenswert ist eine Raumaufteilung in Lernecken, sodass verschiedenen Tätigkeiten ohne gegenseitige Störung an unterschiedlichen Orten nachgegangen werden kann.

Integrations-pädagogische Schul- und Unterrichtsprinzipien

- Soziales Lernen geschieht nicht nur nebenher, mehr oder minder geduldet (und oft eher als störend empfunden), sondern erhält konstituierende Bedeutung für den Unterricht. Soziale Prozesse werden ausdrücklich thematisiert und in geeignete Rituale (z. B. Kreisgespräch, Gruppenkonferenz usw.) eingebettet.

- Zeugnisse, sofern sie weiterhin periodisch ausgestellt werden müssen, beschreiben verbal den individuellen Lern- und Entwicklungsprozess, den erreichten Wissensstand und geben Hinweise und Empfehlungen für die künftige Lernentwicklung. Sie werden ergänzt durch regelmäßige Schüler- und Elterngespräche (vgl. Knauer et al. 1993).

- Alle genannten Veränderungen können nur erfolgreich umgesetzt werden, wenn Lehrer und Lehrerinnen über ausreichende Kompetenzen verfügen. Im integrativen Unterricht arbeiten idealtypisch zwei Lehrkräfte (in den meisten Fällen Regel- und Sonderpädagog/in) zusammen. Das unterrichtliche Handeln muss miteinander und aufeinander abgestimmt werden.

- Die wissenschaftliche und praktische Lehrerbildung sollte viel mehr auf unterrichtsrelevante Kenntnisse, Fähigkeiten und Fertigkeiten abheben, als dies bislang der Fall ist. Auch die derzeitigen Veränderungen im Rahmen des Bologna-Prozesses lassen eine angemessene entsprechende Ausrichtung nicht hinreichend erkennen. Es wäre eine »Schulwissenschaft« als Referenzsystem zu etablieren, um die Theorie-Praxis-Diskrepanz zu schließen.

● Den Lehrern und Lehrerinnen sollten Supervisionen angeboten werden, die ihnen die Reflexion ihrer Unterrichtspraxis und deren persönliches Verarbeiten ermöglichen, um Professionalität im Spannungsgefüge von Inhalten und Beziehungen entwickeln zu können (vgl. Reich 2006, S. 270).

7.3 »Unterrichtest Du noch Fächer oder schon Schüler?« (Unterrichtsentwicklung)

In unzähligen Beispielen wird davon berichtet, wie verständnis- und rücksichtsvoll Schülerinnen und Schüler ohne Behinderungen ihren Mitschülern mit einer Behinderung begegnen, werden ihre uneigennützige Hilfsbereitschaft herausgestellt und ihr positives Sozialverhalten als Lernerfolg des gemeinsamen Unterrichts betont. Diesen Dokumentationen haftet ebenso viel Richtiges wie Falsches an.

Richtig ist: In Integrationsklassen wird dem emotional-sozialen Lernbereich größte Aufmerksamkeit gewidmet, einfach weil die Befindlichkeit der Schüler/innen und ihr Umgehen miteinander maßgeblichen Einfluss haben auf ihre Bereitschaft und Fähigkeit, sich Neues und Fremdes anzueignen.

Falsch ist: In Integrationsklassen werden die Schüler/innen ohne begutachtete Beeinträchtigungen durch pädagogische Aufklärung dazu angehalten, sich selbst stärker zurückzunehmen und Mitgefühl, Hilfsbereitschaft und Fürsorge für die Mitschüler/innen mit Behinderung zu zeigen.

Worin besteht der Unterschied zwischen beiden Ansätzen?

Wenn man davon ausgeht, dass integrativer Unterricht beabsichtigt, »Gemeinsamkeit in Vielfalt« herzustellen und *alle* Schüler und Schülerinnen gemäß ihren Fähigkeiten und Bedürfnissen zu fördern, darf nicht ein Teil der Schülerschaft zu grundlegend anderer Verantwortungsübernahme herangezogen werden; Integration – das sagt schon der Begriff – ist die (Wieder-)Herstellung eines Ganzen. Dieser Prozess, und er ist ein fortwährend andauernder, kann nicht einseitig in einem Subjekt-Objekt-Verhältnis verlaufen. Das Verb »integrieren« kann auch nicht im Passiv gebraucht werden. Integration bildet kein transitives Verhältnis ab.

Die Schüler/innen einer Klasse, abstrakt als Faktoren eines Systems bezeichnet, können sich nur in einem gemeinsamen Integrationsprozess zu einem Ganzen entwickeln. Dieses ganz Immaterielle bezeichnet Feuser (1998) als den »gemeinsamen Gegenstand«. Zur Verdeutlichung sei an Schulklassen erinnert, wie wir sie alle auch kennen: Schulklassen, in denen einer gegen den anderen ist, in denen gehetzt, gemobbt, geprügelt wird. In diesen Schulklassen findet, ohne dass das Thema Integration problematisiert wird, alltägliche Ausgrenzung statt.

Sie sehen, das Vorliegen einer »Behinderung« im medizinischen Sinne hat mit schulischer Integration nur so viel zu tun, als die Betroffenen bislang weitgehend vom Regelunterricht ausgeschlossen waren; die Frage von Aussonderung und Einbeziehung stellt sich in der Schule auch ohne diese spezielle Problematik. In Klassen mit separierender Sozialdynamik werden Mitschüler für »blöde« erklärt und »behindert«, stigmatisiert und ausgegrenzt, z. B. weil sie die falschen Turnschuhe tragen. Wer aber wollte Kindern und Jugendlichen, die selbst einer Aussonderungsangst ausgeliefert sind, die psychische Kraft abverlangen, sich Schwächeren und Benachteiligten gegenüber tolerant und verständnisvoll zu verhalten?

Die negative Selektion, die Furcht vor Aussonderung hat in der Schule keinen Platz.

Gehen wir noch einen Schritt weiter: Die ganz alltägliche Schulpraxis mit Zensuren und Zeugnissen – nicht selten auch als Disziplinierungsmittel gebraucht – erzeugt Anpassungsdruck, Angst vor Aussonderung und Konkurrenz. Wie soll einer Schülerin/einem Schüler vermittelt werden, dass der attestierte »Lernbehinderte« mit schlechteren Schulleistungen versetzt wird, wenn gleichzeitig die eigene Versetzung gefährdet ist?

Integration kann nur in Inklusion münden, wenn von den Schüler/-innen die Bedrohung des Verstoßens aus ihrem sozialen Umfeld genommen wird, wenn Lernergebnisse im lernzieltechnischen Sinne nicht mehr zum Maßstab für Verbleib oder Verlassen der Klasse herangezogen werden.

In keinem anderen europäischen Land werden Schüler so früh und mit vergleichbar dramatischen Folgen kontrolliert, klassifiziert und kategorisiert. Die Folgen dieser Bildungspolitik führt uns PISA drastisch vor Augen.

Nur wenn Schüler/innen auf verständnisvolle, einfühlsame Pädagog/-innen treffen, die bereit sind, sie auch in ihren Schwächen anzunehmen, sie zu fördern und ihre Probleme zu verstehen, können sie ihrerseits großzügig und offen mit anderen umgehen.

7.3.1 Früher hieß das einmal Diagnostik …

Der Diagnostikbegriff ist im Zusammenhang mit Pädagogik und Schule in die Kritik geraten (vgl. Knauer 1998b). Zu sehr erinnert er an die Medizin, die der Diagnostik nach dem »Wenn-dann«-Prinzip die Therapie folgen lässt. Pädagogische Konzepte können aber nicht so geradlinig sein, denn die Bedingungsfaktoren sind vielfältiger Natur. Neben genetischen Dispositionen wirken biografische Erfahrungen, das soziale und familiäre Umfeld, Personenkonstellationen und Situationen auf das (Lern-)Verhalten ein und bedingen sich darüber hinaus wechselseitig.

Zudem hatte die pädagogische Diagnostik über Jahrzehnte vor allem die Aufgabe, Defizite aufzudecken und gegebenenfalls Sonderbehandlungen (Sitzenbleiben, Sonderschulüberweisung …) zu rechtfertigen. Ein wesentliches Ziel war, möglichst homogene Lerngruppen zusammenzusetzen.

Im Kontext der aktuellen Bildungsdebatte, die individuell an Stärken anzusetzen und alle Schülerinnen und Schüler zu fördern beabsichtigt, macht eine solche defizitorientierte Platzierungsdiagnostik keinen Sinn. Wir wissen heute, dass gerade von der Vielfältigkeit der Lerngruppen große Lernanreize ausgehen und dass das Modell und die Hilfe der Mitschüler/innen oftmals die besseren Didaktiken sind (vgl. Eberwein 1995a, S. 19).

> **Es geht weder um die Festschreibung eines symptomatischen Formenkreises noch um Therapie.**

Schließlich müssen wir uns von der Illusion lösen, die pädagogische Diagnostik könne zuverlässige Prognosen treffen: »Kein Diagnoseverfahren misst hinreichend genau, um den künftigen Lernerfolg von Lernenden sicher vorherzusagen.« (Kretschmann 2004, S. 181)

Eine fördernde »Pädagnostik« trägt ihren Namen demgegenüber auch, weil sie bescheidener, realistischer ist: Sie will den Menschen nicht »durchschauen«, sondern verstehen, und sie will ihn nicht »therapieren«, sondern individuell passende Angebote entwickeln. Sie hat ein ganzheitliches Menschenbild. Das bedeutet, dass sie den Schüler/die Schülerin nicht nur unter dem Blickwinkel einzelner Stärken und Schwächen, sondern spezielle Schwächen und Stärken als Eigenschaften unter vielen anderen betrachtet. Und sie sieht das Kind, den Jugendlichen nicht als isolierte Person, sondern als eingebunden in viele soziale Bezüge (»Ökosystem«, Kleber 1987) – die Familie, das soziale Umfeld, die Schulklasse usw.

Warum, so mag man sich fragen, werden die Stärken so in den Vordergrund gerückt? Muss die Schule nicht an den Schwächen arbeiten, um sie zu überwinden?

Jeder und jede von uns weiß, dass man sich gern mit Dingen beschäftigt, die man beherrscht und die Spaß machen. An den Stärken anzusetzen heißt zunächst nichts anderes, als eine gute Motivation aufzugreifen und eine ermutigende Ausgangssituation zu schaffen. Weiter lehrt uns die eigene Erfahrung, dass wir, je häufiger und je länger wir uns mit einer Sache befassen, mehr über sie wissen, anderes mit ihr tun wollen. Auf schulisches Lernen bezogen heißt das: das Anforderungsniveau, den Schwierigkeitsgrad steigern, lernpsychologisch: die Eigenwelt erweitern (Begemann 1996, S. 260). Die Auseinandersetzung mit der Welt und ihren Erscheinungen wirft Fragen in uns auf, die uns herausfordern, an denen wir uns messen und beweisen wollen und die uns die Selbstvergewisserung verschaffen: Ich bin Teil dieser Welt, indem ich mit ihr umgehe!

Die hierdurch vermittelten Erfolgserlebnisse erlauben uns, uns auch an anderes, Neues heranzuwagen, von dem wir bislang vielleicht meinten, es nie bewältigen zu können.

> Hierzu ein Beispiel aus der Schulwirklichkeit: Ein Erstklässler, nennen wir ihn Jakob, brachte unverhohlen zum Ausdruck, dass er von der Schule nichts halte und »null Bock« habe. Der rechnende Umgang mit Zahlen sei ihm schon überhaupt nicht zuzumuten. Um dem Unterricht wenigstens zeitweise zu entgehen, meldete er sich für die Verteilung der Schulmilch. Die Kinder der verschiedenen Klassen hatten teilweise Milch, teilweise Kakao, andere gar nichts bestellt und die Bestellmengen schwankten wöchentlich. Jakob musste also sehr genau abzählen und abgleichen, zudem die leeren Flaschen wieder in die Zwölferkästen einsortieren. Bald wurde ihm sein Abzählverfahren zu mühselig und er triumphierte: »Ich bin doch nicht blöde und zähle jedes Mal! Ich sehe doch die Reihen in dem Kasten – zweimal drei sind sechs und zweimal sechs sind zwölf.«

Eine förderorientierte Pädagogik greift die Erkenntnisse der Motivations- und Lernpsychologie auf. Zu oft wird Lernen nämlich noch als lästig, anstrengend und als Zwang verstanden. Tatsächlich ist Lernen aber ein menschliches Grundbedürfnis, das sich über unzählige Misserfolge hinwegsetzt. Denken wir nur daran, wie häufig ein Kind fällt, bevor es laufen lernt, wie mühsam der Spracherwerb, das Erlernen des Malens sind! Ganz offensichtlich können erst die Be- und Abwertung der Leistung eines Menschen durch den Vergleich mit anderen, Schnelleren, »Besseren«, die Abstrafung durch schlechte Zensuren und die Androhung sozialen Ausschlusses die Freude am Lernen zum Erlöschen bringen. Leider geschieht dies in der Schule gegenwärtig noch zu häufig. Und damit gehen das Gefühl der Beschämung und eine Einbuße an Selbstwertgefühl einher. »Keinen zurücklassen« – dieses skandinavische Motto beinhaltet, Kinder und Jugendliche so anzunehmen, wie sie kommen, und ihre Entwicklung von dort aus nach ihren jeweiligen Möglichkeiten allseitig zu fördern.

Alle pädagogischen Förderbegriffe sind jedoch Tautologien und daher mit großer Vorsicht zu betrachten; denn welche Pädagogik wollte nicht fördern? Hinter der wohlmeinend klingenden »Förderpädagogik« scheinen sich bisweilen die alten Defizitannahmen zu verbergen.

Wo beginnt beispielsweise ein »besonderer Förderbedarf«, wer bestimmt ihn und was machen jene, denen er nicht attestiert wird und die dennoch an den Rand der Gruppe, der Institution, der Gesellschaft, kurz: des Bezugssystems gedrängt werden?

Die Integrationspädagogik entwickelte in ihren Anfängen die Förderdiagnostik, die von der bisherigen Defizitorientierung abrückte und nach Entwicklungsmöglichkeiten und -chancen der Schülerinnen und Schüler unter Einbeziehung ihres Lebensumfeldes suchte. Es wurden Förderpläne aufgestellt. Die Stärken sollten helfen, Schwächen zu überwinden. Diese Förderpläne waren von Anbeginn an mit derselben Hypothek belastet, standen in demselben Dilemma wie alle Lehr- und Lernpläne: Sie geben vor, nicht nur die »Zone der nächsten Entwicklung« (Wygotski), sondern bereits die der übernächsten zu kennen. Was aber, wenn die Annahmen nicht eintreffen, wenn keine gemeinsame Sinnebene kommuniziert werden kann? Im Grunde stehen wir doch wieder vor einer reduktionistischen Didaktik, der nur ein wenig die Abstrafungsspitze genommen wurde, die aber strukturell nichts Neues bringt. Wenn wir davon ausgehen, dass sich gelingende Lernsituationen durch gemeinsame, sinngebende Ko-Konstruktionen auszeichnen, in die Lehrkräfte und Schüler/innen zirkulär eingebunden sind, sind analytische Verfahren zu wählen, die den kommunikativen Zugang zu Sichtweisen und Motiv(ation)en der beteiligten Akteure ermöglichen.

Jede **Pädagogik will fördern. Gelingensvoraussetzung ist Verstehen.**

Eine solche Sichtweise setzt aufseiten der Lehrkräfte Kompetenzen voraus, die den herkömmlichen Diagnosebegriff sprengen.

Lehrerinnen und Lehrer benötigen Wissen über Entwicklungsprozesse von Kindern und Jugendlichen. Sie müssen wissen und erkennen können, in welchem Umfang Normabweichungen dem Entwicklungsverlauf regelgerecht innewohnen und gewissermaßen als „Standardabweichungen« gelten dürfen, demnach keiner besonderen Aufmerksamkeit bedürfen. Gleichzeitig müssen sie aber in der Lage sein, Entwicklungsverläufe sorgfältig zu verfolgen, um im Einzelfall Fehlentwicklungen vorzubeugen (Prävention) oder sie zu korrigieren (Intervention). Denn bei aller (vor allem auch erkenntnistheoretischen) Toleranz gegenüber individuellen Lernwegen darf doch nicht die gesellschaftliche Deutungshoheit verkannt werden, die allzu große kommunikative Verstörungen nicht ungestraft hinnimmt.

Im Verständnis einer ökosystemischen, prozessorientierten, ganzheitlichen, fördernden Pädagnostik beschränkt sich die Aufmerksamkeit nicht auf schulische Lernfortschritte und -erfolge im engeren Sinne, sondern bezieht soziale und emotionale Verursachungen mit ein. Ein häufiger Grund für Lernprobleme ist beispielsweise Angst (vgl. Kretschmann 2004, S. 184) – Angst vor der Schule im Allgemeinen, vor einzelnen Unterrichtsfächern, vor Mitschüler/innen, Lehrkräften, den Erfolgserwartungen der Eltern, dem eigenen Versagen usw. Wenn die Angstproblematik nicht erkannt und nicht beachtet wird, scheitern alle Fördermaßnahmen, sie bleiben ein Herumdoktern am Symptom. Wer befürchtet, am Rechnen oder Lesen zu scheitern, ist nicht frei für Freude am Lernen. Eine angemessene, angepasste Förderung muss in diesem Falle an der Bewältigung der Ängste ansetzen, z. B. mit spielerischem Tun, das vordergründig betrachtet wenig oder auch gar nichts mit der Lernproblematik zu tun haben mag.

Daraus folgt, dass Lehrer/innen über Förderkompetenzen verfügen müssen. Dazu zählen ein reichhaltiges, methodisches Repertoire und vielgestaltige Materialien, um ein passgenaues Angebot bereitstellen zu können.

In diesem Zusammenhang ist allerdings hervorzuheben, dass Pädagnostik und pädagogische Förderung wegen der Vielfalt der Ursachen und Erscheinungsformen menschlicher Eigenschaften und Verhaltensweisen nur begrenzte Reichweite haben und immer nur ein Probehandeln erlauben. Sie beinhalten die Verpflichtung zu verfolgen, ob die Angebote die gewünschten Effekte erzielen oder gegebenenfalls modifiziert werden müssen.

Am Verstehen zeigt sich letztlich die Wirksamkeit der pädagogischen Angebote.

Pädagnostik ist eine pädagogische Grundhaltung, die den Standpunkt verändert: vom vermeintlichen Wissen, Beurteilen und Festschreiben zum Fragen (»Was ist?«), Ergründen (»Warum?«) und Suchen (»Was geht?«). Hierzu sind unbedingt auch die Schülerinnen und Schüler selbst zu befragen. Kompetenzraster, wie sie im Internet unter verschiedenen Adressen zu finden sind, können eine wertvolle Hilfe zur Selbsteinschätzung darstellen.

Schuleingangspädagnostik: Sich ein Bild machen – von Anfang an

Grundlegend muss festgehalten werden, dass eine Pädagnostik, die ja auf die Förderung jedes einzelnen Schülers, jeder einzelnen Schülerin abzielt, vor allem nach Ansatzpunkten für Lernangebote sucht. Sie hat immer den ganzen Menschen im Blick. Daher bedient sie sich auch weitgehend anderer Methoden als die herkömmliche Feststellungsdiagnostik. Denn es geht ihr weniger darum festzuhalten, was jemand (noch) nicht kann und wo er im Verhältnis zu seiner Altersgruppe steht. Viel wichtiger ist es, die Lernmotivation, die Lernausgangslage, die Interessen, die persönlichen und die Ressourcen des individuellen Umfeldes einschätzen zu können. Leistungs- und Intelligenztests helfen in diesem Zusammenhang nur sehr bedingt weiter (vgl. Kretschmann 2004, S. 189 ff.). An die Stelle statistischer Validität (Gültigkeit), die für psychologische Messverfahren unentbehrlich ist, tritt der Begriff der »ökologischen Validität« (Bronfenbrenner 1981, S. 46), die sicherstellt, dass die gewonnenen Erkenntnisse zu den Umfeldbedingungen stimmig sind.

Wenn ein Kind eingeschult wird oder wenn ein Schulwechsel ansteht, sollten Lehrkräfte über ihre künftigen Schülerinnen und Schüler möglichst schon ein wenig wissen. Dies ist von umso größerer Bedeutung, wenn das soziale Umfeld der Schule besondere Problemstellungen erwarten lässt. Förderdiagnostik ist nämlich lebensweltorientiert (ökologisch): Ausgehend von der Erkenntnis, dass die bisherigen und aktuellen Alltagserfahrungen von Kindern und Jugendlichen deren Lernverhalten maßgeblich prägen, kann das Unterrichtsangebot nur passend gestaltet werden, wenn Lehrerinnen und Lehrer einen Einblick in diese Alltagswirklichkeit gewinnen und mit ihr vertraut sind.

Um aber Lernvoraussetzungen, Lernmöglichkeiten und Lernweisen eines Kindes zu erkennen, ist es erforderlich, dass sich Lehrer und Lehrerinnen weitestmöglich in die Lage des Schülers/der Schülerin versetzen können. Dies heißt zunächst nichts anderes, als den Schülern und Schülerinnen mit Empathie (Einfühlungsvermögen) zu begegnen.

Empathie umfasst neben der voraussetzungslosen Sympathie für Kinder und die Arbeit mit Kindern die reflektierte Fähigkeit, die außerschulische und schulische Lebenswelt des Kindes in ihrer jeweiligen Symptomatik und ihren Wechselwirkungen zu erkennen und als eigenständige (subjektive) Wirklichkeit für das Kind anzuerkennen.

Einblicke in das soziale Umfeld ermöglichen Einsichten in die subjektive Sinnhaftigkeit des Verhaltens von Schüler/innen.

Theoretisch betrachtet heißt dies, eine Brücke zu schlagen zwischen Entwicklungs- und Aneignungspsychologie (vgl. auch Lüscher 1981): Das Kind wächst und entwickelt sich an seiner Umwelt und schafft sich gleichzeitig aktiv handelnd seine ureigene Wirklichkeit, indem es seine Umwelt beeinflusst und damit verändert. Erforderlich ist demnach das Nachvollziehen des kindlichen Entwicklungs- und Aneignungsprozesses, wie er sich in den jeweiligen Lebenswelten und im Alltagshandeln darstellt. Damit stehen Lehrerinnen und Lehrer freilich vor einer der schwierigsten Aufgaben, denn der Bruch zwischen der eigenen und der Lebenswelt der Schülerinnen und Schüler kann sich durch mehrere Ebenen ziehen.

Die Lebenswirklichkeit von Lehrern und Lehrerinnen unterscheidet oder kann sich von der ihrer Schüler/innen unterscheiden hinsichtlich

- des Alters (Erwachsener/Kind)[8],
- der Geschlechtszugehörigkeit,
- der historischen Dimension (»Kindheit heute«, vgl. Baacke 2001; Preuss-Lausitz 1995),
- der Freiwilligkeit (Berufswahl/Schulpflicht),
- der gesellschaftlichen Rollenzuweisung, konkret: Hierarchie/Abhängigkeit (Lehrende/Lernende, Beurteilende/Beurteilte),

---

8 »Der Erzieher steht immer vor zwei Kindern, dem zu erziehenden vor ihm und dem verdrängten in ihm.« (Bernfeld 1970, S. 147)

- des Zugangs zu gesellschaftlichem Einfluss (durch Wissen, Geld, soziale Kompetenz, ...),
- unter Umständen der sozialen Schichtzugehörigkeit (Lehrkräfte entstammen meist, gehören aber spätestens mit Berufseintritt der Mittelschicht an),
- sowie – im Falle »behinderter« oder »von Behinderung bedrohter« Schüler/innen – hinsichtlich der Dimension »Normalität«/»Abweichung«.
- Hinzutreten kann als Komplex sozialer Identitätsproblematik die Dimension »Migrationshintergrund« mit möglicherweise entsprechend unterschiedlichen kulturellen und religiösen Werthaltungen.

Gleichwohl haben beide Seiten einen gemeinsamen lebensweltlichen Bereich: den Schultag. Sie müssen ihn allerdings als Lebenswirklichkeit mit »Eigensinn« realisieren.

Lehrkräften sei daher dringend ans Herz gelegt, die außerschulischen Lebenswelten ihrer Schüler aufzusuchen: Kindergärten, Horte, Spiel- und Sportplätze, Vereine und nicht zuletzt, zumindest in Einzelfällen, auch die Familien. Gerade die Integrationspädagogik versteht sich als lebensweltorientierte Praxis. Vor diesem Hintergrund ist auch die Rolle der Eltern anders als bislang zu definieren. Statt sie als mehr oder weniger passive »Abnehmer«, oft als störend und willkommen allenfalls als Helfer bei besonderen Anlässen zu betrachten, sollten sie als gleichberechtigte Partner aktiv in die Gestaltung von Schule und Unterricht einbezogen werden (vgl. hierzu beispielsweise die Arbeit des Vereins democaris, www.democaris.de; 18.11.2007).

Nicht selten erscheinen Verhaltensweisen von Kindern und Jugendlichen, obschon denen im schulischen Alltag ähnlich, in einem anderen Licht. Was im Unterricht als störendes Dazwischenreden empfunden wird, kann hier mit einem Mal als pfiffige Schlagfertigkeit wahrgenommen werden. Schüler/innen, die sprunghaft erscheinen und der fachlichen Systematik nur schwer folgen können, mögen mitunter durch Kreativität und manuelle Geschicklichkeit überraschen. Wer in der Klasse eher eine Außenseiterposition innehat, kann im Schachclub der bewunderte Mittelpunkt sein.

Kenntnisse der außerunterrichtlichen und außerschulischen Lebenswelt der Schüler verändern auch die Sichtweise auf sie und das Verhältnis zu ihnen im Unterricht. Allmählich wächst das Verständnis dafür, was für den anderen selbstverständlich und normal ist – und welche Logik und Systematik dahinter steht. Es verhält sich ähnlich wie bei einer Expedition in eine andere Kultur: mühsam zwar und voller Gefahren des Missverständnisses, aber zugleich aufregend und experimentell im Versuch der Annäherung an das Fremde und der gegenseitigen Verständigung. Ein solches Fremdverstehen kann in jedem Falle nur ein Versuch der Annäherung sein, denn schon das Bewusstsein, dass es sich um eine gezielte Aktivität handelt, verändert den Aspekt:

> *»Ich kann mir zwar vorstellen, blind, taub oder gelähmt zu sein, und ich kann solche Vorstellungen durch entsprechende Maskeraden und Fiktionsspiele noch intensivieren. Ich kann jedoch das Wissen um den Fiktionscharakter und die Endlichkeit derartiger Experimente nicht ausklammern.«* (Kobi 1987, S. 68)

Auf der Basis von Verstehen kann gemeinsam Sinn in die pädagogische Situation gelegt werden.

Dennoch bringt eine Annäherung den Vorteil, gemeinsame Verstehensebenen zu schaffen (Zeugen eines Unfalls können sich trotz unterschiedlicher Wahrnehmung und Interpretation auf das Faktum »dann hat es geknallt« verständigen): »Man muss sich vielmehr gegenseitig verstehen. Verlangt wird demnach, dass sich beide Seiten verständig – was auch verständlich beinhaltet – machen; das Fördergeschehen ist ›auf eine gemeinsame Sinnebene‹ zu stellen.« (Kornmann/Meister/Schlee 1994, S. 311)

Diese Voraussetzung, verbunden mit Empathie, darf gleichsam als Prinzip einer ökologischen, förderorientierten Pädagogik gelten.

Im Anhang (Kap. 10.1) finden Sie einen Katalog zur Erkundung der individuellen Lernausgangslage (vgl. Knauer 1993; Kornmann 1983, S. 97 ff.). In der vorliegenden Fassung zielt er in erster Linie auf Schulanfänger und soll lediglich als Beispiel dienen. Er muss immer den konkreten Bedingungen vor Ort, der Schulart und dem Alter der Schüler/innen sowie eventuellen speziellen Fragestellungen angepasst werden. Auch werden sich einige Fragen nicht auf Anhieb beantworten lassen. Eltern und andere Personen aus dem Umfeld der Schüler und Schülerinnen dürfen sich unter keinen Umständen ausgehorcht oder verhört fühlen. Eine einfühlsame Gesprächsatmosphäre ist Voraussetzung für eine zu schaffende Vertrauensbasis, auf der nach und nach noch fehlende Informationen ergänzt werden können. Ganz wichtig auch: Zusicherung und Einhaltung absoluter Diskretion – d. h. auch Verschluss der Informationen vor dem Zugriff Dritter!

Teilnehmende Beobachtung im Schulalltag

Die Beobachtung des Schülerverhaltens zählt zu den ursprünglichsten pädagogischen Tätigkeiten. Routinierte Lehrkräfte haben ein geschultes Auge und gelangen sehr schnell zu Einschätzungen, auf die sie ihren Unterricht einstellen. Im Schulalltag findet häufig ein verselbstständigter Kreislauf von Beobachtungen, deren Interpretation und daraus abgeleitetem pädagogischen Handeln statt:

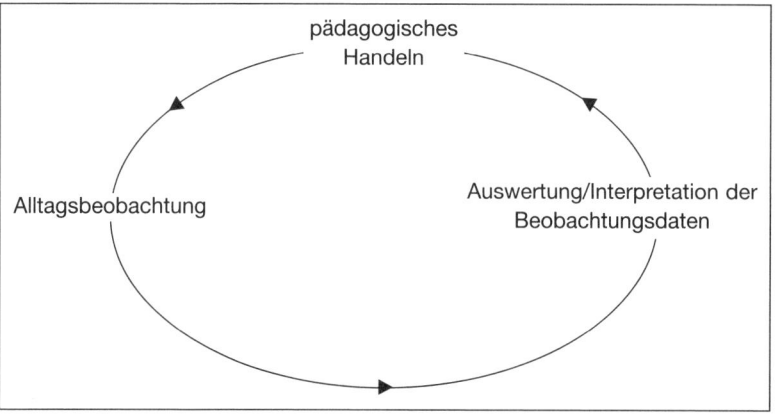

Abb. 7: Der Kreislauf zwischen Beobachtung und Handeln (Quelle: eigene Grafik, © Dr. Sabine Knauer)

Dieser Kreislauf birgt allerdings die Gefahr, dass aus unmittelbaren Beobachtungen Rückschlüsse gezogen werden, die sich durch die Verhaltensweisen der Schüler/innen gegenüber dem Angebot zwangsläufig bestätigen müssen. Insofern suggerieren sie den Wahrheitsgehalt der Annahmen lediglich, können ihn aber nicht bestätigen. Hierzu ein Beispiel:

> Die Integrationspädagogik, die im Übrigen eine Vorreiterrolle zugunsten förderdiagnostischer Ansätze und heterogener Lerngruppen einnimmt, verweist unter der Fragestellung »Sonderschulüberweisung – prinzipiell nie falsch?« auf die folgende Argumentationsweise der Sonderschulbefürworter: Ein Schüler, der auf die Sonderschule überwiesen wird, lernt dort erfolgreich – also war seine Überweisung der richtige Entschluss. Ein anderer Schüler versagt auch auf der Sonderschule – umso deutlicher wird ersichtlich, dass er auf der Regelschule überfordert war. Die Sonderschulüberweisung kann infolgedessen niemals falsch sein (vgl. Kornmann 1977). Ohne kritische Selbstreflexion der eigenen Beobachtungen lauern unmerklich derartige Trugschlüsse im pädagogischen Alltagsgeschäft.

Wenn hier von *reflektierter Teilnehmender Beobachtung* die Rede ist, sind diesem Kreislauf deshalb verschiedene Schritte zwischengeschaltet, denen die Rückkoppelung mit den Situationsteilnehmern und die Abstimmung der jeweiligen Sichtweisen gewissermaßen als Teppich unterlegt ist.

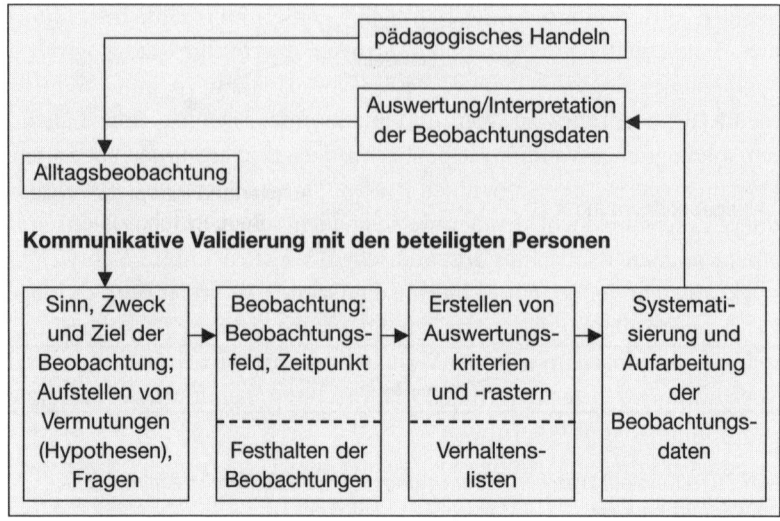

Abb. 8: Der Kreislauf zwischen Beobachtung, Reflexion und Handeln auf der Grundlage kommunikativer Rückkoppelung (Quelle: eigene Grafik, © Dr. Sabine Knauer)

Beobachtungen müssen in einem stimmigen Verhältnis zu dem jeweiligen Umfeld interpretiert werden, »ökologisch valide« sein.

Der Begriff »Teilnehmende Beobachtung« wurde von der qualitativen Sozialforschung (vgl. Friebertshäuser 1997) geprägt. Auf Schule bezogen besagt er, dass Lehrkräfte als »Experten« und Teilnehmer der Lebenswelt Schule ihren Beobachtungen Sinn entnehmen und interpretierend zuschreiben können; sie verstehen, warum Schüler und Schülerinnen sich so oder anders verhalten, wie sie leichter lernen und warum sie mit bestimmten Lerninhalten, Methoden und Arbeitsweisen Schwierigkeiten haben. »Teilnehmende Beobachtung« ist eine besonders nützliche Methode, individuell geeignete Lernangebote bestimmen zu können. Ausschlaggebend für den Erkenntnisgewinn ist, dass den Beobachtungen eine offene Fragehaltung zugrunde liegt. Wertungen und Urteile sollten so weit wie möglich außen vor bleiben. Das fällt Lehrkräften, die ja tagtäglich zum Beurteilen verpflichtet sind, nicht unbedingt leicht und bedarf des bewussten und gezielten Trainings. Das beginnt schon bei der Sprache. In der Formulierung »Anna ist ruhig und fleißig, wenn ich sie allein an einen Tisch setze«, schwingt unausgesprochen mit, dass Anna stört und faul ist, wenn sie mit Mitschülern zusammensitzt. Das Umsetzen ist unter diesen Vorannahmen nicht nur eine pädagogische, sondern gleichzeitig eine disziplinarische Maßnahme. Anders hört es sich hingegen an, wenn gesagt wird: »Anna befasst sich in einer ruhigen Umgebung intensiv mit dem Lernstoff.« Hier wird lediglich das direkt beobachtbare Verhalten ohne Wertung beschrieben. Und jede Beobachtung ist nur so gut wie ihre kommunikative Validität – die Rückkoppelung der Interpretation mit den Beobachteten selbst, die Interpretation als Sinnangebot.

Schulen mit erweiterten unterrichtlichen, außerunterrichtlichen, räumlichen und zeitlichen Angeboten bringen durch ihre pädagogischen Kooperationsmöglichkeiten die besten Voraussetzungen mit, »Teilnehmende Beobachtung« zu üben und anzuwenden. Denn – entsprechend der »ökologischen Validität« – Beobachtungen und aus ihnen abgeleitete Lernangebote müssen individuell passen. Da wir aber selbst als Individuen Unterschiedliches und unterschiedlich sehen, nützt es, uns mit einem zweiten Beobachter auszutauschen. Weichen unsere Sichtweisen stark voneinander ab, gilt es hierfür die Gründe zu finden und so lange konstruktiv miteinander zu streiten, bis wir die Sicherheit erlangen, dasselbe zu meinen, wenn wir über Verhaltensweisen von Schüler/innen und Vorkommnisse sprechen (die Sozialforschung nennt diesen Vorgang »kommunikative Validierung«).

Auch aus diesem Grunde ist es wichtig, dass Lerngruppen oft von zwei Erwachsenen begleitet werden, die in ihrer aktiven, moderierenden Rolle und der des eher passiven, stillen Beobachtens abwechseln.

Grundlegend sollten die Beobachtungen in offener Form auf die Wahrnehmung folgender Strukturmerkmale gerichtet sein:

- Interaktionen in Groß- und Kleingruppe,
- soziales Klima in der Großgruppe und in Kleingruppen,
- emotionale Befindlichkeit und Entwicklung einzelner Schüler/innen,
- soziales Befinden und Verhalten einzelner Schüler/innen,
- verbale und nicht verbale Kommunikationsstrategien und -charakteristika,
- Entwicklung der basalen Wahrnehmung, der Raumwahrnehmung, der Lateralität und der Wahrnehmungsverarbeitung,
- Entwicklung der musischen, kognitiven, fein- und grobmotorischen Fähigkeiten und Fertigkeiten,
- Entwicklung bei spezifischen Rückständen, Beeinträchtigungen oder Auffälligkeiten,
- besondere Vorlieben und Fähigkeiten,
- Lern- und Arbeitsweisen,
- Gestaltungsformen und Angebote des Unterrichts,
- Lehrerverhalten und seine Auswirkungen.

Im Anhang (Kap. 10.2) finden Sie einen Beobachtungsleitfaden, der in integrativen Klassen erprobt und ständig weiterentwickelt wurde. Er verknüpft eine Reihe von Vorzügen:

- Es sind keine verbindlichen Schritte einzuhalten, die die Wahrnehmung schon in bestimmte Bahnen lenken würden.
- Die Analyse bleibt offen für jedwede zusätzliche Information.
- Unterschiedliche Schülerpersönlichkeiten finden gleichwertige Berücksichtigung.

- Auf Beurteilungen wird verzichtet, an ihre Stelle treten konkrete Beschreibungen; dadurch sind die Beobachtungs- und Auswertungsprotokolle gleichzeitig Grundlage für Beurteilungen, die das Ziel verfolgen, über die Lernentwicklung zu berichten.
- In der Reflexion wird stets ausgegangen von einer Fragehaltung; damit werden Festschreibungen vermieden.
- Die Gefahr der selektiven Wahrnehmung wird gemindert durch die Vielschichtigkeit der Fragestellungen und durch die intersubjektive Auswertung im pädagogischen Team.

Je nach der besonderen Ausgangslage können einzelne Fragestellungen stärker in den Mittelpunkt gerückt, andere zurückgestellt werden. Im Einzelfall müssen die Fragen möglicherweise erweitert und geschärft werden. Die Frageform sollte jedoch beibehalten werden, weil sie vor allzu schnellen Urteilen schützt.

Und: Die Qualität des Unterrichts ist natürlich auch immer ein Beobachtungsgegenstand. Denn eine »Diagnose im Sinne der Evaluation des Unterrichts sollte permanent erfolgen.« (Oerter 2003, S. 18)

Im Austausch der Beobachtungen verschiedener Situationsteilnehmer erfahren die Deutungen eine kommunikative Validierung.

Beobachtung ist nach diesem Verständnis nicht lediglich ein ohnehin vorhandenes Anhängsel des »eigentlichen« Unterrichts, das es lediglich zu optimieren gilt. Beobachtung ist vielmehr wesentliches konstituierendes Moment von Unterricht selbst. Eine lehrtheoretische und curriculare Didaktik steht unter dem (Zeit-)Druck von zu erreichenden Lernzielen. Damit läuft sie tendenziell Gefahr, kognitive Entwicklungsbereiche in den Vordergrund zu stellen und die Bewegung, musische, affektive und soziale Kompetenzen zu vernachlässigen. Nicht selten löst sie damit ein Sperrigkeitsphänomen aus: Schüler/innen wehren sich mit gedanklichem »Abschalten«, offener Verweigerung oder Stören gegen die Kopf- und Gesäßlastigkeit des Unterrichts. Die bewusste Zurückhaltung eines Beobachters hingegen gründet in pädagogischem Optimismus, dass sich das Bedürfnis zu lernen durchsetzt. Eine solche bildungstheoretische Didaktik wird im wissenschaftlichen Unterrichtsdiskurs heute lieber Mathetik genannt: die Lehre vom Lernen. Sie gibt eigenen Spiel-, Sprach- und Handlungsraum ab zugunsten der Entfaltung der Schülertätigkeiten. Die Beobachtungen und der Austausch über sie geben Rückmeldung, inwieweit das Ingangbringen selbstbestimmter (Lern-)Prozesse gelungen ist, und erlauben Einsichten, wie sie weiter unterstützt werden können. Hier finden soziale, emotionale und kognitive Dimensionen gleichberechtigt Eingang in eine ganzheitliche Sichtweise der (Lern-)Entwicklung als Prozess.

Lernweisen und Lernverhalten verdienen, so betrachtet, ebensoviel Aufmerksamkeit wie Lernergebnisse. Die Analyse eines Fehlers, der Weg zurück zum Denken der Schülerin/des Schülers erteilt Aufschluss darüber, welche Annahmen dem Fehler zugrunde liegen. Wenn man sich vergegenwärtigt, dass es für schulische Aufgabenstellungen zumeist nur eine einzige richtige Lösung gibt, jedoch unendliche Fehlermöglichkeiten, wird das kreative Potenzial von Irrtümern sichtbar. Es macht nämlich durchaus einen Unterschied, ob es sich um Flüchtigkeits- oder Schreibfehler handelt oder ihnen ein systematisches Denken zugrunde liegt.

> Erinnert sei an die Geschichte eines jungen Mannes, der sich in psychologische Behandlung begab, weil er trotz guter Intelligenz einfach nicht rechnen konnte. Schließlich fand er mit therapeutischer Hilfe die Ursache: Seine wohlmeinende Lehrerin hatte die Subtraktion eingeführt, indem sie fünf Kreise an die Tafel gemalt, zwei durchgestrichen und gefragt hatte, wie viele noch übrig seien. Dem Jungen leuchtete die Antwort »drei« nicht ein; er fragte sich fortwährend, wo denn die vier halben (die beiden durchgestrichenen) geblieben seien. Ein Verhängnis nahm hiermit seinen Lauf. Der Junge wagte sich bis ins Erwachsenenalter nicht mehr an Rechenoperationen.

Die integrative Schule, integrativer Unterricht bieten den erforderlichen Bezugsrahmen, um den Schultag den Lernbedürfnissen der Schülerinnen und Schüler anzupassen. Folgende Strukturmerkmale von Unterricht erlauben es, individuelle Förderung in Gemeinsamkeit von Vielfalt zu verwirklichen:

- Räume mit vielfältigen Materialangeboten (»Lernecken«),
- Materialien von starkem Aufforderungscharakter und breit gestreutem Anforderungsniveau, die in ihrer Konzeption selbstständiges Arbeiten fördern (verständliche Anleitungen, Selbstkontrolle),
- von inhaltlichen Gesichtspunkten und den Bedürfnissen der Beteiligten gesteuerte Rhythmisierung des Schultages; Aufhebung der starren 45-Minuten-Einheiten; Wechsel von Konzentrations- und Entspannungsphasen,
- Einbeziehen von außerunterrichtlichen Erlebnissen der Schülerinnen und Schüler,
- individuelle Wochen-/Tagespläne,
- Freie Arbeit/Offener Unterricht,
- ritualisierte Gesprächskreise,
- gemeinsame Unterrichtsvorhaben (Projekte mit individuellen Arbeitsschwerpunkten),
- Wahlmöglichkeiten von Einzel-, Partner- und Gruppenarbeit je nach Thema, Gegenstand und Bedürfnis,
- »sonder«-pädagogische Hilfestellung im Bedarfsfall, entweder im allgemeinen Unterricht oder schwerpunktmäßig bei auftretenden Problemen in der (heterogen zusammengesetzten) Kleingruppe parallel zum Klassenunterricht (so ist sicherzustellen, dass der Förderunter-

Integrativer Unterricht hat vielfältige Erscheinungsformen.

richt thematisch in den allgemeinen Unterricht eingebunden ist und weder diskriminierend noch als Bevorzugung wahrgenommen wird),

- inhaltliche und zeitliche Verknüpfung von Unterrichtsinhalten und außerunterrichtlichen Angeboten,
- schließlich ein sozial-integratives Arbeitsklima, in dem gegenseitige Hilfe nicht sanktioniert wird, sondern als selbstverständliches Verhalten im Umgang miteinander gilt, als Hilfe zur Selbsthilfe verstanden wird und immer vor der Hilfe durch Lehrerinnen und Lehrer rangiert.

Unterrichtsorganisation fordert unter diesen Prämissen den Lehrkräften Flexibilität ab: Sie sollten (emotionale, soziale, kognitive usw.) Bedürfnisse, Bedürftigkeiten und Probleme erkennen und entsprechend reagieren können. Gleichzeitig müssen sie ihre pädagogische Zielsetzung im Auge behalten und in praktisches, unterrichtliches Handeln umsetzen. Es gilt, für das einzelne Kind seine außerschulische und die schulische Lebenswelt zueinander »kompatibel« zu machen und dabei das schulische Mikrosystem so zu gestalten, dass es positive emotionale, Sozial- und Lernerfahrungen ermöglicht. Aus diesem Anspruch leitet sich die Notwendigkeit genauer und sensibler Beobachtung und Reflexion ab. Eine Annäherung an dieses Ziel kann am ehesten im Zwei-Pädagogen-System erreicht werden (vgl. Knauer 1995).

Es gibt keine Patentrezepte. Gefragt sind Offenheit, Flexibilität und Ideenreichtum.

Teilnehmende Beobachtung ist natürlich nicht die einzige Verstehensmethode im integrativen Unterricht, wohl aber die umfänglichste und anspruchsvollste.

Weil »die PISA-Studie [...] eindrucksvoll belegt [hat], dass bei der Einschätzung von Schülerleistungen deutliche Defizite vorliegen«, fordert Schorch (2003, S. 16) »folgerichtig [...] deshalb eine bessere Diagnose- und Prognosekompetenz der Lehrer« ein. Und er schlägt auch den Bogen zur Unterrichtsgestaltung und verdeutlicht damit, dass Pädagnostik und Unterricht zwei Seiten derselben Medaille, nämlich der gemeinsamen Sinngebung von Lehrkräften und Schüler/innen sind: »Abhängig von der Unterrichtsaufgabe eignen sich dabei Einzel- und Gruppengespräche, themenzentrierte inner- und außerschulische Beobachtungen (evtl. mit Foto oder Video dokumentiert), Elterngespräche, Schülerbefragungen, Interviews zur Erfassung ›subjektiver Theorien‹, Erhebung von Meinungsbildern; Durchsicht bisheriger schriftlicher Leistungen und Lernergebniskontrollen, Einbezug evtl. vorliegender Portfolios; Einsicht in von den Schüler/innen bevorzugte Literatur, Videos, CDs, Computerspiele etc.; aber auch (Vor-)Experimente in kleinen Gruppen zur Erfassung von ›Präkonzepten‹ sowie Einbezug informeller und standardisierter Tests. Dies hilft nicht nur dem Unterrichtenden, sich in Lernwege der Schüler eindenken und sicherer ›einklinken‹ zu können, sondern erleichtert ebenso die fundierte didaktisch-pädagogische Diskussion bei der Unterrichtsplanung, -analyse und -nachbesprechung.« (Schorch 2003, S. 17)

»Lehrer sollen Schüler unterrichten, nicht Fächer!«, schreibt *Die Zeit* (27/2004). Mit einem pädagnostischen Vorgehen tragen Lehrerinnen und Lehrer zur Verwirklichung dieser Forderung bei.

7.3.2 Von der Didaktik zum Selberlernen (Mathetik)

Zum Auftakt dieses Punktes möchte die Verfasserin in die biografische Erinnerungskiste greifen, ermutigt und bestätigt von Edmund Kösel (2007, S. 1), der den zusammenfassenden Aufsatz seiner drei Bände zum Konzept der subjektiven Didaktik beginnt: »Etwa 20 Jahre habe ich mich intensiv damit beschäftigt, eine ›objektive‹ Didaktik zu lehren, und mich bemüht, meinen Pädagogik-Studenten in ihren Unterrichtsversuchen ›objektive‹ Kriterien dafür bereitzustellen. Dies ist mir nicht gelungen. Es hat sich eine ›Als-ob-Didaktik‹ entwickelt, die so tut, als ob es eine objektive Wahrheit über Unterricht, Lehre und Lernen gäbe. So wurde viel Unsinn und Leid erzeugt.« Neben dem Unterricht werden hier auch die Rolle und das berufliche Selbstverständnis von Lehrenden angesprochen. In gewisser Weise wird damit dem Aspekt der größeren Berufszufriedenheit durch integrative Arbeit vorgegriffen (Kap. 7.4). Die sprachliche Darstellung macht es erforderlich, die Gesichtspunkte »Didaktik« und »Lehrerrolle« analytisch zu trennen. Doch diese Nachzeitigkeit ist eine künstliche. In der schulischen Wirklichkeit und im Unterrichtshandeln kommt immer die Gleichzeitigkeit vieler unterschiedlicher Standpunkte und Sichtweisen zum Tragen. Es ist eine große Tragik, dass nach wie vor Lehrkräfte dazu angehalten werden und selbst meinen, sie müssten ihre eigene Person hinter dem Sachgegenstand verbergen (vgl. Knauer 2006). Bevor die Verfasserin zu flexiblen Lernarrangements gelangte, hatte sie die typische Lehrersozialisation durchlaufen und plante das »erwartete Schülerverhalten«, das nicht selten ziemlich unerwartet ausfiel. Und die Erinnerung an diese Settings, Unterricht genannt und nicht nur während der Ausbildung in »Vorführstunden« praktiziert, spült ein Bild und zwei Gefühle nach oben: Es ist das Bild vom »Schule spielen« – ein Déjà-vu etwa 20 Jahre nach dem eigentlichen Spiel, das Gefühl heißt »wichtig und erwachsen tun« und ist im Déjà-vu-Erlebnis angereichert um die Furcht, nicht überzeugend genug spielen zu können, sodass entweder das Spiel nicht zum Mitmachen anreizt oder aber der Mangel an Authentizität den Schwindel auffliegen lässt. Gerne sei eingeräumt, dass dieses Spiel bisweilen auch Spaß machte, etwa wie ein Bühnenauftritt, nach dem das Publikum in Standing Ovations nach Zugaben skandiert.

Lernen muss jeder Mensch selbst. Jemand anders zum Lernen veranlassen kann man allenfalls versuchsweise mit passenden, anschlussfähigen Angeboten.

»Lernen kann nicht direkt durch Lehren bewirkt werden«, schrieb Ernst Begemann (1996, S. 260) und Hartmut von Hentig (1993, S. 211) hält als Gegenkonzept zum Vorrang einer »Lehre vom Lehren« (Didaktik) die »Lehre vom Lernen« für unverzichtbar: Die Schule »muß auch die ihr lästige Selbständigkeit belohnen; sie muß Elemente einer *Mathetik* (Hervorhebung S.K.), einer Lehre des Lernens entwickeln und die Didaktik, die Lehre des Lehrens in deren Dienst zu stellen sich bemühen.«

Gibt es nun eine spezielle »integrative Didaktik«? Diese Frage zu beantworten, ist einfach und schwierig zugleich. Schwierig insofern, als in integrativem Unterricht sämtliche Sozial- und Arbeitsformen anzutreffen sind, die die verschiedenen Didaktiken vorhalten: Kreisgespräch, Einzel-, Partner-, Gruppenarbeit, aber auch Frontalunterricht. Schwierig auch in programmatischer Hinsicht: Freie Arbeit, Offener Unterricht, Stationenlernen, Projektunterricht und Unterrichtsvorhaben, aber auch lehrgangsartige Formen werden in der Literatur beschrieben. Dies löst nach dem Schema puristischer Unterrichtstheorien den Eindruck eklektischer Beliebigkeit und, zugegeben, gewisse Erklärungsnöte und das Erfordernis der Suche nach gemeinsamen zentralen Bezugspunkten integrativer Unterrichtsarbeit aus. Hierbei stößt man zwangsläufig auf die Frage gelingender Herstellung von Gemeinsamkeit in Vielfalt, d. h. dem Zusammenfließen individueller (Lern-)Bedürfnisse mit Gruppeninteressen. Feuser (1982) fand den Schlüssel im »gemeinsamen Gegenstand«, den er später relativierte und spezifizierte (»nicht das materiell Fassbare«, sondern »der zentrale Prozess, der hinter den Dingen und beobachtbaren Erscheinungen steht und diese hervorbringt«, Vergleich mit dem »Inneren des Baumstammes«). Damit warf er die Fragestellung auf, ob integrativer Unterricht ausschließlich in Projektform zu verwirklichen wäre, was jedoch der Praxis und einer aus ihr abgeleiteten theoretischen Begründung nicht gerecht wird. Wocken (1988) entwickelte daher eine nach Interaktionsstrukturen differenzierende Systematik »gemeinsamer Lernsituationen« und vollzog damit den entscheidenden Wandel des Blickwinkels: Zum Maßstab integrativen Unterrichts wählte er nicht mehr didaktische Kategorien, sondern prozessuale Vollzüge auf der Beziehungsebene. Ihm ist es zu verdanken, dass der Integrationspädagogik wertvolle Jahre nicht durch kleingeistigen Methodenstreit verloren gingen.

Riedel (1996, S. 117) formuliert die vorliegenden Erfahrungen und Erkenntnisse zusammenfassend:

> *»Eine Didaktik, die der doppelten Zielsetzung der Integrationspädagogik gerecht werden will, eine optimale Förderung des einzelnen Schülers in unmittelbarem Zusammenhang mit anspruchsvollen Zielen sozialen Lernens anstrebt, muß Konzepte der Lernplanung und Formen der Unterrichtsgestaltung überwinden, die von der Fiktion einer einheitlichen*

Neben den präsentierten Lerninhalten lernen Schüler/innen immer noch sehr viel anderes – z. B. Aufmerksamkeit zu spielen, Interesse zu heucheln, unbemerkt zu essen …

Lerngruppe und der unreflektierten Abstraktion des sogenannten Durchschnittsschülers ausgehen. Annahmen dieser Art erweisen sich bereits im Schulalltag der Regelschule als unangemessen. Lernprozesse vollziehen sich individuell, stehen in einem biografischen Kontext und haben in diesem einen für den Lernenden spezifischen Stellenwert. Sich als Lehrer auf die Lernvoraussetzungen, Lerninteressen und Lernschwierigkeiten der einzelnen Schüler einzustellen, bedeutet mehr, als nach ihren lerngegenstandsbezogenen Vorkenntnissen und Fertigkeiten zu fragen. Heckhausens Hinweis auf die Bedeutung des sachstrukturellen Entwicklungsstands und eine diesem entsprechende Dosierung des Schwierigkeitsgrades von gestellten Aufgaben kann dazu verleiten, das Problem des Unterrichtens auf die intellektuell-kognitive Dimension des Lernens und seine motivationspsychologischen Aspekte zu reduzieren. Unterricht ist aber, anders als programmierte Unterweisung, stets auch und vor allem soziale Interaktion. In ihr erweisen sich kognitive Leistungen unmittelbar mit affektiven und sozialen Herausforderungen der Lernsituation verwoben, werden psychische wie soziale Belastungen zu Lernbarrieren. Optimale Förderung aller Schüler bedeutet daher, jeden Einzelnen in seinen biografischen Lebenszusammenhängen wahr- und anzunehmen, ihn seiner kognitiven, emotionalen und sozialen Entwicklung gemäß und seinen Möglichkeiten entsprechend zu fordern, in seinen individuellen Lernprozessen pädagogisch und didaktisch zu unterstützen.« (Riedel 1996, S. 117)

Unterricht in Integrationsklassen ist weniger um die Sachstruktur als um die jeweiligen Lernanforderungen der Schüler/innen bemüht.

Bezüglich der Unterrichtsorganisation stellen sich damit andere Fragen als die der »didaktischen Reduktion« des Lerngegenstandes:

»Die Didaktik steht damit vor der Aufgabe, die sich in Integrationsklassen zwar in Bezug auf Komplexität und Schwierigkeit, nicht aber prinzipiell von der in Regelschulen unterscheidet: Wie ist Unterricht zu organisieren, daß er auf die unterschiedlichen Lernvoraussetzungen der Schüler mit differenzierten Lernanforderungen reagieren kann? Wie sind Lernsituationen zu gestalten, daß sie Prozesse des gemeinsamen Lernens fördern und zugleich eine Individualisierung der Lernanforderungen ermöglichen?« (Riedel 1996, S. 117)

Man weiß seit längerem, dass das Lernen der Schüler keine lineare Funktion des Lehrens der Lehrer ist, sondern individuellen Gesetzmäßigkeiten folgt (vgl. auch Oelkers 1988). Womit wir wieder bei Begemann angelangt wären.

Infolgedessen ist es erforderlich, den Unterricht so zu gestalten, dass das Lernangebot jeder Schülerin/jedem Schüler ermöglicht, Passung zu seiner/ihrer individuellen Lernausgangs-, Bedürfnis- und Interessenlage herzustellen und zugleich diese Erfahrung als überindividuelle, gemeinsame wahrzunehmen (vgl. Riedel 1996, S. 116). Ein solcher Lernbegriff würdigt das lernende Subjekt als Mittelpunkt des Lernprozesses. Gleichzeitig wird der Unterricht nicht auf Stoffbewältigung reduziert. Stattdessen werden die sozialen Dynamiken als Ausdruck des expandierenden Subjekts und somit als dem Lernprozess immanente, ihn maßgeblich steuernde und ihn wechselseitig einschließende Triebkraft begriffen (wie in subjektwissenschaftlichen und tätigkeitstheoretischen Ansätzen; vgl. z. B. Feuser, Holzkamp; auch Kap. 6.2.3: »Kein Lernen ohne Lernbehinderung«). So eröffnet sich eine Umorientierung hinsichtlich des Didaktik-Begriffes (sofern er gegenüber der »Mathetik« überhaupt noch haltbar ist); eine »didaktische Reduktion« aus einer zuvor wissenschaftlich abgeleiteten »Sachanalyse« wirkt auf diesem Hintergrund nicht nur reduziert, sondern wahrhaft reduktionistisch: »Ausdruck dieser Orientierung ist, daß bei einer binnendifferenzierten Unterrichtsorganisation nicht fachdidaktische Probleme alternativer Lernplanung, sondern Fragen der Gestaltung aktivitätsfördernder Lernsituationen im Mittelpunkt stehen.« (Riedel 1996, S. 123)

Es gibt keine eindeutig zu umschreibende integrative Didaktik. Konsequenterweise bemisst sich die Qualität integrativen Unterrichts nicht nach theoretisch-didaktischen Prinzipien, Begriffen oder gar Didaktiken: »Stufenunabhängig gehören neben Handlungsmustern lehrerzentrierter Unterrichtsführung vor allem Tages-, Wochen- und gegebenenfalls Monatspläne, Freie Arbeit und Projektunterricht zu den selbstverständlichen Arbeitsformen von Integrationsklassen.« (Riedel 1996, S. 123)

Und dies macht die Beantwortung der Eingangsfrage nach den didaktischen Merkmalen integrativen Unterrichts wieder einfach: Arbeits- und Sozialformen sind gelöst aus dogmatischer Starre, werden individuum-, lerngruppen-, sach- und situationsgerecht angewendet, zum Teil durchaus parallel zueinander. Riedel (1996, S. 118) spricht von »variabler Unterrichtsorganisation«, die individuumexterne Lernziele zumindest relativiert. So sehr eine Relativierung an dieser Stelle zu begrüßen wäre, ist sie augenscheinlich mit äußerst problematischer Tragweite im methodischen Handeln anzutreffen: »Wenn ich Lehrende fragte, nach welchen Prinzipien, Referenzebenen und Logiken sie ihr Wissen konstruieren und weitergeben wollen, habe ich bis jetzt nur wenige gefunden, die ihre eigenen Konstruktionen einigermaßen in diesem Sinne benennen können. Vielmehr herrscht ein ›vulgärer Relativismus‹ vor, der besagt, dass Lehrende bei der Wissenskonstruktion oft blitzartig mehrere Bezugssysteme und deren Logiken durcheinanderbringen oder ohne Begründung wechseln. Sie definieren ihre Konstruktionen häufig von Situation zu Situation, von Klasse zu Klasse unterschiedlich und eigensinnig. Sie erwarten vom Lernenden jeweils die Reproduktion ihrer eigenen, unterschiedlichen Methoden, Interpretationen und Zielkriterien für die Leistungsbeurteilung, ohne ihre Absichten und Logiken im Sinne einer Metakommunikation zu kommunizieren und offenzulegen. Die Lernenden müssen dann intuitiv die vom Lehrenden verwendeten oder erwarteten Bezugssysteme und Logiken – wie in einem epistemologischen Sumpf – erkennen und nachvollziehen. Für diejenigen, die diese Gabe nicht haben, sind solche Wissenskonstruktionen nicht zugänglich und daher oft auch nicht kommunizierbar. Die erbrachte und erwartete Leistung und deren Beurteilung fällt dann entsprechend aus – mit allen Folgen bis zum Ausschluss aus dem Tauschmarktsystem.« (Kösel 2007, S. 4)

»Variable Unterrichtsorganisation« stellt sich immer dann selbstläufig ein, wenn authentischen Beziehungen Raum gegeben wird. Flexibel, aber nicht kopflos zu reagieren, und nicht Vorsätze und Ziele aus dem Blick zu verlieren, ist Maßgabe an die Lehrkräfte im integrativen Unterricht. Zu betonen ist, dass ein solcher Unterricht allen Schülerinnen und Schülern nützen würde und alle ein Anrecht darauf hätten (vgl. Meier/ Heyer 1999) – auch ohne Integration(-spädagogik).

7.3.3 Beliebigkeit oder Vielfalt?

Pädagoginnen und Pädagogen mögen sich fragen, ob denn nun die gesamte, ihnen vertraute Unterrichtsgestaltung entwertet sei und woran sie sich künftig planerisch orientieren sollen. Kein fragend-entwickelndes Unterrichtsgespräch, kein Spiralcurriculum mehr? Keine Einführungs-, Vertiefungs-, Übungsphasen, keine Stillarbeit, keine frontalen Einführungen?

Die Antwort – und das dürfte Sie, liebe Leserin und lieber Leser, in diesem Buch nun eigentlich kaum noch überraschen – ist sibyllinisch: Es kann all diese Formen geben, wenn sie zu den beteiligten Menschen passen. Niemand kann von außen für das jeweilige System einer Klasse Entscheidungen über Methoden treffen oder auch nur spezifische Ratschläge erteilen. Über eine Ermutigung, möglichst viele unterschiedliche Zugangsweisen auszuprobieren, kann auch die Empfehlung der vorliegenden Handreichung nicht hinausgehen. Um aber die Zusammenhänge noch einmal zu erläutern, sollen zwei Prinzipien zum Ausgangpunkt gewählt werden.

Die Verantwortung für das Lerngeschehen tragen die beteiligten Personen – nicht ein didaktisches Referenzmodell.

1. Die beteiligten Personen tragen selbst und allein die Verantwortung für die Ausgestaltung ihrer gemeinsam verbrachten Zeit.
2. Im Mittelpunkt allen Denkens, Planens und Handelns stehen die Kinder und Jugendlichen mit ihrem berechtigten Interesse an der Erweiterung ihrer Eigenwelt.

Wie kann ein lernförderlicher Unterricht aussehen, in dem sich alle anwesenden Personen (einschließlich der Erwachsenen) als Lernende verstehen und in diesem Anliegen einander fragend – suchend – forschend kommunikativ umkreisen? Erneut kann sich die Integrationspädagogik mit ihrem Anspruch auf Gleichberechtigung in Vielfalt in systemisch-konstruktivistischen Ansätzen wiedererkennen.

Bevor die Gelingensbedingungen für *neu-gierige* Suchbewegungen erörtert werden, soll kurz noch einmal auf den Zusammenhang zwischen einem systemisch-konstruktivistischen Lernbegriff und der Integrationspädagogik eingegangen und die Logik herkömmlicher Unterrichtsplanung dekonstruiert werden: Wenn Lernen ein Prozess der Wirklichkeitskonstruktion durch das Individuum ist und innerpsychisch verläuft, kann es von außen weder beobachtet noch determiniert werden. Infolgedessen ist Lehren der Versuch, das autonome Individuum, dessen psychisches System seiner eigenen Logik folgt, zur Expansion und zur Entwicklung neuer Optionen anzuregen (vgl. Balgo 2005, S. 2; Werning 2004).

> **Lernen findet viel stiller, unaufgeregter statt, als es uns die Didaktiken, Moderationstechniken und Motivationstricks glauben machen wollen.**

Da diese Lernhandlungen allein durch das lernende Subjekt gesteuert werden, kann es keinen objektiv richtigen oder falschen Unterricht geben. Lebendige Organismen gehorchen in ihren existenziellen Handlungen – und dazu zählt Lernen (vgl. Kap. 6.2.4: Wie aber hat man sich Lernen vorzustellen?) – nicht den Regeln des naturwissenschaftlichen, linear-kausalen Denkens. Biologische und soziale Systeme sind eben keine »trivialen Maschinen«, die didaktische Impulse gleichsam abbildmäßig in einer internen Operation in eine Struktur- und äußerlich sichtbare Verhaltensänderung übersetzen. Nach Kösel (2004) ist dieser Irrglaube »mechanistisch, dogmatisch und anthropologisch falsch« und obschon wir beinahe tagtäglich erleben, dass er nicht funktioniert, ist in unseren Schulen landauf, landab nur selten etwas anderes als diese Input-Output-Didaktik anzutreffen. Auf Dauer führt das Festhalten an den Strukturmomenten einer einwertigen, sogenannten »Sachlogik« (schon der Begriff ist entlarvend!) und die damit einhergehende Missachtung polyvalenter Systemlogiken zu innerpsychischen Zerreißproben aufseiten der Unterrichtenden (z. B. mit der Folge eines Burnout!) sowie schließlich Verformungen, die, nach außen gewendet, unter der Überschrift »Unterricht« pädagogisch-didaktisches Handeln und berufliche Professionalität zur Fratze entstellen und die bekannten aggressiven und defensiven Formen der Abwehr erzeugen (vgl. Kösel 2004; auch Kap. 7.4). Kösel (2004) kann seine Verärgerung über diesen Zustand kaum hinter gemessener Wortwahl verbergen, wenn er das Nicht-Verstehen in unserem Bildungssystem als »ein riesengroßes kognitives Geräusch« beschreibt, »ohne dass sich Lehrende und Lernende in ihren Strukturen und in ihrem Bewusstsein ändern können« – umgangssprachlich: viel Lärm um nichts.

Besonders fatal wirkt sich das Verharren in dieser Trichterdidaktik auf diejenigen Schülerinnen und Schüler aus, deren (sub-)kulturelle Lebenserfahrungen wenig strukturelle Koppelung zu den kausallogischen Sinn-konstrukten von Schule und Unterricht aufweisen. Sie befinden sich ge-wissermaßen auf einem fremden Planeten, ohne hinreichende Orientie-rungskompetenz und ohne Sprachkenntnisse – als kämen sie »vom Mond«. Mit einiger Zwangsläufigkeit entwickeln sie Lernprobleme, auf-grund derer die Schule sie mit den Etiketten »intellektuelle Beeinträchti-gung« bzw. »Lernbehinderung« versieht. Werfen wir an dieser Stelle einen raschen Blick auf die hier zugrunde liegende Problematik des Ver-stehens. Diese Schüler/innen verstehen nicht, sind sie dumm? Balgo (2005) erklärt, dass vorwiegend aus randständigen sozialen Milieus stammende Schüler und Schülerinnen häufig nicht über eine tragfähige, d. h. verlässliche verbale Kommunikationsfähigkeit verfügen, die es ihnen erlauben würde, zumindest insofern eine Metaposition einzuneh-men, als sie ihr Sprechen als Interaktion und damit eingebettet in Ursa-chen und Folgen betrachten könnten. Daher ist ihnen weder bewusst noch möglich, gemeinsam mit einem Gesprächspartner ein Thema zu konstruieren, Sinn zu schaffen, Verstehen zu erzeugen. Vorrangige Auf-gabe eines lernförderlichen, Behinderungen überwindenden Unterrichts besteht demnach in »Verstehensübungen«, und zwar auf einer sehr basa-len Stufe. Zum einen muss nämlich der Lerngegenstand (sozusagen »Trainingsfeld für verständliche Kommunikation«) möglichst konkret und den Schüler/innen aus ihrer Erfahrungswelt bekannt, also glaub-würdig, authentisch sein. Dieser Punkt ist aus zwei Gründen wichtig: Der erste Zugang soll keine Sinnzumutung an die jungen Menschen heran-tragen und damit außerdem keine sprachliche Verständigungsakrobatik erfordern. Denn Sprachlichkeit (kommunikative »Literacy«) soll ja gera-de erworben werden. Der Lerngegenstand sollte zudem möglichst viele aktivierende Momente enthalten (beispielsweise kann an die Zuberei-tung einer gemeinsamen Mahlzeit, an die Reparatur von Fahrrädern, an den Anstrich des Klassenraumes gedacht werden).

> **Ein wesentliches Moment eines lernförderlichen Unterrichts ist das Wecken und Inganghalten der Metakog-nition und Meta-kommunikation, um soziale Lern-barrieren nieder-zureißen.**

»Die Förderung rezeptiver Fähigkeiten erhält somit gegenüber der För-derung zu aktiven Kommunikatoren zunächst eine nachgeordnete Be-deutung, da man nur dann Verstehen lernen kann, wenn man sich sel-ber verständlich machen kann. Lernschwache Schüler haben vermutlich unter diesen Bedingungen besonders schlechte Startvoraussetzungen, weil sie in der vorschulischen Sozialisation nicht genügend Gelegenhei-ten für das Erleben des Verstehens und Verstandenwerdens erhalten haben.« (Balgo 2005, S. 6)

Ein Unterricht, der das Sich-verständlich-Machen der Lernenden im Blick hat, verfolgt die Zielsetzung, Stigmatisierungen, Vorurteile und Ex-klusion aus dem pädagogischen Geschehen zu eliminieren.

Welchen Prinzipien aber kann ein solcher Unterricht folgen – und woher nehmen Lehrkräfte das Vertrauen und die Sicherheit, ausgetretene Pfade zu verlassen und Neuland zu betreten? Oftmals ist in der Tat ihr Vertrauen in ihre Selbstwirksamkeit gerade durch ihre spezifische Lehrersozialisation nachhaltig beschädigt. Nicht wenige geraten dann in einen Circulus Vitiosus von Leiden unter selbstentfremdetem Unterrichtshandeln und Furcht vor jeglicher Veränderung. Doch gerade die Erfolge der Integrationspädagogik zeigen, dass das ›Sich-Ablösen‹ von starren didaktisch-methodischen Bausteinen zu einer Belebung der Personen und ihrer Kommunikationen führt, sprich: ansteckend gesund ist.

Folgerichtig schreibt Seitz in ihrem Aufsatz zur »inklusiven Didaktik«:

> »*Didaktische Strukturierungen sind daher keine gleichmäßig ablaufenden Prozesse, die punktsymmetrisch ›perfekt‹ dargestellt werden können, im Unterricht muss vielmehr – analog zu individuellen Lern- und Entwicklungswegen – mit Unregelmäßigkeiten, Sprüngen und Blockierungen gerechnet werden. … Es wird deutlich, dass hiermit zugleich die Fiktion einer deckungsgleichen Übereinstimmung von Planung und Durchführung als Ideal des Unterrichts überwunden wird und Ungewissheiten in didaktischen Strukturierungen nicht länger als Bedrohung verstanden werden.*« (Seitz 2006, o. S.)

Ein Unterricht, der Schüler/innen wirklich zu fördern beabsichtigt, bringt ihre Interessen und Bedürfnisse nicht nur vordergründig in Erfahrung, sondern nimmt sie ernst und greift sie auf.

Suchen wir nach dem »letzten Grund«! Der liegt doch wohl in einer ethischen Begründung unseres eigenverantwortlichen Handelns. Schorch (2003, S. 15) bringt es auf den Punkt: »Allgemein betrachtet liegt hier das ›pädagogische Ethos‹ in der grundsätzlichen Bereitschaft, die tatsächlichen Lernvoraussetzungen und -interessen der Schüler, die ›Individuallage der Klasse‹ wirklich ernst zu nehmen und zur Grundlage des Unterrichts zu machen. Gemeint ist dabei nicht, in die methodische Planung der Unterrichtseinheit nur eine Stufe ›Sammeln von Schülererfahrungen und -kenntnissen‹ einzubauen, um diese dann für die eigenen didaktischen Absichten ›umzupolen‹ oder gar zu ignorieren, wenn sie nicht exakt in den vorgesehenen Ablauf passen. Im Sinne möglichst kongruenter ›struktureller Koppelung‹ zwischen Lehrenden und Lernenden steht vielmehr die möglichst umfassende Erhebung der Lernvoraussetzungen im Vordergrund. Gemeint sein kann damit freilich nicht völlige Gewissheit über die Ausgangssituation; nötig ist aber die umsichtige Interpretation der Lernbedingungen, an der sich dann Zielsetzung und Realisierung des Unterrichts konsequent ausrichten.

Wenn bisher die didaktische Ausgangsfrage – konkret formuliert – etwa lautete »Welcher Stoff soll vermittelt werden? Wie kann er den Schülern ›beigebracht‹ werden?«, liegt nunmehr die pädagogische Wendung in Abholfragen wie »Was weißt du schon?«/»Was kannst du schon?« Hieraus ergeben sich dann die entsprechenden Anschlussfragen: »Was weißt/kannst du noch nicht?« – »Welche Wege und Möglichkeiten siehst du selbst, es zu lernen?« – »Wie kann ich dir dabei helfen, es zu lernen?«

Wegen der je einzigartigen Zusammensetzung von Individuen in einer Schulklasse weist jeder Unterricht ein »eigenes subjektives Profil« auf. Eine konstruktivistische oder subjektive Didaktik verzichtet auf »Handlungsanleitungen und Rezepte« (Lindemann 2001, S. 62). »Dies liegt wohl darin begründet, dass eine konstruktivistische Position zunächst nicht klärt, wie Praxis gestaltet werden soll, sondern im Hinblick auf wen und auf welche Prozesse.« (Lindemann 2001, S. 62) Hier ist noch einmal auf das Prinzip der Eigenverantwortung hinzuweisen: Es gibt keine übergeordnete Instanz, die den handelnden Personen die Verantwortung für ihre Entscheidungen und ihre Interaktionen abnimmt. Lindemann (2001, S. 63) schreibt weiter: »Anstatt bestimmte Formen und Ausgestaltungen pädagogischer Systeme zu legitimieren, fordert der Konstruktivismus eine Veränderung der traditionellen Legitimations- und Begründungspraxis.« Das heißt, begründet und legitimiert werden kann ein Unterricht, der lernförderliche Umgebungen für alle Beteiligten schafft. Und das kann hinsichtlich des didaktischen Handelns von Lehrkräften durchaus eher ein Weniger sein, eher ein »Lassen von …«, »Verzichten auf …«, weg vom »großen Zampano« (Sennlaub 1985), hin zum Moderator. Ganz im Sinne der Integrationspädagogik fährt Lindemann (2001, S. 63) dann auch fort: »Pädagogik als Theorie wird aus dieser Grundhaltung heraus vermehrt in der teilnehmenden Beobachtung und Beschreibung ›aus der Praxis‹ heraus entstehen. […] Eine konstruktivistische Sichtweise in der Pädagogik legt ihren Schwerpunkt auf selbstgesteuerte und interaktive Prozesse in Lehr-Lernsituationen.«

Die Integrationspädagogik und integrativer Unterricht verorten sich im systemischen Konstruktivismus.

Und ein weiterer Aspekt deutet auf die konstruktivistische Verortung eines integrationspädagogischen Unterrichts hin – der bewusste und planmäßige Perspektivwechsel: »Die Erkenntnis unterschiedlicher Perspektiven kann ein Gewinn an Einsicht in die Mehrdeutigkeit, Beobachtungsrelativität und Erfahrungsabhängigkeit von Wirklichkeit sein. Insofern ›stiftet‹ Differenzwahrnehmung Gemeinsamkeit, nämlich die gemeinsame Anerkennung von Vielfalt …« (Siebert 1999, S. 14) Entsprechend heißt es bei Lindemann (2001, S. 64): »Die Hoffnung liegt letztlich darin, dass die Individualität von Lehrer/innen und Schüler/innen nicht als Störfaktor in Erscheinung tritt, sondern als nutzbringendes Potential der Entwicklung. Das bedeutet aber auch, Kompetenzen und Entscheidungen an sie abzugeben.«

Eine integrative, systemisch-konstruktivistische Unterrichtsgestaltung lässt den flachen Didaktik-Begriff hinter sich; sie bewegt sich in plastischen Lernlandschaften, die aus allen Faktoren bestehen, die die beteiligten Personen sowie die behandelten (und auch die verschwiegenen) Themen durch ihre historische Gewordenheit mitbringen, und der kulturell gerahmten Art, in der sich die Personen in ihrer spezifischen Situation über die Themen verständigen. Diese Verständigungsprozesse, in und an denen sich die Individuen begegnen und miteinander weiterentwickeln, indem sie für einen umschriebenen Zeitraum zu einer umschriebenen Thematik gemeinsam Sinn konstruieren, werden als »Driftzonen« (Siebert 1999) bezeichnet. Dass es für ein solches Driften, Tänzeln, wohl auch gelegentlich Schlingern, keine »Checkliste methodischer Kunstgriffe« geben kann, liegt auf der Hand.

Gleichwohl geben integrationspädagogische wie konstruktivistische Überlegungen zur Unterrichtsgestaltung reformpädagogischen Methoden den Vorzug – im Übrigen aus den gleichen Gründen, aus denen diese Methoden entstanden sind: der Vernunft einer Beziehungswissenschaft (Kobi 1987), die sich dem Versuch, sie zu mechanisieren und automatisieren, versperrt – nicht einmal trotzig und widerständig, sondern systemlogisch. Bei Siebert (1999, S. 141 f.) lautet es:

Methoden dienen der Unterstützung unterschiedlicher Lernzugangsweisen.

»*Eine Methodengläubigkeit ist un-konstruktivistisch [...]. Allerdings können Methoden Lernwillige unterstützen und anregen. [...] Die Eignung einer Methode hängt von Ziel und Inhalt, Anlass und Kontext, Lerntyp und Lehrtyp ab. Dennoch ist es berechtigt, reformpädagogische Methoden zu favorisieren, zum Beispiel Projektunterricht, Planspiele, Erkundungen in Natur und Arbeitswelt, kreative Methoden, entdeckendes Lernen, Kleingruppenarbeit etc., da sie Eigenaktivitäten der Lernenden meist mehr stimulieren als rezeptive Methoden.*« (Siebert 1999, S. 141 f.)

Und ganz ähnlich, allerdings erweitert um den Begründungskontext, schreibt Balgo (2005, S. 10):

»*Wie kann ein lernförderlicher Unterricht als ein themenzentriertes Interaktionssystem hinsichtlich der Sach-, Zeit- und Sozialdimension so über Themen disponieren, dass eine größtmögliche Anschlussfähigkeit aller für Kommunikation gegeben ist? Bei dem Versuch einer Antwort auf diese Fragen rücken all jene methodischen Konzepte wie z. B. Offener Unterricht, Binnendifferenzierung, Wochenplanarbeit, Projektarbeit usw. (vgl. Peschel 2003) in den Vordergrund, die eine weitestgehende Flexibilisierung von Themen, Zeiten, Räumen und Sozialpartnern erlauben. Sie erhalten aber unter dieser systemtheoretischen Perspektive eine andere und fundierte Begründung. Die durch sie bewirkte Vielfalt und Auswahlmöglichkeit von Themen und Vielgestaltigkeit ihrer Bearbeitungsformen, die Variationsmöglichkeiten zeitlicher und räumlicher*

Gestaltung, die Heterogenität sowie die Wahlmöglichkeiten unterschiedlicher Kommunikationspartner, all dies schafft vergrößerte kommunikative Beitragsmöglichkeiten, erweitert die Spannbreite möglicher kommunikativer Anschlussakte und stellt wesentliche Bedingungen eines lernfördernden Unterrichts dar.« (Balgo 2005, S. 10)

Der Lehrer und Erziehungswissenschaftler Falko Peschel, ein Verfechter offener Unterrichtsarbeit, der lakonisch verkündet, vier Jahre eine Klasse durch die Grundschulzeit geführt zu haben, ohne zu »unterrichten«, soll hier illustrierend und als Mutmacher zu Wort kommen:

»Unser Tagesablauf war banal. Wir haben uns irgendwann morgens getroffen und jeder hat mitgeteilt, mit was er sich gleich beschäftigen will. Und dann haben alle gearbeitet. Ohne Arbeitsmittel. Ohne Übungskarteien. Ohne Lernspielchen. Und ohne Motivationszirkus. [...] Sie lernten so, wie sie es schon seit ihrer Geburt machten: Viele beiläufig. Einige schwer gegeneinander wetteifernd, andere mit glühendem Interesse für die Sache. Wieder andere eine Zeitlang viel und intensiv, dann wieder wochenlang gar nicht. Manche waren superfleißig, andere stinkfaul. Sie alle konnten den Stoff. Ohne Probleme. Keine Legasthenie, kein Zehnerübergangsproblem, kein dürftiges Leseverständnis. Warum auch? [...] Vielleicht ist das der Schlüssel zu einer ›neuen Didaktik‹. Einer Didaktik der Authentizität. Einer Didaktik der Selbstregulierung. Einer Didaktik der Selbstbestimmung. Einer Didaktik der Nicht-Didaktik.« (Peschel 2002, S. 100 f.)

Zum Lernen braucht niemand überredet oder überrumpelt zu werden. Es findet einfach statt – wenn es nur gelassen wird.

Ja, genau so hat es die Verfasserin in ihrer eigenen Schulpraxis auch erfahren!

Das sei nun aber wirklich vollkommen beliebig, lauten spätestens jetzt kritische Einwände. Daher wollen wir die Ausführungen zu diesem Punkt nicht schließen, ohne auch diesen Vorbehalt zu entkräften und damit gleichzeitig nochmals auf die Bedeutung der Eigenverantwortung abzuheben.

»(Pädagogische) Handlungen sind nie beliebig, sie stellen immer eine Konkretisierung dar. (Versuchen Sie doch spaßeshalber mal selbst, etwas völlig Beliebiges zu tun). Nur die Begründungen für dieses Handeln sind austauschbar und daher prinzipiell gleichwertig. Handeln vor einem konstruktivistischen Hintergrund bedeutet daher nicht, irgendwie zu handeln und alle Handlungen und ihre Folgen als einen Ausdruck von Pluralität zu akzeptieren. Es bedeutet vielmehr zu wissen, daß die Begründungen, die andere für ihr Handeln angeben können, nicht besser und nicht schlechter sind als die eigenen – nur eben für diese Person pas-

sender. Der Eindruck von Beliebigkeit kann nur entstehen, wenn man eine vereinheitlichte Pädagogik wünscht und nicht anerkennt, dass es diese in einer Vielfalt von Lebenswelten nicht geben kann. Wenn Bildungsbastelei demnach bedeutet, sich aktiv zu entscheiden und die Verantwortung für die eigenen Handlungen zu übernehmen, so erscheint mir das weniger beliebig als sich auf vermeintlich allgemeingültige pädagogische Theorien zu berufen und deren Anweisungen zu folgen, als hätte dies mit der eigenen Person überhaupt nichts zu tun. Beliebigkeit bedeutet dann eher, dass diese scheinbar allgemeingültige Theorie auch jede andere sein könnte, und es nur eine Frage der persönlichen Entscheidung ist, welche davon gerade zutrifft. Die konstruktivistische Weigerung, allgemeingültige Lösungsvorgaben zu geben, ist keine Stilübung in wertneutralem Pluralismus, sondern die Aufforderung an die pädagogische Praxis, ihr eigenes Handeln in diesem Pluralismus zu konkretisieren und zu verantworten.« (Lindemann 2001, S. 64)

7.3.4 Leistung würdigen

Ein letztes, zugegeben heikles Thema gilt es mindestens zu streifen: die Leistungsbewertung. Um es gleich vorneweg einzuräumen: Im Kontext des hierarchisch gegliederten, selektiven Bildungs- und Schulwesens bleibt die Beurteilung der Schülerleistungen dilemmatisch. In unzähligen Schriften wurden die Mängel der Ziffernzensuren, ihre Unstimmigkeit in sich und ihre mangelnde diagnostische sowie prognostische Eignung nachgewiesen und alternative Methoden vorgestellt (z. B. Knauer et al. 1993). Heute wissen wir zudem, dass die von Lehrkräften beurteilte Leistung nicht dem entsprechen muss, was ein Schüler/eine Schülerin weiß und kann. Die Zensur ist das Ergebnis dessen, wie die Lehrkraft das versteht, was dem/der Schüler/in zu einer Frage eingefallen ist. In die Beurteilung fließen demnach Faktoren aus zumindest zwei »Black Boxes« – Lehrer/in + Schüler/in – ein, deren wechselseitiges Verstehen und Sich-verständlich-Machen keineswegs in allen Fällen sichergestellt ist.

> Leistung ist das Ergebnis einer individuellen Anstrengung und verdient in jedem Falle Respekt.

Ein Unterricht, der die Individuen als Subjekte ihres kommunikativen Lernhandelns betrachtet, kann auf Lob und Tadel als disziplinierende Funktionen der Leistungskontrolle ohnehin verzichten. Er benötigt aber auch keine Bestätigung irgendeiner externen Autorität, ob etwas gelungen ist oder nicht. Im Gegenteil, es wäre ihm unzuträglich. Der Erfolg des Unterrichts bemisst sich an gelingenden Interaktionen der Personen miteinander. Es ist mehr als bedrückend und beschämend, dass so untaugliche und menschlich fragwürdige (De-)Klassierungs-Instrumente im Gefolge der PISA-Diskussion unter dem nicht minder fragwürdigen Standardbegriff fröhliche Urständ feiern.

Aufgeklärten Lehrkräften bleibt als Mittel der Wahl einstweilen nur, sich – wenn möglich im »Solidarpakt« mit Kolleg/innen und Eltern – zu entziehen, zu verweigern, zu widersetzen. Der Fantasie seien hier keine Grenzen gesetzt, von differenzierten Klassenarbeiten bis hin zu verbalen Zeugnissen, nichts, was zulässig ist, sollte unversucht bleiben. In den schulpolitischen und pädagogischen Diskurs sollten Lehrerinnen und Lehrer sich einmischen mit der Forderung, die selektiven Mechanismen, beginnend mit den Ziffernzensuren, abzuschaffen und stattdessen lernförderliche Umgebungen zu schaffen – und Schulen mit reformpädagogischen, nicht aussondernden Konzepten sollten sich öffentlichkeitswirksam als Vorbilder präsentieren und so nicht nur einen Sog, sondern zugleich bildungspolitischen Druck erzeugen.

> **Die Ziffernbenotung ist weder objektiv, noch valide, noch reliabel. Sie ist zudem in hohem Maße unpädagogisch.**

7.4 Was Integration den Erwachsenen bringt (Personalentwicklung)

Wenn den Erwachsenen bewusst und spürbar ist, welche psychische und soziale Bereicherung sie durch die bejahte Unterschiedlichkeit und Vielfalt der Schüler und Schülerinnen erfahren, wird ihnen die Integration zum eigenen Anliegen, zur eigenen Sache. Oder, umgekehrt formuliert: angestoßen durch den Anspruch und die Reflexion der Integrationspädagogik wird ihnen schmerzlich bewusst, wie sehr sie die Lehrerrolle in der traditionellen, curricularen, auf Lernzielgleichheit und Homogenität abzielenden Schulpädagogik in die Eindimensionalität zwängt und ihnen Teile der Welt und damit das vollständige Teil-Sein in ihr vorenthält. Das möglichst zeitökonomische Vermitteln von Inhalten, dessen Effizienz linear gemessen wird an Ergebnissen in Form von Lernzielkontrollen, begünstigt ein technokratisches Verständnis von Unterricht und drängt die pädagogische Beziehung, den Lernprozess – der Zeit, Gelassenheit und Gestaltungsräume benötigt – in den Hintergrund. Das hat zur Folge, dass nicht Lernangebote gemacht werden, sondern Lernstoff dosiert und verordnet wird; und um der Verordnung Nachdruck zu verleihen, wird sie unterstrichen mit Disziplinierung, Zensuren und in gravierenden Fällen mit der Androhung und dem Vollzug des Ausschlusses aus der Lerngruppe. In diesem Kreislauf stehen Lehrkräfte beständig unter Druck. Sie verleugnen sich als Personen, geben den Druck an die Schüler weiter und verlangen diesen gleichfalls Selbstverleugnung ab.

> **Die pädagogische Beziehung im integrativen Unterricht und die umdefinierte Lehrerrolle nehmen Druck von den Lehrkräften.**

In integrativen Klassen sollten zwei Pädagog/innen gemeinsam unterrichten. Dabei kommt es weniger auf ihre spezielle berufliche Ausbildung als auf ihre gemeinsame pädagogische Grundposition und Zielsetzung an. So kann die individuelle Förderung von Kindern, differenziertes Lernen und die Arbeit in Gruppen besser realisiert werden.

Im Alltag integrativ arbeitender Klassen existieren je nach Modell und Bundesland unterschiedliche Kooperationskonzepte. Neben der Doppelbesetzung mit zwei Lehrkräften gibt es solche mit Unterstützung durch Sozialpädagog/innen oder Erzieher/innen, Regel- und Sonderschullehrer/innen, aber auch die zeitweise Besetzung mit Vertretern aller drei genannten Berufsgruppen. Wichtig ist in diesem Zusammenhang, dass das Personal je nach Gegebenheiten, organisatorischen Möglichkeiten und pädagogischen Notwendigkeiten sowie situativen und individuellen Bedürfnislagen flexibel eingesetzt wird. Eine starre und vor allem formale Festlegung widerspräche den Erfordernissen der Integrationspraxis.

Die verschiedenen Konstellationen beinhalten neben neuen Wegen der Lernorganisation auch spezifische Schwierigkeiten. Den meisten Lehrern und Lehrerinnen, die bisher alleinverantwortlich unterrichtet haben, fällt es schwer zu kooperieren, weil sie nicht gelernt haben, in einem Unterrichtsteam zu arbeiten, aber auch, weil sie auf unterschiedliche Institutionen bezogene Ausbildungsgänge absolviert, spezifische Handlungskompetenzen erworben und unterschiedliche Erwartungshaltungen verinnerlicht haben. Dies gilt in besonderer Weise für die Zusammenarbeit von Regel- und Sonderpädagog/innen. Der Einsatz von Sonderschullehrer/innen ist in mehrfacher Hinsicht problembeladen. Ihre Rolle erfährt gegenüber dem bisherigen Handlungsverständnis die stärksten Veränderungen.

Integrative Kooperation steht vor etlichen Schwierigkeiten: professionsbedingten, organisationsstrukturellen, besoldungstechnischen. Sie muss gewollt und geübt werden.

Im integrativen Unterricht haben sie in der Regel keine eigene Klasse mehr und sind zudem nur stundenweise anwesend, sodass ihnen wichtige Unterrichtsabläufe, Vorhaben oder Lernprobleme entgehen. Dennoch sollen sie als »Experten« die Lehrkräfte, Erzieher und Eltern beraten sowie in der Klasse mitarbeiten, Lernschwierigkeiten diagnostizieren und Kinder individuell fördern. Kaum jemand sieht sich aber in der Lage, diesen Ansprüchen zu genügen. Die zu hohen Erwartungen an die Fachkompetenz von Sonderpädagog/innen führen außerdem nicht selten zu der bedauerlichen Folgeerscheinung, dass die Regelpädagog/innen und Erzieher/innen fürchten, dieser Aufgabe nicht gewachsen zu sein, und deshalb ihre Zuständigkeit für Schüler/innen mit Beeinträchtigungen abtreten, statt sich der Verantwortung zu stellen und sich erforderliche Kompetenzen anzueignen. Diese Missverhältnisse sollen in integrativer Kooperation überwunden werden, indem die jeweiligen Zuständigkeiten personen-, situationsangemessen und flexibel ausgehandelt werden.

Wenn integrativer Unterricht den Anspruch erhebt, jedes Kind, jeden Jugendlichen in seinem Entwicklungsprozess diagnostisch und fördernd zu begleiten, beschränkt sich die Kooperation nicht auf die am Unterrichtsgeschehen beteiligten Erwachsenen, sondern bezieht die Schüler/innen als Kooperationspartner/innen im gemeinsamen »Projekt Unterricht« gedanklich und handelnd, d. h. sinngebend, mit ein.

Es geht hier darum, die Chancen kooperativer Arbeit darzustellen. »Integration« bedeutet nämlich auch die intra- und interpsychische Integration der kooperierenden Lehrerinnen und Lehrer sowie der Angehörigen anderer beteiligter Berufsgruppen. Diese persönlichen Voraussetzungen stellen nicht nur eine zusätzliche Anforderung und Belastung dar, sondern bieten die Chance, Konkurrenzen zwischen Kolleg/innen sowie eigene psychische Abspaltungen und Verdrängungen zu überwinden. In der integrativen Kooperation begegnen sich die Personen sehr direkt und offenbaren sich gegenseitig unvermeidlich in ihren Stärken und Schwächen. Sie lernen dadurch sich und die andere Person sehr genau kennen. Wenn man davon ausgeht, dass Eigen- und Fremdwahrnehmung eine Einheit bilden, ist die sensible Wahrnehmung eigener Empfindungen, eigenen Denkens und Handelns als Voraussetzung »persönlicher Integrität« zugleich Bedingung für die Fähigkeit, andere (Kolleg/innen und Schüler/innen) wahrzunehmen. Gisela Kreie brachte es schon 1985 auf den Punkt:

> »Ich gehe davon aus, daß mit der Entwicklung der Selbstwahrnehmung eine Entwicklung der Fremdwahrnehmung einhergeht, d. h. den anderen wahrzunehmen, ›für wahr‹ nehmen und verantwortlich mit ihm umzugehen lernen. In diesem wechselseitigen Prozeß verliert der Umgang mit dem anderen an Bedrohlichkeit dadurch, daß ich immer mehr weiß, wer ich bin und wer der andere ist, was ich will und was der andere will. Das heißt dann auch, dem anderen meine Wahrnehmung von mir und ihm, auch die Gegensätze und Differenzen ohne Angst mitteilen zu können, da ich mich und den anderen ernst nehme. Ich gehe davon aus, daß Kooperationsfähigkeit wächst im dialektischen Prozeß von Selbstwahrnehmung: Ich sehe mich als Individuum/Lehrer/Kollege – und Fremdwahrnehmung: ich sehe den anderen als Individuum/Lehrer/Kollegen. Je mehr der Lehrer in seiner Selbstwahrnehmung vorankommt, sich also ein Bild von sich machen kann, eine Vorstellung von der Gestalt seiner selbst hat, desto mehr kommt er in Kontakt mit seiner Unbalanciertheit, dem innerpsychischen Widerstreit von Erwachsenheit und Kindlichkeit. Er entwickelt die Fähigkeit, immer wieder Balance herzustellen dadurch, dass er die beiden Pole in seinem Gefühl akzeptieren lernt, im Umgang mit diesen Gefühlen vertrauter und dadurch angstfreier wird. Es geht nicht darum, sich ›im Griff‹ zu haben, sondern ein Gefühl für sich und den anderen zu entwickeln. Wenn die persönliche innerpsychische Kooperation dem einzelnen nicht bewußt wird, kann Kooperation auch nicht zwischen Personen laufen. Da der einzelne dann die Ursachen seiner Reaktion auf Ereignisse und Personen und die Beweggründe seines Handelns nicht kennt, können notwendige Auseinandersetzungen nicht ausgetragen werden.« (Kreie 1985, S. 119)

Integrative Kooperation eröffnet aber auch die Chance, das eigene Selbst- und Fremdbild zu erweitern.

Kooperation wird dann erfahren als Bereicherung und beugt einer »Infantilisierung« (dem Feuerzangenbowlen-Effekt) von Lehrkräften vor, weil sie mit erwachsenen Bezugspersonen dieselben Situationen erleben und weil sie eine Kommunikation über sie herstellen können. Es fällt ihnen leichter, eine authentische Haltung und authentisches Verhalten zu entwickeln. Damit ist es ihnen auch eher möglich, die Schülerinnen und Schüler ernst, ›für wahr‹ zu nehmen und als Partner auf Augenhöhe zu betrachten. Kindertümelei hingegen ist ihnen unangenehm und fremd.

In integrationspädagogischen Seminaren wird immer wieder die Frage aufgeworfen, wie kooperationswillige Lehrer denn angesichts organisationsstruktureller Erschwernisse und personeller Mangelausstattung dennoch erste Schritte zu gemeinsamem Unterrichten tun können, zumal wenn sich das Modell des Zwei-Lehrer-Unterrichts in ihrer jeweiligen Schulkultur noch nicht etabliert hat. Sofern der Klasse sonderpädagogische Förderstunden zur Verfügung stehen, sollten diese natürlich in den Alltag eingebunden sein. Denn von Integration kann ja wohl kaum die Rede sein, wenn Schüler/innen den Regelunterricht versäumen, um auf gerade *ihn* vorbereitet zu werden. Auch hier gilt: Eingliederung kann nicht durch Aussonderung erreicht werden! Wenn es keine zusätzlichen personellen Ressourcen gibt, besteht ein relativ einfacher Weg beispielsweise darin, den Förderunterricht in den allgemeinen Unterricht einzubinden. Auch lässt sich vorstellen, dass Lehrkräfte mit Parallelklassen gemeinsame Projekte durchführen oder Kolleg/innen innerhalb einer Klasse zumindest zeitweilig Fächer übergreifend arbeiten. Schließlich bieten die Organisationsstrukturen der neuen Ganztagsschulen vielfältige Kooperationsmöglichkeiten auch mit dem außerunterrichtlichen Bereich. Durch die hier vertretenen Berufsgruppen und ihre andere Sichtweise auf junge Menschen wird zudem gerade Lehrkräften ein Perspektivwechsel erleichtert.

Wenn integrativer Unterricht, der sich widerspiegelt in professionellem Handeln, Sachkompetenz und Verantwortungsbereitschaft, nach Feuser/Meyer (1987) »persönliche Integrität« voraussetzt, wird von Lehrer/innen eine Souveränität über ihr Verhalten erwartet, die durch die Mechanismen der Lehrersozialisation oftmals beschädigt ist. So ist es auch kaum erstaunlich, dass in der einschlägigen Literatur das Konfliktpotenzial im Zwei-Lehrer-System einen Hauptschwerpunkt bildet.

Was ist zur Umsetzung kooperativen, integrativen Unterrichts in die Praxis zu berücksichtigen? Wie kann einem Scheitern der gemeinsamen Arbeit vorgebeugt, wie können Misserfolge aufgefangen, Enttäuschungen aufgearbeitet werden, ohne grundsätzliche Zweifel an Teamarbeit zu hinterlassen?

Auch hierfür kann es keine allgemeingültigen Patentrezepte geben; zu unterschiedlich sind die jeweiligen Rahmenbedingungen. Gleichwohl

Zwei erwachsene Partner in der Klasse begünstigen ein offenes, reversibles Sozialklima.

lässt der Erfahrungsaustausch manche gemeinsamen Aspekte erkennen, aus denen sich unterstützende bzw. erschwerende Komponenten für integrative Kooperation ableiten lassen und die erwogen werden wollen.

In der Teamarbeit greifen Aspekte der einzelnen Persönlichkeiten, Dynamiken zwischen ihnen, Teamstrukturen sowie organisationsstrukturelle und -kulturelle Rahmenbedingungen der Schule ineinander; es handelt sich hierbei um ineinander geschichtete und umeinander sich rankende Einheiten, die wechselseitig aufeinander einwirken. Sie lassen sich als konzentrische Kreise darstellen:

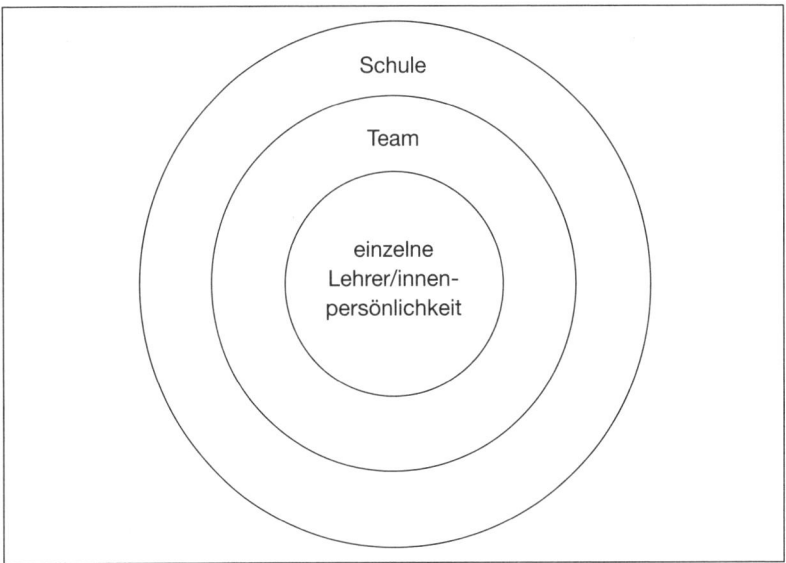

Abb. 9: Die verschiedenen Ebenen der Organisations- und Kommunikationsstrukturen und ihre Anordnung zueinander (Quelle: eigene Grafik, Dr. Sabine Knauer)

Bei den Beziehungen zwischen diesen drei Systemen handelt es sich um zirkuläre Prozesse, die letztlich immer auf die beteiligten Personen direkt rückwirken und deren Wahrnehmen und Handeln, d. h. ihre Wirklichkeitskonstrukte beeinflussen (vgl. Bardmann 1997).

Die im Folgenden zusammengestellten Grundsätze für die Zusammenarbeit lösen sicher nicht alle im Alltag auftretenden Probleme; dennoch helfen sie, die Gemeinsamkeit reflektiert anzugehen und gleichzeitig Entmutigungen vorzubeugen.

7.4.1 Voraussetzungen aufseiten der Lehrerpersönlichkeiten

Pädagog/innen sollten nach Möglichkeit freiwillig miteinander unterrichten. Sie sollten sich zunächst nach den eigenen Motiven fragen, um abzuklären, was sie sich von der Zusammenarbeit erhoffen. Nur wenn tatsächlich die Vorteile der gleichwertigen und gleichberechtigten Arbeit im Vordergrund stehen, die Neugier auf neue Erfahrungen, ein neu zu erwerbendes berufliches Selbstbild tragende Beweggründe sind, besteht eine Chance für das Gelingen gemeinsamen Unterrichtens.

Aus nachvollziehbaren Gründen sind diese Motive häufig überlagert von dem Bedürfnis nach Erleichterung und Entlastung im Unterrichtsalltag, von dem Wunsch, einige der vielfältigen Probleme abgeben zu können, kurz: die Komplexität zu reduzieren. Dies kann jedoch allenfalls ein Ergebnis gelingender Zusammenarbeit sein. In der Teamarbeit werden die eigene Persönlichkeit, Stärken und Schwächen sowie die eigene berufliche Qualifikation dem Gegenüber offenbar. Dies kann Ängste und Verunsicherung auslösen und muss daher bewusst gemacht und thematisiert werden.

Lehrer/innen im kooperativen Unterricht sind bereit, ausgetretene Pfade zu verlassen und Neues zu versuchen.

Pädagog/innen müssen daher ein anderes Selbst- und Aufgabenverständnis entwickeln: Sie müssen den Verlust an Autonomie, an geschützter Einzel-Atmosphäre, an Macht und Unabhängigkeit akzeptieren; ebenso die Verlagerung der Erfüllung emotionaler und sozialer Bedürfnisse, denn nicht mehr ausschließlich die Kinder sind die Interaktionspartner, sondern auch die Erwachsenen des Teams. Außerdem müssen sie zu Offenheit und Toleranz, zur Annahme von Kritik und zu Kompromissen bereit sein und andere in ihrem So-Sein akzeptieren.

Die Teams sollten sich, soweit möglich, selbst nach Kriterien persönlicher Sympathie und Übereinstimmung zusammensetzen. Sollte sich dies nicht verwirklichen lassen, gilt es unvoreingenommen zu prüfen, ob mit den bereitstehenden Kolleg/innen kooperatives Arbeiten vorstellbar erscheint. Wenn diese Vorstellung bereits ambivalente Empfindungen oder Abneigung hervorruft, ist auf eine engere Zusammenarbeit besser zu verzichten. Erfolge können sich kaum einstellen, wenn ein oder beide Partner grundlegende Vorbehalte gegen den anderen haben. Die Beteiligten sollten sich vor Beginn der Teamarbeit ausführlich und offen über ihre Vorstellungen von Kooperation sowie über ihre neue Rolle austauschen.

Zunächst muss nämlich in wechselseitigen, zum Teil vielleicht schwierigen und zeitaufwändigen Aushandlungsprozessen geklärt werden, wie der Umgang miteinander und mit den Schüler/innen gestaltet werden soll, was dem Einzelnen unabdingbar bedeutsam ist, welche gemeinsamen Regeln aufgestellt werden, wie gegenseitiges Vertrauen geschaffen werden kann.

Eine wöchentliche Teamsitzung ist fest einzuplanen, in der nicht nur unterrichtliche und organisatorische Belange, sondern auch kommunikative Fragen sowie Konflikte angesprochen und reflektiert werden sollten. Trotz Idealismus und guter Vorsätze kann es immer wieder zu Meinungsverschiedenheiten, zu Enttäuschungen und Krisen kommen, besonders dann, wenn einer der Teampartner sich eingeschränkt bzw. unterdrückt fühlt oder glaubt, weniger Sympathie zu erfahren als der andere. Hier sind klärende Gespräche notwendig und Supervision ist sehr hilfreich. Verärgerung und Aggressionen müssen angesprochen und aufgearbeitet werden, will man einem Bruch oder einer Trennung vorbeugen.

7.4.2 Teamstrukturen und -regeln

Die Gestaltung von integrativem Unterricht muss als gemeinsame Aufgabe begriffen werden. In grundlegenden Fragen und Zielen des Unterrichts sowie der Erziehung, aber auch hinsichtlich der Lernorganisation muss ein Minimalkonsens bestehen, um ein aufeinander abgestimmtes Agieren in der Klasse zu gewährleisten und Irritationen in der Lerngruppe zu vermeiden. Ein solches pädagogisches Konzept muss immer wieder neu diskutiert und adaptiert werden. Dennoch vorhandene Unterschiede, etwa im Erziehungsstil, müssen (auch für die Lerngruppe) transparent gemacht und akzeptiert werden. Es ist notwendig, die spezifischen beruflichen Interessen, die Vorlieben und Abneigungen sowie die eigenen Fachschwerpunkte offenzulegen und mit dem Teampartner zu diskutieren, um auf dieser Grundlage ein gemeinsames Arbeitskonzept zu erstellen. Dies beinhaltet auch Absprachen über die Rollenübernahme im Unterricht, insbesondere, wer, wann, wofür zuständig und verantwortlich ist. Allzu leicht entsteht bei unzureichendem Austausch oder durch falsche Scheu innerhalb kurzer Zeit bei einem oder gar beiden Partnern der Eindruck, übervorteilt zu werden. Soll die gemeinsame Arbeit hingegen als erfolgreich erlebt werden, ist gegenseitige Offenheit hinsichtlich der Erwartungen, positiver Erfahrungen, aber auch negativer Empfindungen und Befürchtungen unverzichtbar. Es kann sehr hilfreich sein, die eigenen sensiblen Punkte als Stichworte notiert in die Teambesprechungen mitzunehmen und konsequent abzuarbeiten. Die kommunikative Hürde, dem Partner möglicherweise zu nahe zu treten, ihn zu kränken oder aber sich selbst zu sehr zu offenbaren, ist leichter zu überwinden, wenn den persönlich berührenden Fragen der Rang und Charakter von Sachfragen verliehen wird – was sie im Übrigen sind, sofern es um die auszuhandelnden Kommunikationsstrukturen im Team geht.

Regelmäßige Teambesprechungen und verbindliche Absprachen sind unverzichtbar.

Schließlich erscheint es gerade erfahrenen Lehrkräften verständlicherweise eher lästig, ihre routinierte Unterrichtsarbeit nach Jahren neuerlich dezidierten Mikroanalysen zu unterziehen. Gleichwohl sind zu Beginn der gemeinsamen Unterrichtsarbeit exakte Absprachen und Erläuterungen, welcher der Partner wann und was in welcher Form gestaltet und wie Übergänge moderiert werden, unerlässlich. Erst nach einiger Gewöhnung an die neue Situation einer »Doppelspitze« und nachdem sich Abläufe eingespielt haben, können Sicherheit und Routine wiedergewonnen werden.

Trotz Beachtung dieser Grundsätze ist nicht zu vermeiden, dass Teams auseinanderbrechen, wenn die Partner nach anfänglicher Euphorie und Harmonie feststellen, dass die Auffassungen von Erziehung und Unterricht sowie die Verhaltensweisen zu unterschiedlich sind und kein gemeinsames Handeln mehr möglich ist. Wenn ein Partner den Eindruck gewonnen hat, dass er zu viel von seiner Identität aufgeben muss, sollte die Zusammenarbeit beendet werden. Dies muss nicht dramatisiert werden, denn es ist, wie im täglichen Leben – so auch in der Schulpraxis, nicht zu erwarten, dass jeder mit jedem kooperieren kann. Erfahrungsgemäß kommt es in etwa 25 Prozent der Lehrer-Teams in Integrationsklassen zu einem Wechsel oder zu einer Auflösung des Teams.

Wünschenswert ist eine gut moderierende Schulleitung, die sowohl kommunikative als auch Ressourcenprobleme vorausschauend und geschickt löst.

7.5   Entwicklung heißt: Open Space und Ende offen

Die Integrationspädagogik verfolgt nicht die Absicht, Komplexitäten um pragmatischer, einwertiger Lösungen willen zu reduzieren, sondern im Gegenteil, Komplexität zu erweitern und sichtbar zu machen, um die größtmögliche Vielfalt an Optionalitäten aufzuzeigen.

Die systemüberwindende, synergetische Perspektive der Integrationspädagogik macht einen unablässigen Wechsel der Beobachterstandpunkte erforderlich, die ihrerseits eine stets neue Selbstverortung und kritische Selbstüberprüfung erfordern.

Schul- und Unterrichtsentwicklung sind aus integrationspädagogischer Perspektive niemals abgeschlossen. Jede Antwort wirft neue Fragen auf.

Dieses Springen zwischen Standorten zieht notwendig ein fortwährendes selbstreferenzielles Sich-in-Beziehung-Setzen des Systems Integrationspädagogik sowie der sie vertretenden Personen zu den postulierten ethischen Werten nach sich; die damit verbundenen wellenförmigen Bewegungen der Destabilisierung und erneuten Ausbalancierung machen eine sensible Selbstwahrnehmung und eine Selbstthematisierung – vor allem im Hinblick auf grundlegende motivationale Beweggründe – unverzichtbar.

Dies impliziert, dass es – im Umbruch zur Postmoderne anders als in der Moderne, der es (positivistisch) um Machbarkeit und daher um einfache Antworten ging – darauf ankommt, eine Vielfalt möglicher Fragestellungen zu finden; dabei erlangen diese kreisenden Suchbewegungen selbst größte Bedeutung und sind ergebnisoffen.

Aus integrationspädagogischer Position sind die erziehungswissenschaftlichen Disziplinen in ihrer derzeitigen Ausformung nicht die den Berufsfeldern entsprechenden Bezugswissenschaften. Die aus diesem Umstand aufscheinende, vermeintliche Theorie-Praxis-Diskrepanz ist durch eine diskursive Durchdringung der Praxisfelder und hieraus zu entfaltende Professionswissenschaften zu überwinden.

»Eine Schule für alle« ist konzeptionell niemals abgeschlossen oder vollendet; sie zeichnet sich gerade dadurch aus, dass sie sich beständig im Prozess befindet, gewonnene Stabilitäten infrage stellt, ihr stets neue Aufgaben erwachsen.

»*Für Schulentwicklungsprozesse bedeutet dies, dass es keine objektiv richtigen Ziele, keine objektiv richtigen Sichtweisen etc. gibt. Entwicklungsprozesse sind gemeinsame Konstruktionsprozesse von Wirklichkeit. Es geht darum, eine schulische Wirklichkeit weiterzuentwickeln, die von den hier lebenden Personen, Schülern, Lehrern und Eltern, gemeinsam verantwortet wird.*« (Werning 2000, S. 6 f.)

Als Losung ließe sich proklamieren: Entreißen wir die Schule ihrer ritualisierten Erstarrung und sehen, was dann passiert!

8. Schlussbetrachtung: Blick nach vorn im Zorn

8.1 Ein Meinungsspiegel

Obwohl die dargelegten argumentativen und informativen Stränge für einen überblickartigen Einstieg in die Integrationspädagogik genügen müssen, darf natürlich ein Schlusswort nicht fehlen. Es soll freilich die Inhalte nicht erneut umrühren und zusammenfassen, sondern will sich einen eigenen reflexiven Stellenwert erarbeiten, indem es nach der aktuellen Verortung von Integrationspädagogik und Sonderschulen in der öffentlichen Meinung, in der bildungspolitischen Debatte sowie der Schulwirklichkeit fragt und nach einer sinngebenden Interpretation sucht. Es versteht sich von selbst, dass es sich hierbei nicht etwa um eine systematische oder repräsentative Studie handeln kann. Gleichwohl versichert die Verfasserin, alle zugänglichen Quellen – unbesehen ihrer Zugehörigkeit zu Interessengruppen, Parteien oder wissenschaftstheoretischer Ausrichtung – durchstöbert (häufig »gegooglet« – was eine nicht wertende Vorauswahl garantiert) und auf ihren Standpunkt zur schulischen Integration hin abgeklopft zu haben. Die Verfasserin verbürgt sich weiterhin dafür, Gegenmeinungen nicht zu verschweigen und/oder zu unterdrücken. In einem ersten Wurf werden einige aussagekräftige Fundstellen kommentarlos wiedergegeben – und: Wer von der Sonderschule spricht, darf vom Regelschulbetrieb nicht schweigen, zumal wenn es um Kinder geht, die keine lautstarke und finanzkräftige Anwaltschaft im Rücken haben. In einer abschließenden analytischen Betrachtung der Zitate und sonstigen Beobachtungen wird auf diesen Punkt noch einmal einzugehen sein.

»In den USA besuchen heute nahezu 95 Prozent aller Schüler/innen mit sonderpädagogischem Förderbedarf eine Regelschule; in den meisten deutschen Bundesländern sind es weniger als 10 Prozent. [...] Drei Viertel aller als behindert klassifizierten Schüler/innen der USA erhalten einen ›High School‹-Abschluss. Dagegen verlassen nahezu 80 Prozent aller Sonderschulabgänger in Deutschland die Schule ohne Hauptschulabschluss. [...] In beiden Ländern werden soziale Ungleichheiten, trotz Antidiskriminierungsgesetzen und Bildungsreformen, noch immer durch (sonder-)pädagogische Institutionen früh im Lebensverlauf produziert und legitimiert.« (Powell 2000)

»Absolventen von Lernbehindertenschulen: Disqualifiziert fürs Leben

Drei Viertel der Absolventen von Lernbehindertenschulen haben am Ende ihrer Schulzeit ähnliche Berufswünsche wie ihre Altersgenossen auf Haupt- und Realschulen und sind hoch motiviert, ihre Zukunft durch eine Berufsausbildung zu sichern. Doch nach dem Verlassen der Schule kommt die Ernüchterung: Zwei Drittel der Jugendlichen landen in berufsvorbereitenden Maßnahmen, Förderlehrgängen, schulischen Ausbildungen oder dem zweiten Arbeitsmarkt; die anderen machen gar keine Ausbildung. Das Stigma ›lernbehindert‹ verringert ihre Chancen, sogar wenn sie zu den 20 Prozent der Absolventen gehören, die einen Hauptschulabschluss erworben haben. Die Rehabilitationsberater der Arbeitsämter berichten, dass sie circa 95 Prozent der Jugendlichen aus Lernbehindertenschulen zunächst in eine der oben genannten Maßnahmen kanalisieren. […] Dabei müsste die Integration von Schülern mit bestimmten Schwierigkeiten keineswegs die Spitzenschülerinnen und -schüler ausbremsen oder die Gesamtleistung mindern: Wie die internationale Schulleistungsstudie PISA zeigte, lassen sich mit leistungsheterogenen Klassen durchaus auch sehr gute Ergebnisse erzielen.« (MPI 2003)

»Die Überrepräsentation von Migrantenkindern in der Sonderschule für Lernbehinderte (der Begriff wird bewusst beibehalten gegen alle euphemistischen Versuche, die extreme soziale Benachteiligung dieser Schülerschaft hinter dem modernen Begriff der Förderschule verschwinden zu lassen) ist nicht vom Himmel gefallen. Sie ist über Jahrzehnte hinweg mit stetig zunehmender Tendenz in den alten Bundesländern zu verfolgen. Dabei ist das Risiko für Kinder mit Migrationshintergrund, eine Sonderschule besuchen zu müssen, je nach Bundesland unterschiedlich groß. Bundesweit errechnet sich unter Einschluss der neuen Länder ein doppelt so großes Sonderschulbesuchsrisiko für Migrant/innen wie für herkunftsdeutsche Schüler/innen. Es gibt einen unleugbaren institutionell und strukturell vermittelten Zusammenhang zwischen der sozialen Herkunft der Kinder und ihrem Schulerfolg. Die frühe Aufteilung der Kinder sorgt sowohl für die Vererbung von Bildungsprivilegien als auch von Bildungsarmut. Die Sonderschule für Lernbehinderte (SfL) ist seit jeher der ›Bildungskeller‹ für sozial randständige Kinder im unteren Leistungsbereich. Sie dient der Entlastung des Regelschulsystems, insbesondere der Grundschulen, indem sie z. B. auch ungenügende Deutschkenntnisse bei Migrant/innen in Lernbehinderung transformiert. Wegen der sozialen Homogenisierung und Etikettierung entlässt sie ihre Schüler/innen bildungsarm und stigmatisiert. […] Die SfL hat sich mit einem Anteil von 62 Prozent zu einer Schule für sozial benachteiligte Jungen entwickelt. In Ballungsräumen mit einem besonders hohen Anteil von Migrant/innen an der Wohnbevölkerung ist die SfL zu einer Gettoschule für Migrantenjungen geworden. Wer heute vorwurfsvoll von Parallelgesellschaften spricht und damit das Rückzugsverhalten von Migrant/innen kritisiert, sollte sich klar machen, dass die sozialräumlich bedingte Separierung der Migrantenkinder von herkunftsdeutschen Kindern und Jugendlichen aus bürgerlichen Lebenswelten durch die soziale Segregation im Schulsystem noch verschärft wird. Fügt sich das Stigma der Sonderschule zu ihrem ethnischen Minderheitenstatus, werden Anerkennungserwartungen von Migrantenjungen gründlich verletzt. […] Mit der Zwangsüberweisung zur SfL bringt sich die deutsche Bildungspolitik in einen scharfen Gegensatz zu internationalen Entwicklungen. Sie verletzt die UN-Kinderrechtskonvention nach Meinung der National Coalition für die UN-Kinderrechtskonvention in Deutschland und ignoriert nicht zuletzt die erfolgreichen nationalen Schulversuche zum gemeinsamen Unterricht von zieldifferent lernenden Schüler/innen. Fragt man nach den pädagogischen Argumenten, dann wird als besonderer Vorzug der SfL ihre Schon- und Schutzraumfunktion für leistungsversagende Kinder im Regelschulsystem herausgestellt. [...] Allerdings musste sie die extremen Armutsprobleme der schulleistungsschwachen Kinder pathologisieren, um das Prinzip der leistungsbezogenen und sozialen Homogenisierung und die Abgrenzung der ›schwachsinnigen‹ Hilfsschüler von den ›gesunden‹ Volksschülern durchsetzen zu können. [...] Wenn sich das selektive Regelschulsystem von dem teuren und ineffizienten Subsystem Sonderschule immer noch mit dem Argument des Schonraums entlasten lässt, dann geschieht das auf Kosten und zulasten der Kinder, die aufgrund schwieriger Lebenslagen besonders verletzlich sind. Statt sie in ihrer Widerstandsfähigkeit und Autonomieentwicklung zu stärken, entlässt das Schulsystem sie als gering Qualifizierte und Bildungsarme mit beschädigten Lernerfahrungen und geringer Selbstwirksamkeitsüberzeugung perspektivlos in die Bildungsgesellschaft. Es ist Zeit für ein inklusives Schulsystem mit einer inklusiven Pädagogik.« (Schumann 2007)

»Die Lebensprobleme dieser Kinder überwältigen fortwährend ihre Lernprobleme.« (von Hentig 1987, S. 83)

»Um die organisatorische Eigenständigkeit der Hilfsschule gegen den Widerstand von Volksschulpädagogen und Eltern durchzusetzen, propagierte die Hilfsschulbewegung im 19. Jahrhundert die Abtrennung der ›schwachsinnigen‹ von den ›gesunden‹ Schülern als Entlastung für die Volksschule und als ›Schonraum‹ für die gesellschaftlich deklassierte Schülerschaft. Mit der Pathologisierung der armen Kinder aus dem Subproletariat, ihrer sozialen Brauchbarmachung für einfachste Tätigkeiten und ihrer Erziehung zur Loyalität gegenüber der herrschenden Ordnung entsprach die reduktionistische Pädagogik der Hilfsschule voll und ganz den Interessen der damaligen Gesellschaft (Hänsel/Schwager 2004, Werning/Lütje-Klose 2003). 90 Prozent der Sonderschüler/-innen kommen aus Familien, deren sozioökonomischer Status nach Untersuchungen von Wocken (2005) unter dem Niveau der Arbeiterschicht liegt. Die herkunftsbedingten Leistungsschwächen werden meist schon in der Grundschule sichtbar, wo sozial benachteiligte Kinder häufig einen doppelten sozialen Außenseiterstatus einnehmen: wegen ihrer Armut und wegen ihrer Lernprobleme. Ihr Risiko, in eine Sonderschule[9] überwiesen zu werden, ist nach einer Studie der AWO ›Armut im frühen Grundschulalter‹ (2005) dreieinhalb mal so groß wie das von Kindern, die nicht in Armut leben. Dort aber sind sie,

---

9   Der Begriff Sonderschule für Lernbehinderte wird beibehalten. Der offiziellen Umbenennung in Förderschule wird nicht gefolgt, weil sich die gesellschaftliche Realität für die Betroffenen damit nicht verbessern lässt.

wie in zahlreichen wissenschaftlichen Untersuchungen immer wieder nachgewiesen, aufgrund des sozial verarmten Lernmilieus im Kompetenzerwerb ex-
trem benachteiligt und, wie die Statistiken der Schulabschlüsse ausweisen, zur
Erfolglosigkeit verurteilt. Als gering Qualifizierte und damit normabweichende
Minderheit sind sie in der modernen Bildungsgesellschaft von sozialem Ausschluss bedroht und der Stigmatisierung ausgesetzt. Da die Schonraumthese
für den Erhalt des eigenständigen Sonderschulsystems im Dienste des selektiven und auf Homogenität ausgerichteten Regelschulsystems zentral ist, habe
ich die Behauptung, im Schonraum der Sonderschule gelänge es, die Entwicklung eines positiven allgemeinen Selbstkonzeptes zu fördern, einer wissenschaftlichen Überprüfung unterzogen.
Es zeigte sich, dass die Überweisung zur Sonderschule eine institutionelle Beschämung für fast alle Sonderschüler/innen darstellt, die begleitet wird von informellen Beschämungen durch Mitschüler/innen, Gleichaltrige und andere
Akteure in ihrem Umfeld. Auch Lehrer/innen und Freunde werden zu den Personen gezählt, von denen Beschämungen ausgehen. 21 Prozent der schriftlich
Befragten machen wegen der Sonderschulüberweisung negative Erfahrungen
mit ihren Freunden. Diese machen sich zum Teil lustig über sie oder brechen
den Kontakt zu ihnen ab. 34,8 Prozent fühlen sich zur Sonderschule abgescho-
ben und haben den Eindruck, dass ihr Klassenlehrer sie ›loswerden‹ will. Über
Erfahrungen der Bloßstellung und Missachtung ihrer Würde wissen auch die
Schüler und Schülerinnen in Interviews zu berichten.
Im ›Schonraum‹ der Sonderschule kann die Entwicklung eines positiven allgemeinen Selbstkonzeptes nicht gelingen, so lautet das Ergebnis meiner Überprüfung. Aus menschenrechtlicher Sicht gesprochen bedeutet die Zuweisung
des Sonderschulstatus für die Betroffenen eine Verletzung ihres Menschenrechts auf Bildung und auf Würde. Gefordert wird eine nichtaussondernde
allgemeine Schule für alle, die jedes Kind in seiner Unterschiedlichkeit wert-
schätzt und unter Einbeziehung der sonderpädagogischen Förderung individuell fördert.
Nur so lässt sich auch die am 13.12.2006 von der UN-Vollversammlung verab-
schiedete Convention on the Rights of Persons with Disabilities erfüllen. Sie fordert die Unterzeichnerstaaten in Artikel 24 auf, das Recht von Personen mit
Behinderungen auf Bildung und Erziehung ohne Diskriminierung und auf der
Basis von Chancengleichheit zu realisieren und ein inklusives Bildungssystem
auf allen Ebenen zu garantieren.« (Schumann 2007b)

»Es sind Einrichtungen für Kinder ›am Rande der Normalität‹ (Wocken 1983),
oder – mit den Worten Günter Wallraffs – für Kinder, die ›ganz unten‹ sind. Es
geht um die ›Hinterhöfe der Nation‹ – ein provokatives Etikett, mit dem Luc Jo-
chimsen (1971) vor Zeiten die Grundschulmisere anprangerte. Gerhard Gotthilf
Hiller (1994) hat diese Einrichtungen im ›Bildungskeller der Gesellschaft‹ angesiedelt. Die Rede ist nicht von irgendwelchen Subkulturen und Unterwelten,
sondern von der untersten Stufe des hierarchisch gegliederten Schulwesens. Es
geht um die Schule für Schwachsinnige, die Hilfsschule, die Sonderschule für
Lernbehinderte, die Schule für Lernhilfe, die Allgemeine Förderschule. Von dieser schulischen Einrichtung für die ›ganz unten‹ soll hier ein Bericht vorgelegt
werden, ein empirischer Report über eine Reise in eine wenig erforschte, wenig

bekannte und nicht selten auch tabuisierte, mit dem Mantel des Schweigens verhangene Welt. … TIMMS, PISA, IGLU, KESS oder LAU … Alle diese Studien haben nicht die ganze Breite des öffentlichen Schulwesens zum Thema, sondern beziehen sich ausschließlich auf die allgemeinbildenden Schulen. … Die Förderschule kann sich derzeit ungerührt im Windschatten der öffentlichen Aufmerksamkeit einrichten. Sie wird weder zur Rechenschaftslegung aufgefordert noch fordert sie diese selbst ein. Bislang hat kein einziges Bundesland und kein Kultusministerium ein Forschungsprojekt in Auftrag gegeben, das eine Evaluation der Schule für Lernbehinderte zum Ziel hat. Der vorliegende Forschungsbericht ist ein erster Schritt, diesem Desiderat ein Stück weit abzuhelfen.« (Wocken 2005, S. 6)

»Zwischen den Rechtschreibergebnissen und der Förderschulverweildauer gibt es einen höchst-signifikanten Zusammenhang, und zwar entgegengesetzt zur optimistischen Hypothese einer förderlichen Auswirkung einer möglichst frühzeitigen Einschulung in der Förderschule. Je länger in Jahren die Schüler eine Förderschule besuchen, desto schlechter sind ihre orthografischen Leistungen. Das Faktum ist unzweifelhaft und eindeutig, die Interpretation eher schwierig. Muss man der Förderschule eine negative Effizienz zuschreiben und ihr gleichsam unterstellen, Förderschule mache ›dumm‹?

Zwischen der Moderatorvariable Förderschuljahre und der Kriteriumsvariablen Intelligenz zeigt sich der gleiche negative Bedingungszusammenhang wie schon beim Rechtschreiben. Der Zusammenhang ist durch einen linearen Abwärtstrend gekennzeichnet: Je länger Schüler eine Förderschule besucht haben, desto niedriger sind ihre Intelligenztestwerte!

Der Befund ist nicht schmeichelhaft. Die Werbung für eine möglichst frühzeitige Aufnahme von Schülern mit Lern- und Leistungsdefiziten in Förderschulen entbehrt angesichts dieses Befundes einer empirischen Grundlage. Die empirischen Daten geben Anlass, die Losung ›Je früher, desto besser!‹ kritisch zu hinterfragen. Wenn längere Förderschulbesuchsjahre systematisch mit schlechteren Leistungsständen verknüpft sind, dann dürfte neben manchen unbekannten Ursachen auch die Förderschule selbst nicht gänzlich unbeteiligt sein. Eine ›heilende‹, rehabilitative oder kompensatorische Effizienz der Förderschule ist jedenfalls nicht nachweisbar.« (Wocken 2005, S. 37 f.)

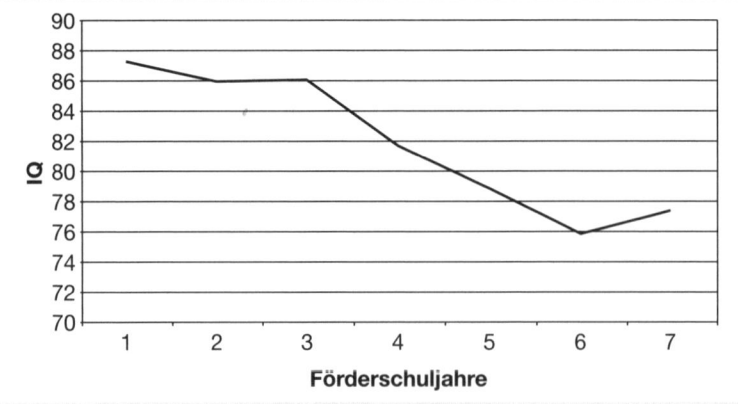

Abb. 10: Dauer des Förderschulbesuchs und Intelligenzentwicklung (Wocken 2005, S. 37)

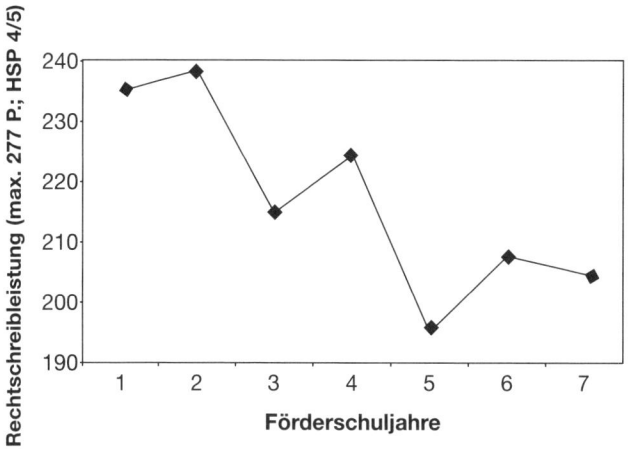

Abb. 11: Förderschulbesuchsdauer und Rechtschreibleistungen (Wocken 2005, S. 36)

»Die neue Welle der sogenannten ›Qualitätsentwicklung‹ richtet den Blick nach oben, auf die Leistungen von Gymnasien und Hochschulen. Was sich unten tut, ist eher von geringerem Interesse. Die Frage, welches Land auf nationaler, europäischer oder internationaler Ebene die beste Förderung von Schülern mit Behinderungen vorweisen kann, existiert nicht einmal als Frage, sie ist uninteressant. Die Befürchtung, dass beim Wettlauf der Länder und Nationen der Blick einseitig nach oben gerichtet sein wird und die niederen Verhältnisse keine Beachtung finden werden, ist wohl nicht unbegründet. Beim Wettbewerb um die ersten Plätze auf den Ranglisten der Qualitätsforschung könnten die Niederungen des Bildungswesens ins Hintertreffen geraten. Die schulische Förderung Lernbehinderter könnte zum Aschenputtel der Bildungspolitik verkommen – und niemand regt sich darüber auf.« (Wocken 2000, S. 502)

»W. J.: Das Entscheidende ist, dass die Pädagogik gerade in Notsituationen nicht ausgrenzt. Wenn Kinder verzweifelt sind und nicht funktionieren, dann kann ich sie nicht einfach ausgrenzen und aus der Schule rausschmeißen, sie dem Schulpsychologischen Dienst übergeben oder ähnliches. ...
W. J.: Und so eine Schule brauche ich. Die in Notsituationen an der Not der einzelnen Schüler ansetzt und sie nicht fallen lässt. Und das ist keine Überforderung für Lehrer, es ist eine unheimliche Bereicherung, denn, wenn ich einmal lerne, Situationen aus der Perspektive der Not zu sehen, bewältige ich sie auch leichter in anderen Fällen. Und je eher ich das so sehe, desto eher schaffe ich auch ein Klima, in dem andere auch mit bereit sind, das zu sehen. Und desto leichter entsteht auch ein Klima, in dem ein demokratischer und zivilisierter Umgang in der Schule beginnt. [...] Es geht also oft gar nicht durch gute Ratschläge, sondern durch Praxis. Wenn ich Kollegen vermittle, warum ich das

tue, und ihnen freistelle, ob sie es mitmachen. Aber bitte toleriert es, solange ich es tue. So ein Klima muss in der Schule entstehen, sich in Notsituationen gegenseitig den Rücken freizuhalten, damit man Probleme dieser Art lösen kann. Dann kann auch Lernen funktionieren, denn wenn die Emotionen das Gehirn nicht mehr geschlossen haben, kann jemand wieder lernen. […]

M. B.: Das funktioniert aber nicht in einem System, in dem die Phantasie herrscht, ein guter Lehrer ist der, der Ruhe und Disziplin in seiner Klasse hat. […]

W. J.: Nein, denn Disziplin ist immer Selbstverpflichtung – und niemals von außen aufzuerlegen. […]

M. B.: Das hat aber ja ganz viel mit Aushalten zu tun. Lässt der Lehrplan das überhaupt zu, dass Lehrer sagen, wir können solche Situationen aushalten?

W. J.: Es ist nicht der Lehrplan, es ist die dritte Stimme im Kopf, die der Lehrer hat, und die vor allem im Referendariat implantiert wird. Unterricht wird dadurch machtförmig gemacht. Unser vorauseilendes Denken zur Position der Schulbehörde, und die Schulbehörde stellt sich unter den Druck einerseits des Elitegedankens und andererseits des Gedankens der Kriminalprävention. Und das geht nicht. Wir brauchen mutige und sich entwickelnde Lehrer und Lehrerinnen, die Schule als Raum für Humanisierung nutzen können und wollen.« (Jantzen 2007, S. 25 ff.)

H. v. F.:»Denken Sie nur an den gesellschaftlichen Umgang mit Kindern, die sich – zu unserem Schrecken – vielfach auf nichttriviale Weise verhalten. Man fragt ein Kind:›Was ist zwei mal zwei?‹ Und es sagt:›Grün!‹ Eine solche Antwort ist auf geniale Weise unberechenbar, aber sie scheint uns unzulässig, sie verletzt unsere Sehnsucht nach Sicherheit und Berechenbarkeit. Dieses Kind ist noch kein berechenbarer Staatsbürger, und vielleicht wird es eines Tages nicht einmal unseren Gesetzen folgen. Die Konsequenz ist, dass wir es in eine Trivialisationsanstalt schicken, die man offiziell als Schule bezeichnet. Und auf diese Weise verwandeln wir dieses Kind in eine triviale Maschine, das unsere Frage ›Was ist zwei mal zwei?‹ auf immer dieselbe Weise beantwortet.« (von Foerster/Pörksen 2004, S. 55)

H. v. F.: »Lasst den Lehrer, der wissen soll, zum Forscher werden, der wissen möchte! Und wenn man diese Idee weiterdenkt, dann werden die sogenannten Schüler und Lehrer zu kooperierenden Mitarbeitern, die gemeinsam – ausgehend von einer sie faszinierenden Frage – Wissen erarbeiten. Es entsteht, so meine ich, eine Atmosphäre der Kooperation, des gemeinsamen Suchens, des Forschens. Man weckt die Neugierde und die Empathie, regt zu eigenen Gedanken an, serviert nicht irgendwelche fertigen Resultate, sondern Fragen, die zum Ausgangspunkt einer Zusammenarbeit und des wechselseitigen Entzückens werden. Jeder stützt sich auf die Kompetenzen des anderen; das Zittern vor der Allwissenheit einer Person hat ein Ende. Und die Fragen, mit denen man es zu tun bekommt, sind die eigenen Fragen.« (von Foerster/Pörksen 2004, S. 71)

»Flexibilität und Offenheit? Von offenen Bildungswegen wird viel geredet, aber die PISA-Ergebnisse zeigen tiefe Verwerfungen bei der Verteilung von Bildungschancen auf. Zu viel befassen wir uns damit, Schüler möglichst früh auf fest gefügte Bildungsstrukturen zu verteilen und zu wenig damit, ihnen durch individuelle Förderung Perspektiven für die Gestaltung ihrer eigenen Zukunft zu eröffnen.« (Schleicher 2004, S. 4)

»Für den Schüler in Deutschland, der Bildungsziele verfehlt, sind die Konsequenzen meist klar – er bleibt sitzen. Und der Anteil solcher Schüler ist in Deutschland überdurchschnittlich hoch. Dagegen gibt es nichts wie eine übergreifende ›Produkthaftung‹ der Schule oder des Bildungssystems für seine Leistungen insgesamt. Dass dies so nicht sein muss, zeigen die leistungsstärksten PISA-Staaten, in denen es Aufgabe der Schule ist, konstruktiv und individuell mit Leistungsunterschieden umzugehen, d. h. sowohl Schwächen und Benachteiligungen auszugleichen, als auch Talente zu finden und zu fördern – und zwar, ohne dass die Möglichkeit bestünde die Verantwortung allein auf die Lernenden zu schieben, d. h. etwa Schüler den Jahrgang wiederholen zu lassen oder sie in Bildungsgänge bzw. Schulformen mit geringeren Leistungsanforderungen zu transferieren. Klar ist, dass jede institutionelle Barriere, die wir aufbauen, Lernen hindert und Chancenungleichheit verstärkt. Die Zukunft braucht ein offenes und integriertes Lernangebot, das unterschiedlichen Interessen und Fähigkeiten gerecht wird. Ganztagsschulen bieten hierfür eine gute Grundlage. Und viel wichtiger noch als institutionelle Barrieren sind die Barrieren, die durch das bestehende Schulsystem in unseren Köpfen entstanden sind. Es kann nicht sein, dass ein Lehrer sagt, ich mache den richtigen Unterricht, aber habe leider die falschen Schüler. Wir müssen von unseren Lehrern und Schulen verlangen, dass sie mit Verschiedenheit konstruktiv umgehen.« (Schleicher 2004, S. 9) Im Gespräch mit Reinhard Kahl im Film »Treibhäuser der Zukunft« zweifelt Andreas Schleicher, Leiter der Abteilung »Indikatoren und Analysen« im Direktorat für Erziehung der OECD und PISA-Koordinator, die Zukunftsfähigkeit des gegliederten deutschen Schulwesens an und befürchtet, dass Deutschland wegen der schulischen Selektionsmechanismen den wirtschaftlichen Anschluss nicht halten könne.

»Erneut konnte der Sonderberichterstatter keine rechtliche Perspektive im deutschen System entdecken, die es ermöglicht, die Bildungspolitik zur Einbeziehung behinderter Menschen neu auszurichten. Ohne diese rechtliche Perspektive werden die von den Ländern unternommenen zentralen Maßnahmen letztlich zu einer Absonderung der Schüler führen, statt sie in das reguläre Bildungsumfeld einzugliedern, wodurch zumindest folgende Möglichkeiten eröffnet würden: die frühzeitige Ermittlung von besonderen Bildungsbedürfnissen und frühkindliche Betreuung; die Förderung der Entwicklung eines Curriculums, das für alle Lernenden gleich ist und das Lehren und Lernen der Menschenrechte fördert; die Garantie einer obligatorischen vorberuflichen und innerberuflichen Ausbildung von Lehrern und Schulverwaltern; die Gewährung einer individuellen Unterstützung von Schülern falls erforderlich; die Verbindung aller Bereiche der Bildungsreform, um eine durchgängige Übereinstimmung mit dem Recht auf Bildung und inklusive Bildung sicherzustellen.« (Vereinte Nationen 2007, S. 20 f.)
»Eine der Hauptursachen der Ausgrenzung ist die Einstufung, die in einem sehr frühen Alter und anhand nicht sehr klarer und uneinheitlicher Kriterien erfolgt. Diese Bewertung hängt de facto zum großen Teil von den Bestimmungen jedes einzelnen Bundeslands und den Lehrern ab, die nicht immer in der Lage sind, diese Aufgabe zu bewältigen. Deutschland muss eine Strukturreform des Bildungswesens durchführen, innerhalb derer die Vorteile des derzeitigen Systems

tems wie die hohe Einschulungsquote erhalten bleiben, die es aber wiederum ermöglicht, die ungleiche Behandlung und die mangelnden Chancen bestimmter Bevölkerungsgruppen zu überwinden. Eine auf Rechte gestützte Bildungsvision würde es ermöglichen, die notwendigen Reformen mit Blick auf den Bildungsbedarf aller Menschen zu verfolgen.« (Vereinte Nationen 2007, S. 22)

»Die Einbeziehung von Schülern mit Behinderungen in das Regelschulsystem ist zu fördern. Die Ausbildung von Menschen mit Behinderungen zu Lehrern ist zu fördern.« (Vereinte Nationen 2007, S. 24)

»Doch arme Kinder haben oft *Gewohnheiten* und *Verhaltensweisen*, die Lehrkräften fremd sind und die sie von kognitiver und/oder motivationaler Bedürftigkeit nicht zu unterscheiden wissen. Sie verwechseln dann die Folgen von Deprivation mit mangelnder Befähigung und/oder Anstrengungsbereitschaft. Unter den für sie typischen Lebensbedingungen können Kinder aus Armutsverhältnissen in der sehr kurzen Grundschulzeit – meist gerade rund dreieinhalb Jahre bis zur Entscheidung über den weiteren Bildungsweg – kaum den Bildungshabitus entwickeln, der für eine Empfehlung auf eine weiterführende Schule erforderlich ist. Im Gegenteil: Der armutsspezifische Habitus führt signifikant häufiger zur Überweisung auf eine Sonderschule. Die sog. LAU-Studie (Lehmann/Peek/Gänsfuß 1997) hat gezeigt, dass bei gleicher gemessener Intelligenz ein Kind aus einem Elternhaus der oberen Dienstklasse eine sechs- bis siebenmal höhere Wahrscheinlichkeit hat, eine Gymnasialempfehlung zu erhalten, als ein Unterschichtkind. [...] Die Bereitschaft der Lehrkräfte an Haupt- und Sonderschulen, mit den Verlierern des Systems zu arbeiten, öffnet benachteiligten Schülern die Tore ihrer Schulen und passt sie zugleich an ihre Standards an. Das Dilemma, sich professionell engagiert für die Bedürftigen einzusetzen und damit zugleich ein faktisch aussonderndes System fortzuschreiben, teilen Lehrkräfte zunehmend auch mit Sozialarbeitern, Sozialpädagogen und Schulpsychologen, die sich nach Kräften bemühen, Reibungsverluste des Systems einzugrenzen. Den Eltern armer Schüler fehlt das Wissen, der Wille, die Kraft und die Entschiedenheit, sich den geltenden Standards und ihren scheinbar sachlich gerechtfertigten Empfehlungen zu widersetzen. Sie fügen sich, weil sie es nicht anders wissen und können; weil sie selber den Armutshabitus erlernt haben, den sie an ihre Kinder weitergeben. Das ist die unter Mitwirkung des Schulsystems aufgestellte Armutsfalle.« (Edelstein 2007, S. 30 f.)

»Zwischen Altersarmut, Armut in der Erwerbsbevölkerung und Kinderarmut gibt es deutliche Relationen, die auf ein wichtiges Merkmal der Armut hinweisen: *Armut ist erblich.*« (Edelstein 2007, S. 33)

»Erst die an Nichtbehinderten orientierte Norm sorgt für die Behinderung. [...] Man könnte die Ausgrenzung aufweichen und die soziale Kompetenz Nichtbehinderter stärken, wenn man Behinderte in Regelschulen integrierte, statt sie in Sonderschulen auf Abstand zu halten. [...] Auch der Behindertenbeauftragte der Bundesregierung [...] nannte im Jahr 2004 die bis dahin erreichte Quote von 13 Prozent behinderter Kinder in integrativen Schulformen ›ernüchternd‹.« (Widmann 2005, S. 68)

»Ziel muss sein, mehr gemeinsame Bildungsangebote für Behinderte und Nichtbehinderte zu schaffen. Dennoch gibt es deutliche Reserven für mehr Integration.« (Bildungsminister Sachsen, Steffen Flath, in einer Presseerklärung vom 9. Januar 2007).

»16x8: Pädagogische Miniaturensammlung darf nicht Standard bleiben! Föderalismusreform bringt die schulische Bildung behinderter Kinder in besondere Gefahr. Vor dem Hintergrund der insgesamt acht behinderungsspezifischen Empfehlungen zur sonderpädagogischen Förderung von Kindern und Jugendlichen mit Behinderungen in Deutschland, die die Kultusministerkonferenz 1994 einstimmig beschlossen hat, wirken die aktuellen Vorlagen zur geplanten Föderalismusreform im Bildungsbereich wie eine vorsätzliche Demontage.
Wenn es nicht gelingt, die besonderen schulischen Rechte für über eine halbe Million behinderte Kinder und Jugendliche länderübergreifend zu regeln, verbauen wir mittelfristig deren existenzielle Bildungsmöglichkeiten. Sowohl der Ausbau des gemeinsamen Unterrichts als auch die Etablierung sonderpädagogischer Förderzentren sind akut gefährdet.« (Der Bundesvorsitze des Verbands Sonderpädagogik, Franz Rumpler, in einer Pressemitteilung vom 29. Mai 2006)

»Betreff: Aktion der ARD: Kinder sind unsere Zukunft: […] Anliegend sende ich Ihnen die offizielle Pressemitteilung der ARD zu deren Aktionswoche ›Kinder sind unsere Zukunft‹. Sie können das Dokument nach ›behindert‹ und ›krank‹ untersuchen: 1 Fundstelle, 3 Fundstellen …« (Wolf-Dietrich Trenner, Fördergemeinschaft für Taubblinde e.V. in einer Stellungnahme vom 1. März 2007)

»Die Schaffung einer inklusiven Schule für alle Schüler ist wichtig, setzt aber den Umbau der allgemeinen Schulen voraus. Hier sieht die DVfR ebenso wie der DBR in der Tat nach wie vor einen erheblichen strukturellen Reformbedarf in der Bundesrepublik. Insofern wird dem Sonderberichterstatter der UNO, Herrn Muñoz, uneingeschränkt zugestimmt, wenn er in Deutschland den selektiven Charakter der allgemeinen Schule sowie den engen Zusammenhang zwischen Schulerfolg und sozialer Lage kritisiert und daher entsprechende rechtliche Rahmenvorgaben seitens des Gesetzgebers anmahnt. An diesem Punkt darf die Debatte zwischen den Bundesländern nicht stagnieren; man kann es nicht beim bloßen Verweis auf die Empfehlungen der Kultusministerkonferenz von 1994 (und der folgenden Jahre) bewenden lassen! […] Dieses Wahlrecht setzt voraus, dass einerseits für behinderte Kinder in Regelschulen alle notwendige Unterstützung gegeben wird. Das System dieser Unterstützung ist dabei so zu entwickeln, dass Alternativen für den individuellen Bildungsweg hinzugewonnen werden, ohne dass Bildungschancen für behinderte Kinder verloren gehen. Allgemeine Schulen müssen dazu bestimmte Standards bieten von der Barrierefreiheit über sonderpädagogische Förderung und ›inklusive‹ Unterrichtsformen bis hin zu einer gewissen Vernetzung zwischen Schule und Gesundheitsdienstleistungen. Zumindest solange diese Voraussetzungen nicht überall vorliegen, müssen andererseits besondere Formen von Schule für Kinder mit Behinderungen weiterhin zugänglich bleiben, wenn die betroffenen Eltern dies für erforderlich halten.

Die inklusive Schule ist ein wichtiges Ziel. Gerade unter dem Vorzeichen der Finanznot von Bundesländern dürfen aber auf dem Weg dorthin keine Strukturen im Bildungswesen der Länder entstehen, die in vielen Regionen die Bildungschancen behinderter Menschen absehbar mindern. Ebenso darf den betroffenen Familien nicht, mangels Alternative, ihr Wunsch- und Wahlrecht genommen werden!« (Deutsche Vereinigung für Rehabilitation e. V.: Stellungnahme zur schulischen Integration behinderter Kinder vom 25. Juni 2007)

»Zum Thema ›Kinderarmut in Deutschland‹:
[…] Ganztagsangebote – wirklich für alle?
Der Verband Sonderpädagogik begrüßt ausdrücklich die ständig wachsende Zahl von Ganztagsangeboten in fast allen Bundesländern. Die Inanspruchnahme vorhandener Angebote belegt heute schon eindrucksvoll ihren hohen Wert. Besorgniserregend ist jedoch, dass ein nicht unerheblicher Teil derjenigen Kinder, denen dieses Angebot den größten Nutzen bringen würde, durch eine vermeintlich marginale Begleiterscheinung ausgeschlossen bleibt.
Die Situation:
Die Meldungen über die weiterhin zunehmende Kinderarmut in Deutschland rütteln zunehmend die Öffentlichkeit auf. Dem Verband Sonderpädagogik liegen dazu Berichte aus Förderschulen vor, dass sich bis zu 80 Prozent der Eltern am Existenzminimum bewegen. Hier häufen sich in besonderem Maße niedrige berufliche Qualifizierung und damit Niedrigstlöhne oder Arbeitslosigkeit. Hinzu kommen häufig problematische Familienstrukturen, z. B. alleinerziehende Mütter oder Väter, die wegen mehrerer Kinder nicht oder nur teilweise erwerbstätig sein können. Die Folgen dieser zunehmenden Kinderarmut werden in vielen Schulen schon seit langem wahrgenommen:
● Für viele Kinder gibt es während der Woche kein Mittagessen.
● Es fehlt immer mehr Kindern an einer Mindestausstattung mit Schulmaterial.
● Viele Kinder können an Klassenfahrten und Schulwanderungen nicht teilnehmen.«
(Pressemitteilung des Verbandes Sonderpädagogik (vds) vom 25. August 2007)

»Ein Schritt in die richtige Richtung
Bundesverwaltungsgericht erleichtert integrative Beschulung behinderter Kinder
Der Verband Sonderpädagogik begrüßt die Entscheidungen des Bundesverwaltungsgerichts zur Kostenübernahme für einen Integrationshelfer für behinderte Kinder. Dazu Bundesvorsitzender Franz Rumpler in Würzburg: ›Diese Entscheidung kann ein wichtiger Schritt sein, den gemeinsamen Unterricht für behinderte und nicht behinderte Kinder in Deutschland voranzubringen. Die Eltern erhalten so eine echte Wahlmöglichkeit zwischen allgemeiner Schule und Förderschule.‹« (Pressemitteilung des Verbandes Sonderpädagogik vom 27. Oktober 2007)

»Nichts wird für das zukünftige Überleben der Menschheit und das humane Zusammenleben der Menschen wichtiger und gleichzeitig richtiger sein, als das ›Lernen zu lernen‹ und solidarisch untereinander, um einer gemeinsamen Sache willen, kooperieren zu können.« (Feuser 1999)

Die Beweislast und die Fülle der Indizien sind erdrückend. Ganz gleich, welche Perspektive und welches Referenzsystem – vergleichende Erziehungswissenschaften, praktische und theoretische Pädagogik, Philosophie, Ethik, Neurowissenschaften, Politik, Wirtschaft, Soziologie … – man wählt: Sonderschulen, erst recht als Zwangseinrichtungen, machen keinen Sinn, haben keinen Vorteil, sondern behindern! Und weil Sonderschulen nicht ohne Regelschulen zu denken sind: Schulen schaffen Lernbehinderungen!

Diese Aussage soll nicht die wertvolle Arbeit einzelner Schulen und in ihnen tätiger Pädagog/innen infrage stellen, im Gegenteil, unser deklassierendes Schulsystem braucht sie, damit die Schüler und Schülerinnen mit den größten Problemen einen Hort und einen Anwalt ihrer Bedürfnisse und Rechte haben.

Es ist wahrlich erstaunlich und als Erfolg für das argumentative Werben und die praktischen Leistungen der Integrationspädagogik zu werten, dass eben auch Vertreter der Sonderpädagogik wie der VDS und die DVfR, die grundsätzlich für die Beibehaltung differenzierter Schulformen stehen, eine Durchsetzung integrationspädagogischer Ansprüche begrüßen und ihre konsequentere Umsetzung einfordern und anmahnen.

Wenn gleichzeitig ein ganzes (bildungs-)politisches System »gigantische Kompensationsleistungen« (Fuchs 2002) in eine Institution investiert, die ja als solche nicht aussondert, sondern auffängt, statt präventiv preisgünstiger, effektiver und effizienter zu arbeiten, muss die Frage erlaubt sein, welcher Vorteil mit dieser Form der Regulierung verbunden ist. Ganz sicher ist nicht nur eine Antwort möglich und zutreffend. Doch kann kaum ein Zweifel darüber bestehen, dass das derzeitige System in gewissem Sinne vorteilhaft ist, sein muss, denn sonst wäre es längst abgeschafft, mindestens würde man sich beeilen, es zu beschönigen, nachdem die Kritik von allen Seiten kommt.

Worin liegt der gesamtgesellschaftliche Nutzen der Sonderpädagogik?

Die Verfasserin vermeint auf der Grundlage von Gesprächen und Fortbildungsveranstaltungen mit Angehörigen unterschiedlicher an Schulen tätiger pädagogischer Berufsgruppen einen Wandel der Sichtweisen beobachten zu können, wie er sich auch in den obigen Zitaten ablesen lässt. Während die Integration(-spädagogik) anfänglich hinsichtlich ihrer Ablehnung der separierenden Sonderschule unterstützende Partner in aufgeschlossenen Regelschulen fand, wurde sie von Sonder(-schul-)pädagogen und -pädagoginnen – von wenigen Ausnahmen abgesehen – abgelehnt. Letztere sind es heute, die vorrangig auf erfolgreiche inklusive Modelle, z. B. in Skandinavien, den Niederlanden und Großbritannien, hinweisen und sich für ihre Schülerschaft Vergleichbares wünschen. Sie halten die integrationsfreundlichen Aussagen von Bildungspolitikern für werbewirksame Lippenbekenntnisse und sehen sich – nolens volens – in eine advokatorische Rolle gedrängt, weil sie eine zunehmende bildungspolitische und -praktische Vernachlässigung ihrer Klientel befürchten.

Unter Regelschulvertretern lassen sich zwei diametral verschiedene Grundhaltungen feststellen: Jene, die – zum Teil seit geraumer Zeit – sich stark machen für eine nicht aussondernde pädagogische Atmosphäre im Dienste aller Schülerinnen und Schüler und die sich nicht entmutigen lassen, trotz schwieriger Bedingungen und zumindest streckenweise wachsenden bürokratischen Hürden. Und auf der anderen Seite stehen diejenigen, denen der integrationspädagogische Gedanke völlig fremd und als zusätzliche Belastung erscheint, der sie unter den derzeitig ihnen ohnehin ständig neu aufgebürdeten Aufgaben nicht gewachsen seien; sie bringen auch wenig Bereitschaft mit, den Behinderungsbegriff und damit ihr professionelles Selbstbild infrage zu stellen: Die allgemeine Pädagogik wird in diesem Verständnis auf eine Durchschnittspädagogik zurechtgestutzt. Dabei entgeht diesen Pädagog/innen vollkommen der Aspekt der persönlichen und beruflichen Bereicherung unter nicht aussondernden Vorzeichen, der gewinnbringende Perspektivwechsel weg von der Fehler- und Defizitorientierung hin zu förderndem, stärkeorientiertem Arbeiten. Es ist nicht nur die soziale Kompetenz der »nicht Behinderten«, die in integrativen Umfeldern gefördert wird, wie Widmann (2005, S. 68) richtig und immerhin in einem Organ des Bundes (!) schreibt.

Durchschnittsschüler/innen gab und gibt es nicht.

Vielmehr eröffnet die fehlende Disqualifizierungsdrohung die Chance auf angstfreie, neugierige, »expansive« (Holzkamp 1993), aktive und kreative Lerntätigkeiten, die das wirksamste Motivationsmittel, nämlich Selbstwirksamkeit, erfahren lassen. So kann Lernen mit- und nicht gegeneinander stattfinden. Aus konstruktivistisch-systemtheoretischer Sicht – soviel sei angemerkt, ohne dies hier entsprechend zu vertiefen – erscheint es gar fraglich, ob die gemeinhin als »Lernen« wahrgenommenen und honorierten Leistungen ohne diese entscheidende, soziale Komponente überhaupt existieren könnten. Denn da das »Lernen« selbst ja nicht der Beobachtung zugänglich ist, erlaubt lediglich die Kommunikation über das Lernen die Selbst- und Fremdvergewisserung im »gemeinsamen Gegenstand« (Feuser 2002; vgl. auch Balgo 2007). Dieser Aspekt ist nicht nur im Hinblick auf den Erwerb neuer Kenntnisse von Bedeutung, sondern besonders auch bei Übungen und Wiederholungen: Im gemeinsamen, kommunizierten Lernen werden eine kollektive Erinnerung und ein soziales Gedächtnis geschaffen, die den Lerngegenstand wirklicher und leichter reproduzierbar machen.

In Anlehnung an den hier herausgearbeiteten Behinderungsbegriff ist »Normalität« anzutreffen in Gestalt offener und direkter Interaktionen, die einem gemeinsamen Ziel dienen, deren Verlauf geteilten Vorstellungen entspricht und die Beteiligten befriedigt. Der Begriff der Norm umfasst die Adjektive »normal« und »normativ«, die eigentlich als Antonyme zu verstehen sind: Während das Normative die Kommunikationsmöglichkeiten durch feste Regeln, Ansprüche und Vorgaben beschränkt, lässt das Normale ihnen situations-, personen- und gegenstandsangemessene Räume im Rahmen sozialen Einvernehmens. Der Bildungsbegriff erfährt so einen Bedeutungswandel vom individuellen, geistigen Besitz zum Gegenstand sozialer Aushandlung. Darauf hebt auch Overwien (2004, S. 60 f.) ab, wenn er die Motivationslage und die unmerklichen Lernerfolge in freiwilligen sozialen Zusammenschlüssen, die gänzlich anderen als Lernzielen dienen (z. B. Freiwillige Feuerwehr, Sportvereine), referiert. Als konstitutives Merkmal vermutet er partizipative Strukturen und gerade eben auch die Abwesenheit des Lernbegriffs (der, wie es scheint, bedauerlicherweise eher abschreckende Wirkung zeitigt, S. K.).

> **»Normalität« ist keine statische Personeneigenschaft, sondern verwirklicht sich in der zwischenmenschlichen Beziehung als dynamisch und prozesshaft.**

Was die unsystematisch aneinandergereihten Zitate noch einmal sehr plastisch belegen, ist der untrennbare und scheinbar auch nicht immer reflektierte Zusammenhang zwischen Sozialstatus und Bildungschancen. Die Sonderschule ist, mehr noch als die Hauptschule, die Schule für sozial Benachteiligte, hier trifft sich das Prekariat, dies ist der Ort, an dem die Deklassierten sich in widersprüchlicher Weise angekommen und gleichzeitig abgewiesen fühlen. Denn auch hier geht es ja vorgeblich um Bildung, also um etwas, was mit der Lebenswelt der allermeisten dieser Schüler nichts zu tun hat – und das wurde ihnen ja auch bereits schmerzlich bewiesen. Also wird das Lernen nach der Zwangszuweisung in die Sonderschule auch wieder zum Zwang gemacht, nur die Droh- und Druckmittel beginnen zu versagen, wenn man schon ganz unten ist.

Im zweiten Kapitel wurde die These aufgestellt, dass ein grundlegender Wandel des deutschen Schulwesens unter Beibehaltung der hierarchischen Gliederung der zu erreichenden Bildungsabschlüsse und deren unterschiedliche gesellschaftliche Bewertung sich nicht wird vollziehen können, weil der frühzeitige Selektionsdruck Defizitorientierung und Aussonderung mit sich bringt. Sollten noch Zweifel an diesem Mechanismus bestehen, so können diese sicher mit einigen wenigen ergänzenden Beobachtungen zusammenfassend ausgeräumt werden.

Trotz der mittlerweile in allen Bundesländern auf die eine oder andere Spielart rechtlich verankerten schulischen Integration haben die Sonderschülerzahlen nicht abgenommen, im Gegenteil: 1995 besuchten bundesweit 4,28 Prozent der Schülerinnen und Schüler mit »sonderpädagogischem Förderbedarf« Sonderschulen, im Jahre 2003 waren es 4,84

Die östlichen Bundesländer weisen einen noch erheblich größeren Integrationsrückstand auf als die westlichen.

Prozent (KMK 2005, S. 7). Die Daten für »integrierte« Schüler wurden bundesweit erst ab 2000 erhoben, weil einige Bundesländer die schulische Integration erst Ende der 1990er Jahre ermöglichten. Ihre Quote sank von 14,0 (2000) auf 12,9 Prozent (2002) (KMK 2005, S. 5). Die Integrationsquoten unterscheiden sich regional sehr stark, lediglich Bremen überschreitet die 30-Prozent-Marke, in der Hälfte der Bundesländer liegen sie bei bzw. unter zehn Prozent:

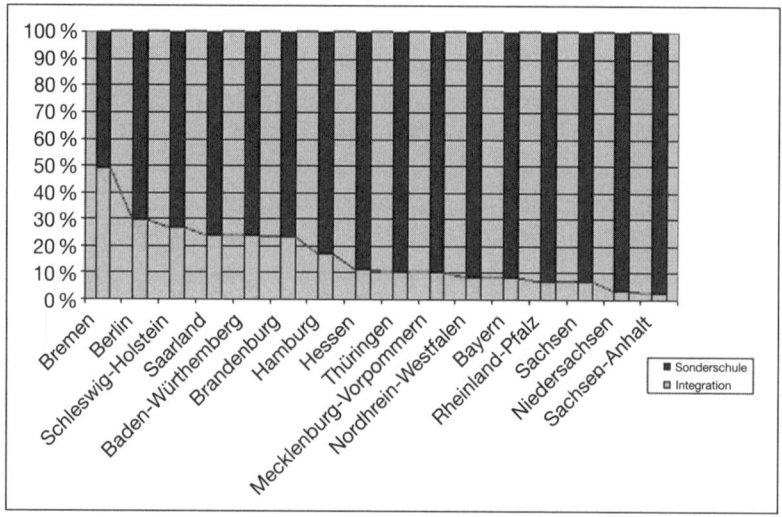

Abb. 12: Integration bzw. Sonderschulbesuch 2003 (Quelle: KMK 2005, eigene Grafik, © Dr. Sabine Knauer)

Im Osten der Republik ist man etwa doppelt so oft bereit, »sonderpädagogischen Förderbedarf« zu attestieren. Dies ist umso gravierender, als der Anteil von Schüler/innen mit Migrationshintergrund, der im Westen erheblich zu Buche schlägt, hier fast völlig fehlt.

Erhebliche regionale Unterschiede zeigen sich vor allem in der Tendenz, einen »sonderpädagogischen Förderbedarf« zu attestieren, wobei überall der Förderschwerpunkt »Lernen« am stärksten vertreten ist:

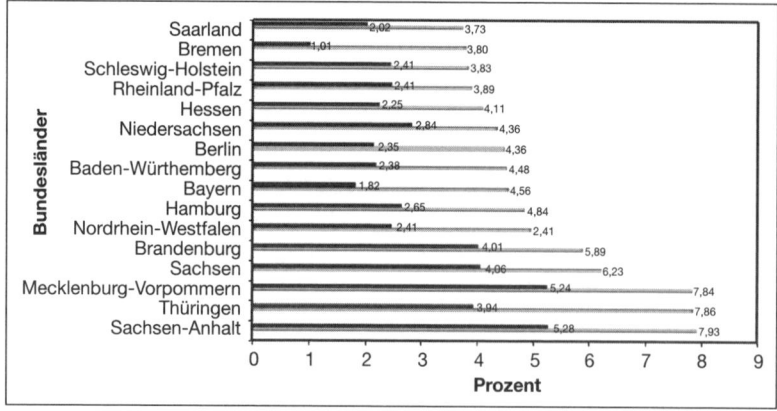

Abb. 13: Schüler/innenquoten Sonderschulen und Anteil Lernbehinderter in den einzelnen Bundesländern 2003 (Quelle: KMK 2005, eigene Grafik, © Dr. Sabine Knauer)

Die Darstellung beschränkt sich allerdings auf Schüler/innen mit »sonderpädagogischem Förderbedarf«, die Sonderschulen besuchen, weil die Statistiken der Kultusministerkonferenz weder Quotierungen für den Anteil »förderbedürftiger« im Verhältnis zur Gesamtzahl der Schüler/-innen, noch für solche an allgemeinen Schulen, also integrierte, vorlegen (!); im Gesamtzusammenhang indiziert das Fehlen dieser Daten die unterschiedliche Gewichtung selbst durch die Kultusministerien. Klar ersichtlich ist, dass die Gruppe der »Lernbehinderten« die jeweils größte Einzelgruppe darstellt, wobei sie im Bundesdurchschnitt bei 55 Prozent, in Bremen bei weniger als einem Drittel und in Brandenburg bei nahezu 70 Prozent liegt.

Der Antwort auf eine kleine Anfrage der Linken im Bundestag können wir die bundesweite Verteilung der für förderbedürftig erklärten Schülerinnen und Schüler auf allgemeine und Sonderschulen nach Förderschwerpunkt entnehmen:

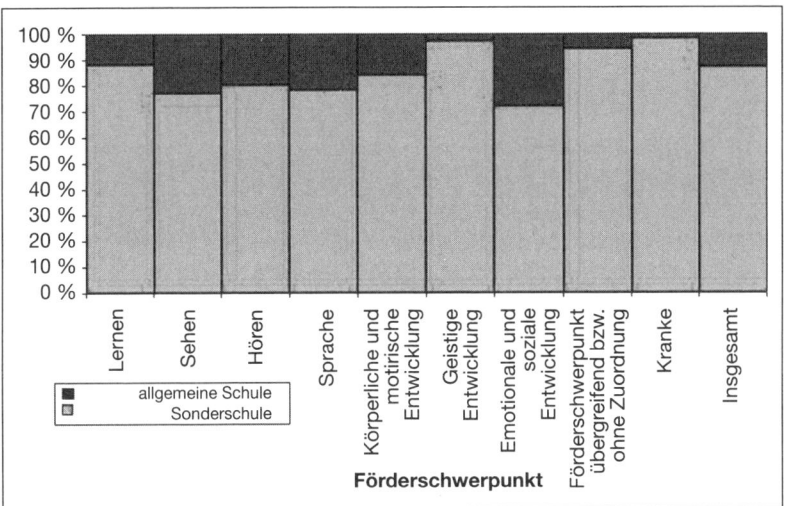

Abb. 14: Verhältnis von Schüler/innen an Sonder- und allgemeinen Schulen in
Deutschland (Quelle: Deutscher Bundestag 2007, eigene Grafik, © Dr. Sabine Knauer)

Zur reflexiven Schlussbetrachtung und wertenden Beurteilung der Phänomene »Behinderung« und insbesondere »Lernbehinderung« soll noch einmal Rolf Balgo (2003b, S. 8) zu Worte kommen:

»Je nach dem, in welcher wissenschaftlichen Fachrichtung wir nach einer Ursache suchen, finden wir unterschiedliche Erklärungsangebote für das von uns konstruierte Phänomen der ›Lernbehinderung‹. Mit einer sozialwissenschaftlichen Perspektive entdecken wir beispielsweise in den defizitären Sozialisationsbedingungen der Familie der Schüler die

»Lernbehinderung« ist der schulisch gewendete Begriff sozialer Randständigkeit.

Ursachen, die das Problem erzeugen (so kommen 80–90 Prozent aus sozial randständigen Familien). Doch die fehlenden Einflussmöglichkeiten auf die Familie oder gar auf Besitz- und Machtverhältnisse der Gesellschaft machen die mangelnde Wirksamkeit sozialwissenschaftlicher Forschungsergebnisse im öffentlichen Bewusstsein plausibel. Darüber hinaus wären die sich daraus ableitenden Handlungskonsequenzen für die nicht zu den Minderheiten zählenden Menschen meist unangenehm und aufwendig, wie z. B. die Abschaffung sozialer Ungleichheit etc. Da Armut das Produkt des Prozesses ist, durch den Reichtum entsteht, ist vorauszusehen, dass wir mit solchen Konzepten auf wenig Gegenliebe stoßen werden.« (Balgo 2003b, S. 8)

Es erscheint weder notwendig noch möglich, den komplexen Armutsbegriff hier (vgl. dazu Edelstein 2007) in ursächliche und konsekutive Elemente zu zerlegen; ganz offensichtlich kumulieren verschiedene Faktoren und verstärken sich wechselseitig in einer zirkulären Spiralbewegung.

8.2 Drei Fragezeichen

Dieses Buch ist nicht auf eine endgültige und eindeutige Antwort oder auf eine Lösung aller Probleme angelegt. Patentrezepte sind weder zu erwarten noch in der Pädagogik angemessen. Zu vielfältig sind die Umstände und die Perspektiven. Viel erreicht wäre schon, wenn Sie, liebe Leserinnen und Leser, einige der berühmten »blinden Flecken« in ihrer eigenen Umgebung entdecken könnten und wenn Sie Lust darauf entwickeln würden, weiter zu fragen, Ihre Beobachterstandpunkte willentlich und probeweise zu wechseln und neue Fragen zu stellen.

Um eben jene Absicht zu verdeutlichen und Ernst zu machen mit ihr, schließen unsere Überlegungen mit Fragen zu den dargelegten Hintergründen.

1. Auf wundersame Weise bleibt das Gymnasium von der Kritik am deutschen Bildungswesen weitgehend verschont. Als Hort der feingeistigen, nicht auf Verwertbarkeit zielenden Bildung im weitesten Sinne wird es in seinem Bestand nicht angetastet und wenig behelligt von der Qualitätsdebatte. Nichtsdestoweniger betrachten – unbenommen wohlmeinende und den Schüler/innen wohlgesonnene – Studiendirektoren Anfragen an eine zeitgemäße Schul- und Unterrichtsorganisation als Zumutung (so beispielsweise Hinrich Lühmann am 28. Oktober 2007 im »Tagesspiegel« mit seiner zum Teil berechtigten Kritik unter dem Titel »Betrieb Schule – Bildung ist kein Produkt«). Aus Sicht der Verfasserin muss doch aber die Frage erlaubt sein, weshalb das Gymnasium als der erfolgreichste Schultyp gelten darf: Weil

Gymnasien sind nach den PISA-Studien am wenigsten der Kritik ausgesetzt.

er die meisten Abiturienten hervorbringt? Das ist doch schließlich seine eigentliche, wenn nicht gar einzige Aufgabe und Zielstellung. Denn jeder Selbstzweck misst sich doch zuletzt an einem zu erreichenden Ziel. Müsste hier nicht auch geprüft werden, wie viele Schülerinnen und Schüler an diesem Bildungsgang scheitern durch Versagen in der Probezeit und Sitzenbleiben? Wäre es nicht Aufgabe einer Schule, so lernförderliche Bedingungen zu schaffen, dass die Schüler/innen den Lerngegenständen gewachsen sind? Mit der vermeintlichen »Eliteförderung« sind im Übrigen nicht nur Inseln der inneren Einkehr und charakterbildenden Muße geschaffen, sondern werden mancherorts auch didaktisch-methodisches und allgemein pädagogisches Fehlverhalten sowie organisationsstrukturelle Verkrustungen kaschiert, die zusammengenommen in Verächtlichmachen und Erniedrigen von Kindern und Jugendlichen ausarten können. Systematische Untersuchungen zu dieser weithin bekannten und erlittenen Problematik stehen bislang aus und sind nicht absehbar. Dennoch wird wohl kaum jemand widersprechen wollen, wenn die Verfasserin zum Schutze der Persönlichkeit der Heranwachsenden transparente Strukturen und eine wirksame Eltern- und Schülerbeteiligung in flächendeckendem Maßstab vermisst (freilich nicht ausschließlich an Gymnasien). Außerdem: Die Gymnasien waschen ihre Hände im Zirkel der Negativauslese weitgehend in Unschuld. Diese Schmutzarbeit nehmen ihnen schon die Grundschulen ab. Im Gymnasium kommt nur an, wer nicht schon ausgesiebt wurde. Hierzu der Bildungsexperte Thomas Isensee (»Tagesspiegel« vom 4. November 2007) in seiner Replik auf Lühmann:

Im Hinblick auf integrationspädagogische Anforderungen haben Gymnasien den höchsten Entwicklungsbedarf.

»Ich störe mich [...] an der pauschalen Abwertung aller Methoden und Verfahren, die althergebrachten Traditionen nicht entsprechen. Und erst recht störe ich mich daran, wenn unter der immer gleichen rituellen Berufung auf Humboldt ein verklärendes Bild des Gymnasiums als ein Ort der von Zuwendung und intellektueller Auseinandersetzung jenseits von Raum und Zeit geprägten Bildung zum Gegenentwurf hochstilisiert wird. Dabei gerät dann leicht in Vergessenheit, dass aus diesem Bildungskreis von der siebten Klasse (in Berlin, Brandenburg und Hamburg, andernorts von der fünften Klasse an, S. K.) bis zum Abitur ungefähr ein Drittel der Schüler [...] mehr oder weniger zartfühlend aus der pädagogischen Provinz entfernt wird.« (Isensee, »Tagesspiegel« vom 4.11.08)

Umso erwähnenswerter die Horte Humboldtscher Prägung, die sich ihrer humanen und sozialen Verantwortung stellen und Schüler/-innen mit dem Prädikat »geistig behindert« integrieren. Es gibt sie – vereinzelt über die gesamte Republik verstreut. Sie leisten nicht nur ethisch hervorragende Arbeit, ihre Schüler/innen schneiden auch glänzend ab und haben etwas begriffen vom menschlichen Miteinander. Der Gedanke mag zunächst absurd erscheinen, solange wir im Denkschema der intellektuellen Elite verharren. Wenn wir aber zum einen soziale Kompetenzen für ebenso wichtig erachten, wenn wir zudem, vermutlich nicht unberechtigt, davon ausgehen, dass der häusliche Hintergrund der Gymnasiasten sie im Allgemeinen stabiler auf kommunikative Irritationen reagieren lässt und, wenn man zusätzlich annimmt, dass Gleichaltrige eher den Ton treffen, etwas zu erklären, dass sie dabei selbst lernen und gleichzeitig als Modell stehen – gewinnt die Idee Form und Überzeugungskraft.

Nicht, wie bereits weiter oben argumentiert, in der Abschaffung der Hauptschule liegt ein zukunftsweisendes Handeln. Das Disklassifizieren, Dequalifizieren, Sitzenbleiben, Abschulen, kurz: das defizitgerichtete Unterweisungs- und Überprüfungsmodell der Schule wird dadurch nicht überwunden. Die Frage besteht weiter: Wie kann die hierarchisierte Gegliedertheit des deutschen Bildungswesens in ein förderorientiert gestaffeltes Angebot transformiert werden?

2. Das Beispiel des Gymnasiums und die damit sich stellenden Fragen führen uns zu einer grundlegenderen Fragestellung, nämlich zu der nach den Gründen: Weshalb hält unser Schulsystem so hartnäckig an seiner Gliederung fest? Könnte es sein, dass hierbei ein spezifisch deutscher Bildungsbegriff, verankert bei einem nach ihm benannten Bürgertum, eine maßgebliche Rolle spielt?

Der deutsche Bildungsbegriff ist schillernd und doch eng zugleich.

Es ist dies nicht der Ort, sich vertiefend mit dem Bildungsbegriff zu beschäftigen (vgl. hierzu: Durdel 2002). Nur soviel: Bildung ist auch Wissen, aber nicht nur. Bildung sind auch bestimmte soziale Verhaltensweisen (z. B. »Manieren«), aber nicht nur. Bildung ist auch eine elaborierte Sprache, aber nicht nur. Bildung ist auch ein Spektrum »tragbarer« Kleidung, aber nicht nur. Die Reihe ließe sich fortsetzen, bis Bildung, dieses in keine Fremdsprache adäquat zu übersetzende Wort, alles und nichts bedeutet. Verstöße gegen einzelne Elemente führen noch nicht zur Verurteilung, sondern können möglicherweise gar als dialektische Herausforderung interpretiert werden. Die Konnotationen sind schillernd und nicht fassbar, schwer zu sagen auch im Einzelfall, ob Bildung da ist. Aber leicht zu sehen, wenn sie fehlt.

Wenn wir uns noch einmal den Aufsatz von Peter Fuchs (2002, S. 1 f.) anschauen, finden wir dort unter der Argumentationslinie um Differenz und Gleichheit, Inklusion und Exklusion den Hinweis, dass der »Übergang von der stratifizierten (geschichteten, ständeförmigen) Gesellschaft zur funktional differenzierten Gesellschaft«, die »Sprengung der ständischen Existenz« die Gleichheit an die jeweilige Schicht und die Ungleichheitskompensation an eine metaphysische Instanz bindet (also aufschiebt), eine neue Form der Gleichheit, die »Gleichheit gleicher Zugangsmöglichkeiten« zu den »Funktionssysteme(n) wie etwa Wirtschaft, Recht, Wissenschaft, Religion, Kunst, Erziehung« erzwinge. Und – noch einmal zur Erinnerung – er fährt fort: »Rothschild ist anders inkludiert als ein Hilfsarbeiter. Die Inklusionsgleichheit ist gerade nicht Gleichheit der Inkludierten und das führt zur Konvertierung faktischer Ungleichheit in Ansprüche der Individuen mit allen Folgeproblemen, die wir heute unter Titeln wie Wohlfahrtsstaat, soziale Hilfe, soziale Bewegung, Emanzipation und […] politischer Korrektheit kennen.«

Die Verfasserin ist geneigt, versuchsweise folgende Überlegung anzustrengen: Es ist, wie oben auch Balgo schreibt, ein Allgemeinplatz, dass die »Gleicheren« unter den Gleichen nicht darum bestrebt sind, ihre Privilegien einzubüßen. Doch ist diese Haltung einer demokratischen Gesinnung unwürdig. Es gilt sie demnach hinter den formal gleichen Zugangsmöglichkeiten zu verbergen. Doch wie kann sichergestellt werden, dass die »Gleicheren« einer gesellschaftlichen Formation angehören, die es gar nicht gibt, dass sie sich gegenseitig erkennen und auch wissen, wer nicht zu ihnen zählt?

Im Übergang zu egalitären Gesellschaftsformen gewann nicht nur das Individuum als Person größere Bedeutung, sondern wurde auch das Leben selbst vom Schicksalshaften uminterpretiert in ein selbst gestaltetes, in dem *Tüchtigkeit* als zentraler Begriff zum *Erfolg* führt, es demnach erfolgreiche und erfolglose Lebensentwürfe gibt, für die der Einzelne jeweils selbst hauptverantwortlich ist (vgl. hierzu auch in Kap. 6.2.1 zur Frage von Intelligenztests). Das Konstrukt der Bildung, im Übrigen historisch betrachtet ein recht junges, spielt hier eine mehr als nützliche Rolle: Wer bestimmte soziale Beziehungen und Verhaltensweisen hat, in seinem Äußeren bestimmte Insignien zeigt, hier und da ein Fremdwort einfließen lässt, sich auskennt in kulturellen Fragen … gehört dazu. Nun bricht sich das aber natürlich an dem Anspruch, der durch eine allen zugängliche Schule erhoben wird. Da hilft es, die Schule nach Typen zu gliedern und den Zugang zu diesen Typen abhängig von der Bildung zu machen. Sprache als zentrales Medium eignet sich nun hervorragend als Zuordnungsraster: Argumentativ sind wir nun zirkulär wieder bei einem kommunikationstheoretischen Behinderungsbegriff. Bildung gewissermaßen als »blaues Blut der Bürgergesellschaft«, als Status zuschreibende Chiffre?

Steht das gegliederte Schulsystem als Code für unsere soziale Schichtung?

Wenn der Schulleiter Lühmann für Bildungsprozesse nicht zu Unrecht Zeit und Muße einfordert, muss nämlich auch gefragt werden, wer diese Tugenden der Schule bezahlt. Insofern ist der Mainstreaming-Diskurs um Differenz ein akademisch-luxuriöser. »Bil-

dung« im deutschen Verständnis ist eben nicht nur »lernen«. Das Verächtlichmachen moderner Lern- und Präsentationsformen und der
Humboldtsche Bildungsbegriff als Gegenentwurf ist eines der kommunikativen Mittel der Ausgrenzung, der Deklassierung, und jeder,
der das bemerkt, weiß sofort, dass er selbst auf der richtigen Seite
steht. »Bildung« wird so zum ideologisch befrachteten Luxusartikel,
über den Arme, auch aus Mangel an nachhaltigen Geldmitteln, nicht
verfügen. Ein Zeitfenster, welches die Kindheit und Jugendzeit bis in
die zwanziger Lebensjahre hinein ausdehnt, ist ihnen vielfach undenkbar. Wer soll das bezahlen? Zwar gibt es an den Rändern der sozialen Schichten einige Verwerfungen und somit Gegenbeispiele; sie
können jedoch allenfalls von der Regelhaftigkeit der Zuordnungs-
mechanismen ablenken.

Für unseren Zusammenhang ist nun noch einmal der Behinderungsbegriff (vgl. Kap. 6) interessant, subsumiert er doch die medizinisch
wie die sozial und pädagogisch umschriebenen Behinderungsarten.
Dieser »Kunstgriff« ermöglicht es, die Deklassierungsmechanismen
nicht zu augenfällig erscheinen zu lassen. Indem nun wieder auf den
»Lernbegriff« zurückgegriffen wird, erscheint die »Lernbehinderung«
als objektives, der Person anhaftendes Merkmal mit Krankheitswert,
für das die »Therapie« in einer speziellen Einrichtung, der Sonderschule, vorgesehen ist. Ein Narr, der Böses dabei denkt … – und un-
dankbar, wer sich dieser teuren Spezialbehandlung nicht unterziehen
will! Insofern stehen Behinderte, je nachdem, ob sie die Kommunikation durch medizinisch oder sozial/pädagogisch definierte Belastungen strapazieren, an der Schwelle zwischen Mainstreaming und
Deklassierung. Könnte die hinter derartigen Überlegungen aufscheinende (perfide anmutende, aber die Logik einhaltende) Frage vielleicht lauten, inwieweit Behinderte dazu beitragen, »wirkliche Inklusion« (Fuchs 2002, S. 2, 6) zu verhindern?

*Der Behinde-
rungsbegriff
hilft, soziale
Schieflagen zu
verschleiern.*

Sind vielleicht auch gerade die sozial und pädagogisch bestimmten
Behinderungsarten geeignet, eine Machtförmigkeit aufrechtzuerhalten, der zum einen nicht widersprochen werden kann, die zum anderen aber zugleich nicht kalkulierbar ist? Wie sonst könnten die Zahlen der »Lernbehinderten« regional und temporal so schwanken?
Wenn in den letzten Jahren so häufig vom »Ausschöpfen der Bil-
dungs*reserven*« die Rede ist, erinnert das an das Wort von der »*Reserve-
armee*«, mit dem in der alten Bundesrepublik die Frauen bedacht
wurden, weil sie kein verbindliches Anrecht auf einen Arbeitsplatz
hatten. Wie, wenn die Kinder und Jugendlichen mit »Lernbehinderungen« zum Verschiebebahnhof unseres sozialen Kompensations-
bedürfnisses gemacht würden? Aber wie und wohin, mit welchen
Risiken steuert man um, wenn das System so nicht mehr trägt?

3. Wir wollen, ganz im Sinne der Zirkularität, zum Schluss zurückkommen auf eines der im fünften Kapitel bearbeiteten »neuen Themen«: die Ganztagsschule und ihre Möglichkeiten, Benachteiligungen, gleich welcher Art, zu überwinden. Kann es mit ganztägigen schulischen Angeboten gelingen, die Armuts- und Bildungsfallen dieser Gesellschaft zu beseitigen? Soll es gelingen? Hierzu seien noch einmal Overwiens Ausführungen aufgegriffen:

> *»Die Lernanforderungen der ›Wissensgesellschaft‹ und in Verbindung damit die Debatte um Schlüsselqualifikationen bzw. Schlüsselkompetenzen, so diffus sie sich insgesamt entwickelt haben mag, fordert eine Neubewertung dieses außerschulischen Kompetenzerwerbes und ein intensives Nachdenken über Verbindungslinien zwischen den Lernarten und -formen heraus. Dabei sind soziale Lerngrenzen mit zu beachten, aber auch Strategien der Menschen, diese Grenzen zu überschreiten. Bourdieu hat mit seinen Arbeiten zum Habitus und zum kulturellen und sozialen Kapital auf die Grenzen der sozial ausgleichenden Funktion von Schule hingewiesen. Trotz aller Schwierigkeiten bei der Umsetzung dieses Anspruches darf er nicht aufgegeben werden. Ganztagsbildung kann dazu beitragen, diesen Anspruch zu verwirklichen. Dies ist aber nur möglich, wenn hier neue Lernräume geschaffen werden, in denen sich formales und informelles Lernen treffen, in denen eigenständiges Lernen kulturell und sozial sensibel begleitet wird. Pädagogische Konzepte dazu müssen nicht neu erfunden, sondern kreativ angepasst werden. […] In diesem Rahmen muss es auch um eine neue Professionalität der LernbegleiterInnen gehen, denn eine Ganztagsbildung, die sich nicht neuen professionellen Herausforderungen stellt, die nur reformresistente Schule verlängert oder nur anspruchsarme Aufbewahrung würde, wäre eine Veranstaltung, die informelles Lernen eher behindert.«* (Overwien 2004, S. 68)

Der Wille zur Überwindung des ständeförmigen Bildungswesens manifestiert sich nicht in der Erfindung immer neuer Schultypen, sondern im Ausmaß der Einbeziehung der an den Rand Gedrängten.

Wenn Overwien »Lernanforderungen« zum Aufhänger macht, sind größte Zweifel an der sozial ausgleichenden Wirkung von Ganztagsschulen angebracht (vgl. Punkt 2). Bourdieu als im ganztägigen französischen Schulwesen sozialisiert, hat sicher an Ganztagsschulen gedacht, wenn er der Schule begrenzte Ausgleichsmöglichkeiten bescheinigte. Und es zeigt sich ja schon: Arme Kinder sind an Ganztagsschulen unterrepräsentiert, weil die Eltern beispielsweise das Mittagessen nicht bezahlen (vgl. Pressemitteilung des Verbandes Sonderpädagogik, vds vom 25.8.2007, hier S. 158), darüber hinausgehende Angebote, wie Instrumentalunterricht oder das Erlernen einer Sportart und so fort, ohnehin nicht. Migranten fürchten zusätzlich um ihre kulturelle Identität. Und nun zum Thema Integration und Ganztagsschule: Wenn es mitunter nach Anmeldung eines Kindes länger als ein Jahr braucht, bis geklärt ist, *ob* dem Kind die erforderlichen Hilfen überhaupt finanziert werden, wenn diese Hilfen aus Finanztöpfen unterschiedlicher politischer Ressorts und dort verschiedener Referate (Schule, Familie, Soziales, Behinderte, Jugend) stammen, weil es ja nicht nur um Unterricht, sondern um den gesamten Lebensvollzug geht, sind die Ursachen von Behinderungen eindeutig zu erkennen (dieser Missstand ist der Verfasserin von verschiedenen Schulen bekannt; vgl. aber auch die nach Rumpler zitierte Entscheidung des Bundesverwaltungsgerichts in Leipzig vom 26.10.2007 als positiv zu bewertender Impuls[10]). Eine Schulform, ein Schultyp oder welche gesellschaftliche Einrichtung auch immer allein wird soziale Benachteiligungen und Behinderungen nicht abschaffen können. Nicht zufällig überschreibt Peter Fuchs seinen Aufsatz zu Behinderungen und sozialen Systemen mit »Anmerkungen zu einem schier unlösbaren Problem«.

Wir wissen: Auch »gute« Schüler und Schülerinnen leiden unter Leistungsdruck und einer angespannten Atmosphäre. Und dem Thema, wie »pädagogisch« ausgebrannte und überforderte Lehrkräfte handeln, beginnt sich die Öffentlichkeit erst sehr allmählich und zögerlich zuzuwenden. Dabei hat ein jeder und eine jede, die in ihrem Leben eine Schule besucht haben, ein Bouquet von Vorstellungen, was sich hinter verschlossenen Klassenraumtüren *auch* abspielt, der »heimliche Lehrplan« zählt mitunter noch zu den harmlosesten Erscheinungen. Lehrkräfte, die sich unter Anspannung in ihrem beruflichen Handeln so weit von sich selbst entfernen, dass sie vor Verzweiflung[11] über nicht tragfähige gemeinsame Sinngebungen nur noch körperlich reagieren können, werden eben auch körperlich reagieren mit Burnout und anderen psychosomatischen Syndromen.

Doch schließen wollen wir nicht mit einem negativen Resümee, sondern mit einem herausfordernden Ausblick. Es gibt glücklicherweise Schulen und Lehrkräfte, die sich nicht entmutigen lassen. Sie benötigen vor allem Stehvermögen gegen die Widrigkeiten, die ihnen von außen

Wer es ernst meint mit dem Anspruch auf Integration, handelt schnell, unbürokratisch und ressortübergreifend.

---

10 www.bverwg.de/enid/39cd28b42988b0a5b73b22a886625fa5,17b53d736561726
3685f646973706c6179436f6e7461696e6572092d0939343338093a095f74726369
64092d09353737/Pressemitteilungen/Pressemitteilungen_9d.html; 5.11.2007

11 Peter Fuchs (2002, S. 9) illustriert diesen Umstand sehr anschaulich und nachvollziehbar, indem er auf die überstrapazierte Kommunikation mit nicht erwartungsgemäß interagierenden Menschen verweist: »Das Dringlichermachen von Sinnzumutungen kann sozusagen nur noch auf Körperlichkeit zugreifen, anstoßen, dicht an die Augen führen – schlagen? Wer in Heimen gearbeitet hat, kennt genau diesen Übersprung: die Bekräftigung der Sinnzumutung durch Gewalt, wie immer klein oder groß sie ist, und sei es nur, dass man die Hände des Kindes, die man hält, fester drückt, als man es je bei einem eigenen Kind täte.«

zugemutet werden. An ihrer integrativen Arbeit zweifeln sie nicht und machen sie keine Abstriche. Das Stehvermögen schöpfen sie aus ihrer Überzeugung und ihrem Wissen; insofern ist Theorie kein Ballast, denn wer nicht gewappnet ist gegen raffinierte Argumente und ihnen nicht sachlich und treffend entgegnen kann, wird von einer Böe hinweg gepustet. Sie, liebe Leserin und lieber Leser, erkennen diese Schulen beim Betreten. Es ist hell dort und die Luft ist leicht, mancher Klassenraum ist offen, es herrscht keine Friedhofsruhe, aber auch kein ohrenbetäubender Lärm. Sie können, obwohl gerade Unterrichtszeit ist, Schülerinnen und Schüler auf den Gängen sehen, die einer Beschäftigung nachgehen. Sie sehen auch Lehrerinnen und Lehrer, die ihnen bereitwillig zumindest antworten, Sie mögen Ihre Frage zu einem späteren Zeitpunkt stellen. Sie treffen Erwachsene unterschiedlicher beruflicher Zugehörigkeit, aber möglicherweise auch Ehrenamtliche und Familienangehörige an, die kooperativ mitwirken. Ganztagsschulen bieten einen Rahmen für gute Lern- und Aufwachsgelegenheiten. Es sollte mehr und mehr bessere von ihnen geben.

Betrachten wir daher Unzulänglichkeiten nicht nur als belastend, erschwerend, sondern als Zumutung im Wortsinne: eine Herausforderung, die unseren mutigen Einsatz braucht. Denn – Hand aufs Herz: wäre bereits alles so, wie wir uns es vorstellen und wünschen, gäbe es nichts mehr zu tun. Packen Sie's an!

9. Literaturverzeichnis

Apel, P. (2007): Schule als Partner von Stadtplanung. In: Kahl, H./Knauer, S. (Hrsg.): Bildungschancen in der neuen Ganztagsschule. Lernmöglichkeiten verwirklichen. Weinheim und Basel, S. 159–177.

Baacke, D. (^{2}2001): Die 6- bis 12-Jährigen. Weinheim und Basel.

Baerwolff, S. (2002): Wie konstruiere ich mir ein ADHS? Eine polemische Gebrauchsanweisung. In: IBS – Institut für Beratung und Supervision (Hrsg.): Das gepfefferte Ferkel. Online-Journal für systemisches Denken und Handeln (www.ibs-networld.de/ferkel/; 8.10.2007).

Balgo, R. (2003a): Ansätze einer systemischen Theorie der Beobachtung sonderpädagogischen Beobachtens von »Lernbehinderung«. In: Balgo, R./Werning, R. (Hrsg.): Lernen und Lernprobleme im systemischen Diskurs. Dortmund, S. 89–114.

Balgo, R. (2003b): Wie konstruiere ich mir eine Lernbehinderung? Eine provokative Anleitung. In: IBS – Institut für Beratung und Supervision (Hrsg.): Das gepfefferte Ferkel. Online-Journal für systemisches Denken und Handeln (www.ibs-networld.de/ferkel/; 8.10.2007).

Balgo, R. (2005): Konstruktionsbedingungen eines lernfördernden Unterrichts. Welche Perspektiven lassen sich aus einer systemisch-konstruktivistischen Theorie ableiten? In: Das gepfefferte Ferkel. Online-Journal für systemisches Denken und Handeln (www.ibs-networld.de/ferkel/; 12.10.2007).

Bardmann, T.M. (Hrsg.) (1997): Zirkuläre Positionen. Konstruktivismus als praktische Theorie. Opladen.

Bauman, Z. (1996): Postmoderne Ethik. Hamburg.

Begemann, E. (1996): Zum Begriff und Phänomen Lernen. Vom Lehren zum Selbstlernen. In: Eberwein, H. (Hrsg.): Handbuch Lernen und Lern-Behinderungen. Weinheim, S. 259–278.

Benz, W. (2005): Stereotype des Ost-West-Gegensatzes. In: Bundeszentrale für politische Bildung (Hrsg.): Informationen zur politischen Bildung: Vorurteile. Neuauflage, 54. Jg., H. 271, S. 70–73.

Bergmann-Pohl, S. (2007): Beim rasanten Tempo zur Einheit ging Bewährtes unter. In: Ärzte Zeitung, 2.10.2007 (www.aerztezeitung.de/docs/2000/10/02/175av0202.asp?cat=/politik/zehn_jahre _deutsche_e inheit; 24.08.2007).

Bernfeld, S. (1970): Sisyphos oder die Grenzen der Erziehung. Frankfurt a. M.

Bleidick, U. (1976): Metatheoretische Überlegungen zum Begriff der Behinderung. In: Zeitschrift für Heilpädagogik 27. Jg., H. 7, S. 408–415.

Bleidick, U. (^{3}1978): Pädagogik der Behinderten. Grundzüge einer Theorie der Erziehung behinderter Kinder und Jugendlicher. Berlin.

Bleidick, U. (1994): Allgemeine Übersicht: Begriffe, Bereiche, Perspektiven. In: Zeitschrift für Heilpädagogik 45 Jg., H. 10, S. 650–657.

Bleidick, U. (^{4}1995): Lernbehindertenpädagogik. In: Bleidick, U. et al.: Einführung in die Behindertenpädagogik II. Stuttgart, S. 106–131.

Bleidick, U. (1996): Pädagogik der Behinderten: Ein Ausblick. In: Opp, G./Peterander, F. (Hrsg.): Focus Heilpädagogik – Projekt Zukunft. München, S. 28–35.

Bonfranchi, R. (1997): Löst sich die Sonderpädagogik auf? Luzern.

Brand, I./Breitenbach, E./Maisel, V. ([6]1997): Integrationsstörungen. Diagnose und Therapie im Erstunterricht. Würzburg.

Breitsprecher, K. (1996): Lern-Behinderung aus Sicht der Kritischen Psychologie. In: Eberwein, H. (Hrsg.): Handbuch Lernen und Lern-Behinderungen. Weinheim und Basel, S. 293–311.

Bronfenbrenner, U. (1981): Die Ökologie der menschlichen Entwicklung, herausgegeben und mit einem Vorwort von Kurt Lüscher. Stuttgart.

Bundesministerium für Bildung und Forschung (Hrsg.) (2005): Ganztagsschule neu gestalten. Bildungsreform Bd. 15, Berlin.

Buschbeck, H. (1985a): Reflektierende Beobachtung. Pädagogisches Zentrum Berlin (Hrsg.), Berlin.

Buschbeck, H. (1985b): Strukturierungshilfen für Reflektierende Beobachtung. Pädagogisches Zentrum Berlin (Hrsg.), Berlin.

Deutsche Energie-Agentur (dena) (Hrsg.) (2006): PC, Drucker & Co: Energie-Spartipps für Ihren Haushalt. Berlin 12/2006.

Deutsche Kinder- und Jugendstiftung (Hrsg.) (2007): Bildungslandschaften in gemeinschaftlicher Verantwortung gestalten. Grundsatzfragen und Praxisbeispiele. Themenheft 07 der Publikationsreihe im Rahmen von »Ideen für mehr! Ganztägig lernen.« Berlin.

Deutscher Bundestag (2007): Antwort der Bundesregierung auf die kleine Anfrage der Abgeordneten Dr. Ilja Seifert, Klaus Ernst, Cornelia Hirsch, weiterer Abgeordneter und der Fraktion Die Linke. – Drucksache 16/5838 – Lernende mit Behinderungen in Deutschland. Drucksache 16/6148 vom 27.7.2007 (dip.bundestag.de/btd/16/061/1606148.pdf; 20.10.2007).

Deutsches Jugendinstitut (2007): Auf dem richtigen Weg? Eine empirische Zwischenbilanz zur Entwicklung der Kindertagesbetreuung in Deutschland. Parlamentarischer Abend am 19. September 2007.

Durdel, A. (2002): Der Bildungsbegriff als Konstruktion. Orientierungs- und handlungsleitendes Potenzial des Bildungsbegriffes. Hamburg.

Eberwein, H. (1995a): Integrationspädagogik und ihre Rückwirkungen auf das Selbst- und Aufgabenverständnis der (Sonder-)Pädagogik. In: Förderverein der Astrid-Lindgren-Schule e. V. (Hrsg.): Pädagogik in Bewegung. Dokumentation des 2. Symposiums. Eschweiler, S. 11–41.

Eberwein, H. (1995b): Kritische Analyse des Behinderungsbegriffs. In: Behinderte in Familie, Schule und Gesellschaft 18 Jg., H. 1, S. 5–12.

Eberwein, H. (1995c): Zur Kritik des sonderpädagogischen Paradigmas und des Behinderungsbegriffs. Rückwirkungen auf das Selbstverständnis von Sonder- und Integrationspädagogik. In: Zeitschrift für Heilpädagogik 46. Jg., H. 10, S. 468–476.

Eberwein, H. (1998): Integrationspädagogik als Element einer allgemeinen Pädagogik und Lehrerausbildung. In: Hildeschmidt, A./Schnell, I. (Hrsg.): Integrationspädagogik: Auf dem Weg zu einer Schule für alle. Festschrift für A. Sander. Weinheim, S. 345–362.

Eberwein, H./Knauer, S. (Hrsg.) ([6]2002): Integrationspädagogik – Kinder mit und ohne Beeinträchtigung lernen gemeinsam. Ein Handbuch. Vollständig überarbeitete Neuauflage. Weinheim und Basel.

Eberwein, H./Knauer, S. ([6]2002): Integrationspädagogik als Ansatz zur Überwindung pädagogischer Kategorisierungen und schulischer Systeme. In: Eberwein, H./Knauer, S. (Hrsg.): Integrationspädagogik. Weinheim und Basel, S. 17–35.

Edelstein, W. (2007): Der Beitrag der Ganztagsschule zur Überwindung von Armut und Entwicklungsdefiziten. In: Kahl, H./Knauer, S. (Hrsg.): Bildungschancen in der neuen Ganztagsschule: Lernmöglichkeiten verwirklichen. Weinheim und Basel, S. 30–45.

Eibl, G. (2007): Lehrer sollen Schüler unterrichten, nicht Fächer! In: Die Zeit 49. Jg., H. 27, S. 7.

Enderlein, O. (2007): Ganztagsschule … aus Sicht der Kinder: weniger oder mehr Lebensqualität? Deutsche Kinder- und Jugendstiftung (Hrsg.): Themenheft 08 der Publikationsreihe im Rahmen von »Ideen für mehr! Ganztägig lernen.« Berlin.

Engels, F. (1876): Anteil der Arbeit an der Menschwerdung des Affen. Stuttgart.

Enzensberger, H.M. (2007): Im Irrgarten der Intelligenz. Ein Idiotenführer. Frankfurt a. M.

Eßbach, S. et al. (1981): Ein Kind kann keine Schule besuchen – hat es überhaupt eine Entwicklungschance? Berlin.

Eßbach, S. et al. (1985): Rehabilitationspädagogik für schulbildungsunfähige förderungsfähige Intelligenzgeschädigte. Berlin.

Eßbach, S. et al. (1987): Grundlagenmaterial zur Gestaltung der rehabilitativen Bildung und Erziehung. Berlin.

Faure, E. (1973): Wie wir leben lernen. Der UNESCO-Bericht über Ziele und Zukunft unserer Erziehungsprogramme. Reinbek.

Feuser, G. (1982): Integration = die gemeinsame Tätigkeit (Spielen/Lernen/Arbeit) am gemeinsamen Gegenstand/Produkt in Kooperation von behinderten und nichtbehinderten Menschen. In: Behindertenpädagogik 23. Jg., H. 2, S. 86–105.

Feuser, G. (1984): Heilpädagogik/Psychiatrie. In: Reichmann, E. (Hrsg.): Handbuch der kritischen und materialistischen Behindertenpädagogik und ihrer Nebenwissenschaften. Solms-Oberbiel, S. 263–270.

Feuser, G. (1998): Gemeinsames Lernen am gemeinsamen Gegenstand. Didaktisches Fundamentum einer Allgemeinen (integrativen) Pädagogik. In: Hildeschmidt, A./Schnell, I. (Hrsg.): Integrationspädagogik. Auf dem Weg zu einer Schule für alle. Weinheim/München, S. 19–35.

Feuser, G. (1999): Integration – eine Frage der Didaktik einer Allgemeinen Pädagogik. In: Behinderte 22. Jg., H. 1, S. 39–49.

Feuser, G. (⁶2002): Momente entwicklungslogischer Didaktik einer Allgemeinen (integrativen) Pädagogik. In: Eberwein, H./Knauer, S. (Hrsg.): Integrationspädagogik. Weinheim und Basel, S. 280–294.

Feuser, G./Meyer, H. (1987): Integrativer Unterricht. Solms-Oberbiel.

Foerster, H. von/Pörksen, B. (⁶2004): Wahrheit ist die Erfindung eines Lügners. Gespräche für Skeptiker. Heidelberg.

Fornefeld, B. (1994): Für ein friedliches Miteinander: Oder die Ausgrenzung beginnt in unseren Köpfen. In: Hofmann, T./Klingmüller, B. (Hrsg.): Abhängigkeit und Autonomie. Neue Wege in der Geistigbehindertenpädagogik. Festschrift für Martin T. Hahn zum 60. Geburtstag. Berlin, S. 22–32.

Forum Bildung (2006): Empfehlungen und Einzelergebnisse II. Bundesministerium für Bildung und Forschung, Berlin (www.bmbf.de/pub/empfehlungen_und_einzelergebnisse_forum_bildung.pdf; 29.9.2007).

Fragner, J. (1996): LehrerInnen für eine integrative Schule. In: Behinderte in Familie, Schule und Gesellschaft 19. Jg., H. 3, S. 69–78.

Friebertshäuser, B. (1997): Feldforschung und teilnehmende Beobachtung. In: Friebertshäuser, B./Prengel, A. (Hrsg.): Handbuch Qualitative Forschungsmethoden in der Erziehungswissenschaft. Weinheim und München, S. 503–534.

Fuchs, P. (2002): Behinderung und Soziale Systeme. Anmerkungen zu einem schier unlösbaren Problem. In: Das gepfefferte Ferkel. Online-Journal für systemisches Denken und Handeln (www.ibs-networld.de/ferkel/; 12.9.2007).

Füssel, H.-P./Kretschmann, R. (1993): Gemeinsamer Unterricht für behinderte und nichtbehinderte Kinder. Pädagogische und juristische Voraussetzungen. Witterschlick/Bonn.

Gergen, K.J. (2003): Soziale Konstruktion und pädagogische Praxis. In: Balgo, R./Werning, R. (Hrsg.): Lernen und Lernprobleme im systemischen Diskurs. Dortmund, S. 55–88.

Glasersfeld, E. von (1992): Aspekte des Konstruktivismus. In: Rusch, G./Schmidt, S.J. (Hrsg.): Konstruktivismus: Geschichte und Anwendung. Frankfurt a. M., S. 20–33.

Habermas, J. (1985): Die Neue Unübersichtlichkeit. Kleine Politische Schriften V. Frankfurt a. M.

Hentig, H. von (1987): Arbeit am Frieden. Übungen im Überwinden der Resignation. München/Wien.

Hentig, H. von (²1993): Die Schule neu denken. München und Wien.

Hilgers, I. (2007): Ein harmonisches Gerüst aufstellen. Musikalische Bildung in der Ganztagsschule. In: Kahl, H./Knauer, S. (Hrsg.): Bildungschancen in der neuen Ganztagsschule: Lernmöglichkeiten verwirklichen. Weinheim/Basel, S. 113–127.

Hinz, A. (1993): Heterogenität in der Schule. Integration – Interkulturelle Erziehung – Koedukation. Hamburg.

Holzkamp, K. (1987): Lernen und Lernwiderstand. In: Forum Kritische Psychologie o. Jg., H. 20, S. 5–36.

Holzkamp, K. (1993): Lernen. Subjektwissenschaftliche Grundlegung. Frankfurt a. M.

Huschke-Rhein, R. (⁴2002): Lernen, Leben, Überleben – Die Schule als »Lernsystem« und das »Lernen fürs Leben« aus der Perspektive systemisch-konstruktivistischer Lernkonzepte. In: Voß, R. (Hrsg.): Die Schule neu erfinden. Systemisch-konstruktivistische Annäherungen an Schule und Pädagogik. Neuwied/Kriftel/Berlin, S. 33–55.

Jantzen, W. (2007): Neuropsychologie und Pädagogik. Wolfgang Jantzen im Gespräch mit Menno Baumann (www.ewetel.net/astrid.schuster/Interview%20jantzen.pdf; 30.10.2007).

Jun, G. (1984): Kinder, die anders sind. Berlin.

Jürgens, E. (2007): Länger gemeinsam lernen. In: Welt-Debatte. Die Seite für Meinung und Diskussion von Welt online vom 25.8.2007 (debatte.welt.de/kommentare/34437/laenger+gemeinsam+lernen?highlight=%2C; 18.9.2007).

Kahl, H./Knauer, S. (Hrsg.) (2007): Bildungschancen in der neuen Ganztagsschule: Lernmöglichkeiten verwirklichen. Weinheim und Basel.

Kahl, R. (2004): Treibhäuser der Zukunft. Weinheim.

Kienbaum-Unternehmensberatung GmbH (1994): Kienbaum-Gutachten zur Reorganisation der staatlichen Schulaufsicht des Landes Nordrhein-Westfalen, Bd. 1–3. Düsseldorf, 1994.

Kleber, E.W. (1987): Erfassen von Lernumwelten als geschachtelte Handlungssysteme – ein Beitrag zur ökologischen Erziehungswissenschaft. In: Eberwein, H. (Hrsg.): Fremdverstehen sozialer Randgruppen. Ethnographische Feldforschung in der Sonder- und Sozialpädagogik. Grundfragen, Methoden, Anwendungsbeispiele. Berlin, S. 127–141.

Knauer, S. (1993): Teilnehmende Beobachtung als »sonder«-pädagogische Aufgabe im Rahmen integrativen Unterrichts. Berlin.

Knauer, S. (1995): Teilnehmende Beobachtung im Zwei-Lehrer-System am Beispiel integrativen Unterrichts. In: Eberwein, H./Mand, J. (Hrsg.): Forschen für die Schulpraxis. Weinheim, S. 289–306.

Knauer, S. (1996): Behindert die Schule das Lernen? Oder: Die meisten Kinder lernen lesen, schreiben, rechnen – trotz des Unterrichts. In: Eberwein, H. (Hrsg.): Handbuch Lernen und Lernbehinderungen. Weinheim und Basel, S. 315–335.

Knauer, S. (1997): Lehrerkooperation im integrativen Unterricht. In: Meißner, K. (Hrsg.): Integration. Schulentwicklung durch integrative Erziehung. Berlin, S. 119–130.

Knauer, S. (1998a): Braucht die Pädagogik einen Behinderungsbegriff? In: Knauer, S./Meißner, K./Ross, D. (Hrsg.): 25 Jahre gemeinsames Lernen – Beiträge zur Überwindung der Sonderpädagogik. Festschrift für Prof. Dr. Hans Eberwein zum 60. Geburtstag. Berlin, S. 191–207.

Knauer, S. (1998b): Zum Problem des Diagnostikbegriffs im Zusammenhang pädagogischer Handlungsfelder. In: Eberwein, H./Knauer, S. (Hrsg.): Handbuch Lernprozesse verstehen. Wege einer neuen (sonder-)pädagogischen Diagnostik. Weinheim und Basel, S. 54–65.

Knauer, S. (1999): Integrationspädagogische Lehrerbildung: tragender Pfeiler von Schulentwicklung. In: blz 53./68. Jg., H. 2, S. 14–15.

Knauer, S. (2002): PISA und die Integrationspädagogik: Du bist mir nah und doch so fern. In: Zeitschrift für Heilpädagogik. 53. Jg., H. 8, S. 310–313.

Knauer, S. (2004): Was könn(t)en Pädagogik und Schulpolitik in Post-PISA-Zeiten von der Integrationspädagogik lernen? In: Zeitschrift für Heilpädagogik 55 Jg., H. 6, S. 296-301.

Knauer, S. ([2]2006): Zur (Wieder-)Entdeckung der Lehrer als Subjekte. Subjektiv-wissenschaftliches Plädoyer für einen Tabubruch. In: Rihm, T. (Hrsg.): Schulentwicklung. Vom Subjektstandpunkt ausgehen … Leverkusen, S. 241–256.

Knauer, S. (2007): Wächst jetzt zusammen, was zusammengehört? Ganztagsschule und Integrationspädagogik. In: Kahl, H./Knauer, S. (Hrsg.): Bildungschancen in der neuen Ganztagsschule. Lernmöglichkeiten verwirklichen. Weinheim und Basel, S. 46–57.

Knauer, S. et al. ([2]1993): Der Lernbericht. Zeugnisse ohne Noten. Pädagogisches Landesinstitut Brandenburg (PLIB) (Hrsg.): Ludwigsfelde.

Knauer, S./Durdel, A. (Hrsg.) (2006): Die neue Ganztagsschule: Gute Lernbedingungen gestalten. Weinheim und Basel.

Knauer, S./Vogelsaenger, T. (2006): Identifizierung von ganztägigen Förderschulen zur Lernförderung, für Erziehungshilfe sowie Sprachheilschulen als potenzielle Referenzschulen für den Aufbau eines Netzwerkes guter Praxis. Eine Ausarbeitung für die Serviceagentur Sachsen der Deutschen Kinder- und Jugendstiftung. Berlin.

Kobi, E.E. (1987): Überlegungen zu einer holistisch-subjekt-orientierten Beziehungswissenschaft. Dargestellt am Beispiel der Heilpädagogik. In: Eberwein, H. (Hrsg.): Fremdverstehen sozialer Randgruppen. Ethnographische Feldforschung in der Sonder- und Sozialpädagogik. Grundfragen, Methoden, Anwendungsbeispiele. Berlin, S. 57–81.

Kobi, E.E. (2000): Wahrnehmen – Verstehen – Handeln: Hintergründe und Vordergründiges in den epochalen Wandlungen der Heilpädagogik. In: Bundschuh, K. (Hrsg.): Wahrnehmen – Verstehen – Handeln. Perspektiven für die Sonder- und Heilpädagogik im 21. Jahrhundert. Bad Heilbrunn, S. 21–33.

kobra.net/Serviceagentur Ganztag (Hrsg.) (2007): Lokale Bildungslandschaften. Bildung kommunal gestalten. Potsdam.

Kornmann, R. (1977): Sonderschulüberweisung – prinzipiell nie falsch? In: betrifft:erziehung 10. Jg., H. 12, S. 53–57.

Kornmann, R. ([3]1983): Diagnose von Lernbehinderungen. Weinheim.

Kornmann, R./Meister, H./Schlee, J. (³1994): Förderungsdiagnostik. Konzept und Realisierungsmöglichkeiten. Heidelberg.

Kösel, E. (⁴2004): Das Konzept der Subjektiven Didaktik. Bahlingen (Kurzfassung unter: www.lernatelier.de/index.php?section=Wissenschaftliche%20Grundlagen&artikelid=147; 24.11.2007).

Kreie, G. (1985): Integrative Kooperation. Weinheim und Basel.

Kretschmann, R. (2004): »Pädagnostik« – Zur Förderung der Diagnose-Kompetenz von Lehrerinnen und Lehrern. In: Bartnitzky, H./Speck-Hamdan, A. (Hrsg.): Leistungen der Kinder wahrnehmen – würdigen – fördern. Beiträge zur Reform der Grundschule. Bd. 118 der Schriftenreihe des Grundschulverbands. Frankfurt a. M., S. 180–217.

Kultusministerkonferenz (2005): Sonderpädagogische Förderung in Schulen 1994–2003. Statistische Veröffentlichungen der Kultusministerkonferenz, Dokumentation 177, Bonn.

Landesbausparkassen: LBS-Kinderbarometer Deutschland 2007. Münster 2007 (http://www.lbs.de/west/lbs/pics/upload/tfmedia1/HBKVAQSaW4r.pdf; 20.12.2007).

Lindemann, H. (2001): Bastelstunde: pädagogische Systeme. Ein Blick auf die konstruktivistische Demontage sinnvollen Lernens. In: System Schule 5. Jg., H. 2, S. 60–64.

Lindmeier, C. (1993): Behinderung – Phänomen oder Faktum? Bad Heilbrunn.

Lüscher, K. (1981): Einleitung des Herausgebers. In: Bronfenbrenner, U.: Die Ökologie der menschlichen Entwicklung. Stuttgart, S. 9–11.

Max-Planck-Institut für Bildungsforschung (2003): Absolventen von Lernbehindertenschulen: Disqualifiziert fürs Leben. Bildungsforscher plädieren für stärkere Integration von Kindern mit Lernschwierigkeiten in die Regelschulen. Stellungnahme des MPI vom 25.6.2003 (www.mpib-berlin.mpg.de/de/aktuelles/lernschwierigkeiten.htm; 30.10.2007).

Meier, R./Heyer, P. (⁵1999): Grundschule – Schule für alle Kinder. Voraussetzungen und Prozesse zur Entwicklung integrativer Arbeit. In: Eberwein, H. (Hrsg.): Handbuch Integrationspädagogik. Kinder mit und ohne Behinderung lernen gemeinsam. Weinheim und Basel, S. 227–236.

Milani-Comparetti, A. (1987): Grundlagen der Integration behinderter Kinder und Jugendlicher in Italien. Mit einem Vorwort von Helmut Reiser. In: Behindertenpädagogik 26. Jg., S. 227–234.

Motakef, M. (2006): Das Menschenrecht auf Bildung und der Schutz vor Diskriminierung. Exklusionsrisiken und Inklusionschancen. Deutsches Institut für Menschenrechte (Hrsg.). Berlin.

Neyer, G. (2005): Die Ausbildungsrichtung ist entscheidend. In: Demografische Forschung: Aus erster Hand 2. Jg., H. 3, S. 3 (www.zdwa.de/zdwa/artikel/20060608_23124049W3DnavidW267.php und www.demografische-forschung.org/archiv/defo0503.pdf; 27.8.2007).

OECD: Erziehung auf einen Blick 2007. OECD Briefing Notes für Deutschland (www.oecd.org/dataoecd/22/28/39317467.pdf; 30.1.2008).

Oelkers, J. (1988): Unterrichtsvorbereitung als pädagogisches Problem. In: Der evangelische Erzieher 40. Jg., o. H., S. 516–531.

Oelkers, J. (1996): Die Rolle der Erziehungswissenschaft in der Lehrerbildung. In: Hänsel, D./Huber, L. (Hrsg.): Lehrerbildung neu denken und gestalten. Weinheim und Basel, S. 39–53.

Oerter, R. (2003): Ganztagsschule – Schule der Zukunft? In: Appel, S./Ludwig, H./Rother, U./Rutz, G. (Hrsg.): Jahrbuch Ganztagsschule 2004. Neue Chancen für die Bildung. Schwalbach/Ts., S. 10–24.

Overwien, B. (2004): Internationale Sichtweisen auf »informelles Lernen« am Übergang zum 21. Jahrhundert. In: Otto, H./Coelen, T. (Hrsg.): Grundbegriffe der Ganztagsbildung. Zur Integration von formeller und informeller Bildung. Wiesbaden, S. 51–73 (www2.tu-berlin.de/fak1/gsw/fadida_sozk/fadida_sozk_downloads/bielefeldil.pdf; 29.9.2007).

Overwien, B. (2005): Stichwort: Informelles Lernen. In: Zeitschrift für Erziehungswissenschaft 2. Jg., H. 3, S. 339–359 (www-gewi.unigraz.at/weiterbildung/materialien/overwien_informelles_lernen.doc; 29.9.2007).

Palmowski, W. (1997): Faulheit aus der Sicht des Schülers. In: System Schule 1. Jg., H. 3, S. 68–70.

Peschel, F. (2002): Ist das Didaktik? Didaktik durch Nicht-Didaktik. In: System Schule 6. Jg., H. 4, S. 100–102.

Peschel, F. (2003): Hohe Fachleistungen ohne Belehrung. Ein radikales Konzept offenen Unterrichts in der Evaluation. In: Speck-Hamdan, A./Brügelmann, H./Fölling-Albers, M./Richter, S. (Hrsg.): Jahrbuch Grundschule IV. Beiträge zur Reform der Grundschule, Bd. S. 64 der Schriftenreihe des Grundschulverbands. Seelze, S. 143–148.

Piaget, J./Inhelder, B. (^{2}1993): Die Entwicklung des räumlichen Denkens beim Kinde. Stuttgart.

Picht, G. (1964/^{2}1965): Die deutsche Bildungskatastrophe. Analyse und Dokumentation. Freiburg i. Br/München.

Powell, J. J. W. (2000): Grenzen der Inklusion: Die Institutionalisierung von sonderpädagogischem Förderbedarf in Deutschland und den USA, 1970–2000 (www.dgs2002.de/Abstracts/JP/powell.htm; 30.10.2007).

Prengel, A. (1993): Pädagogik der Vielfalt. Verschiedenheit und Gleichberechtigung in interkultureller, feministischer und integrativer Pädagogik. Opladen.

Prengel, A. (^{6}2002): Zur Dialektik von Gleichheit und Differenz in der Bildung. Impulse der Integrationspädagogik. In: Eberwein, H./Knauer, S. (Hrsg.): Integrationspädagogik. Weinheim und Basel, S. 140–147.

Preuss-Lausitz, U. (^{4}1995): Kriegskinder, Konsumkinder, Krisenkinder. Weinheim.

Preuss-Lausitz, U. (1996): Integration Behinderter zwischen Humanität und Ökonomie. Zu finanziellen Aspekten sonderpädagogischer Unterrichtung. In: Pädagogik und Schulalltag 51. Jg., H. 1, S. 17–30.

Rau, P. (1996): Von kleinen Dingen und ihrer großen Bedeutung. In: blz 50/65. Jg., H. 6/7, S. 7–8.

Reich, K. (^{5}2006): Systemisch-konstruktivistische Pädagogik. Weinheim und Basel.

Reinhard, M. (2003): »Mama, wo ist denn eigentlich deine Insel?« Lernstörungen als kreativer Ausdruck kultureller Wandlung. In: Balgo, R./Werning, R. (Hrsg.): Lernen und Lernprobleme im systemischen Diskurs. Dortmund, S. 277–309.

Riedel, K. (1996): Was kann Didaktik zur Integration von Behinderten und Nichtbehinderten in der Regelschule beitragen? In: Eberwein, H. (Hrsg.): Einführung in die Integrationspädagogik. Interdisziplinäre Zugangsweisen sowie Aspekte universitärer Ausbildung von Lehrern und Diplompädagogen. Weinheim, S. 109–137.

Rusch, G. (1990): Verstehen verstehen. Kognitive Autonomie und soziale Regulation. In: Deutsches Institut für Fernstudien an der Universität Tübingen (Hrsg.): Medien und Kommunikation. Konstruktionen von Wirklichkeit. Studienbrief 4. Weinheim und Basel, S. 11–44.

Sacks, O. (1991): Der Mann, der seine Frau mit einem Hut verwechselte. Reinbek.

Saleth, S. (2005): Späte Mutterschaft – ein neuer Lebensentwurf? In: Statistisches Landesamt Baden-Württemberg (Hrsg.): Monatsheft 11/2005. Stuttgart, S. 14–18.

Schleicher, A., Leiter der Abteilung »Indikatoren und Analysen« im Direktorat für Erziehung der OECD und PISA-Koordinator in seiner Rede auf dem ersten Ganztagsschulkongress 2004 in Berlin (www.ganztaegig-lernen.org/media/aktuell/vortrag_schleicher_final.pdf; 20.10.2007).

Schorch, G.: »Die Schüler dort abholen, wo sie stehen …« – Guter Unterricht berücksichtigt Vorerfahrungen und Vorwissen der Schüler. In: Lernchancen 5. Jg., H. 31, S. 14–18.

Schumann, B. (2007a): In der Schonraumfalle. Migrantenkinder sind in der Sonderschule für Lernbehinderte überrepräsentiert. blz online, Nr. 03 (gew-berlin.de/blz/6858.htm; 30.10.2007).

Schumann, B. (2007b): »Ich schäme mich ja so!«: Eine wissenschaftliche Untersuchung zum Selbstkonzept von Schülerinnen und Schülern der Sonderschule für Lernbehinderte Bad Heilbrunn (abstract unter: www.gruene.landtag.nrw.de/cms/presse/dokbin/192/192218.brigitte_schumann_ergebnisse_ der_wissens.pdf; 30.10.2007).

Seitz, S. (2006): Inklusive Didaktik: Die Frage nach dem »Kern der Sache«. In: Zeitschrift für inklusion-online.net (www.inklusion-online.net/index.php?menuid=3&reporeid=16; 12.11.2007).

Sennlaub, G. (1985): Grundlagen von Freiarbeit und Wochenplan. In: Erziehungswissenschaft – Erziehungspraxis o. Jg., H. 3, S. 24–29.

Siebert, H. (1999): Driftzonen – Elemente einer mikrodidaktischen Lernkultur. In: Nuissl, E./Schiersmann, C./Siebert, H./Weinberg, J. (Hrsg.): Neue Lernkulturen. Deutsches Institut für Erwachsenenbildung: Literatur- und Forschungsreport Weiterbildung 11. Jg., Bd. 44, Bonn, S. 10–17.

Statistisches Bundesamt (2007): Durchschnittliches Alter der Mütter bei der Geburt ihrer lebendgeborenen Kinder in Deutschland und zusammengefasste Geburtenziffer. Wiesbaden (www.destatis.de/jetspeed/portal/cms/Sites/destatis/Internet/DE/Content/Statistiken/Bevoelke rung/GeburtenSterbefaelleTabellen/Content75/GeburtenMutteralter,templateId=render Print.psml; 27.8.2007).

Steinhausen, H.-C. (1988): Psychische Störungen bei Kindern und Jugendlichen. München.

Struck, P. (1995): Schulreport. Reinbek bei Hamburg.

Theunissen, G. (1989): Zur »Neuen Behindertenfeindlichkeit« in der Bundesrepublik Deutschland. In: Zeitschrift für Heilpädagogik 40. Jg., H. 10, S. 673–687.

Tromp, U./Weber, J. (2007): In Osnabrück findet kommunale Bildungsplanung statt. Bildungsverlierer stehen dabei im Mittelpunkt. In: Deutsche Kinder- und Jugendstiftung (Hrsg.): Bildungslandschaften in gemeinschaftlicher Verantwortung gestalten. Grundsatzfragen und Praxisbeispiele. Themenheft 07 der Publikationsreihe im Rahmen von »Ideen für mehr! Ganztägig lernen.« Berlin, S. 60–76.

Vereinte Nationen, Generalversammlung, Rat für Menschenrechte (2007): Bericht des Sonderberichterstatters für das Recht auf Bildung, Vernor Muñoz, Arbeitsübersetzung, Genf.

Wagner, W. (³1997): Kulturschock Deutschland. Hamburg.

Wallrabenstein, W. (⁸2000) : Offene Schule – Offener Unterricht. Reinbek.

Weizsäcker, C.F. von (1978): Der Behinderte in unserer Gesellschaft. In: Weizsäcker, C. F. von: Der Garten des Menschlichen. München, S. 107–115.

Weizsäcker, V. von ([6]1996): Der Gestaltkreis – Theorie der Einheit von Wahrnehmen und Bewegen. Stuttgart.

Werning, R. (2000): Schulen gestalten. Schulentwicklung aus systemisch konstruktivistischer Sicht. In: System Schule 4. Jg., H. 1, S. 5–12.

Werning, R. (2004): Das systemisch-konstruktivistische Paradigma. Hannover, unveröffentlichtes Manuskript.

Widmann, P. (2005): Vorurteile gegen sozial Schwache und Behinderte. In: Bundeszentrale für politische Bildung (Hrsg.): Informationen zur politischen Bildung: Vorurteile. Neuauflage, 54. Jg., H. 271, S. 62–69.

Wilkoszewski, H. (2004): Einfluss auf die Bevölkerungsalterung im Mittelpunkt. Wie sich die Politik in Deutschland mit dem demografischen Wandel auseinandersetzt. In: Demografische Forschung: Aus Erster Hand 1./2. Jg., Nr. 2, S. 3.

Willke, H. (2003): Auf dem Weg zur intelligenten Organisation: Lektionen für Wirtschaft und Staat. In: Harasymowicz-Birnbach, J./Thom, N. (Hrsg.): Wissensmanagement im privaten und öffentlichen Sektor. Was können beide Sektoren voneinander lernen? Zürich, S. 77–98.

Wocken, H. (1988): Gemeinsame Lernsituationen (unveröffentlichtes Skript). Hamburg.

Wocken, H. (2000): Leistung, Intelligenz, Soziallage von Schülern mit Lernbehinderungen. Vergleichende Untersuchungen an Förderschulen in Hamburg. Zeitschrift für Heilpädagogik 51. Jg., S. 492–503.

Wocken, H. (2005): Andere Länder, andere Schüler? Vergleichende Untersuchungen von Förderschülern in den Bundesländern Brandenburg, Hamburg und Niedersachsen (Forschungsbericht) (bidok.uibk.ac.at/library/wocken-forschungsbericht.html; 31.10.2007).

Wygotski, L.S. (1924): Fragen der Erziehung blinder, gehörloser und schwachsinniger Kinder. Abteilung sozialer und rechtlicher Schutz für Unmündige, Hauptverwaltung Sozialerziehung, des Volkskommissariats für Volksbildung der RSFSR (Hrsg.), Moskau 1924, S. 5–30. Nachgedruckt in: Die Sonderschule. o. Jg. (1975) o. H., S. 65–72.

Wygotski, L.S. (1987): Ausgewählte Schriften, Band 2: Arbeiten zur psychischen Entwicklung der Persönlichkeit. Köln.

Zentrum für Demographischen Wandel (2006): Durchschnittliches Alter der Mutter bei Geburt eines Kindes in Deutschland, Rostock (www.zdwa.de/zdwa/artikel/diagramme/20060215_68445348_diagW3DnavidW2668.php; 27.8.2007).

10. Anhang

10.1 Erhebungen zur Lernausgangslage

Name, Geburtsdatum des Schülers/der Schülerin:			
Angaben zur Familie			
Zahl der Familienmitglieder:			
Geschwister:			
Nr./Geschlecht[12]	Alter	Schulart/Kindergarten	im selben Haushalt?
1.			
2.			
3.			
4.			
5.			
6.			
Berufliche Tätigkeit und Alter der Personen, bei denen das Kind überwiegend lebt			
Personen (Vater, Mutter …)	Tätigkeit		Alter in Jahren
Wohnverhältnisse:			
Art der Wohnung (z. B. Notunterkunft, eigenes Haus):			
Zahl der Wohnräume:			
Eigenes Zimmer (ja/nein) – wenn nein, mit wem zusammen?			
Mehrmaliger Wohnungs-/Wohnortwechsel (ja/nein)? – Wenn ja, näher angeben:			
Wenn ja, wann war der letzte?			
Besondere Lebensumstände und Verhaltensweisen des Kindes:			
War das Kind erwünscht? (ja/nein)			
Schwierigkeiten in der Schwangerschaft?			
Schwierigkeiten bei der Geburt?			
Besonderheiten in der Säuglings-/Kleinkindzeit?			
Wann wurde das Kind sauber?			
Nässt/kotet es ein (ja/nein) – wenn ja, tags/nachts?			
Andere Symptome? (z. B. Daumenlutschen, Nägelkauen, Tics, Haare ausreißen, Schlafstörungen, Appetitlosigkeit, Ängste …) (ja/nein) – wenn ja, welche?			
Längere oder schwere Krankheiten, Unfälle (Art und Zeitraum)?			

12 Die Kinder werden nach der Reihenfolge ihrer Geburt aufgeführt, das Geschlecht mit »S« (Schwester) bzw. »B« (Bruder) angegeben; das betreffende Kind selbst erhält ein »X«. So ist der Rang in der Geschwisterreihe unmittelbar ersichtlich.

Längere Krankenhausaufenthalte (Krankheit und Zeitraum)?

Heimaufenthalte? Wenn ja, von/bis:

Änderung der familiären Konstellation (etwa durch Trennung, Tod usw.) – möglichst Art und Zeitraum nennen):

Besondere familiäre Probleme (Krankheiten u. Ä.):

Weitere bedeutsame Umstände/Ereignisse:

1. Sinnestüchtigkeit

Ist das Kind schon auf (leichte) Seh- oder Hörstörungen untersucht worden (ja/nein)? – Wenn ja, Ergebnis und Konsequenzen:

2. Motorik

In welchem Alter begann das Kind zu krabbeln?

In welchem Alter begann das Kind zu laufen?

Welche Hand bevorzugt das Kind beim	die rechte	die linke	beide	unbekannt
Essen?				
Malen?				
Werfen?				
Schneiden?				

Ist eventuell bei einer ursprünglichen Linkshändigkeit der Versuch einer Umgewöhnung vorgenommen worden? (ja/nein/unbekannt)? Wenn ja, durch wen und mit welchem Ergebnis?

3. Sprachverhalten

In welchem Alter begann das Kind zu sprechen?

Sprachauffälligkeiten (ja/nein)? Wenn ja, genauer beschreiben:

Das Kind spricht fließend/gebrochen/kaum/kein Deutsch.

Mundart (ja/nein)? – Wenn ja: ein wenig/mundartgefärbt/stark.

Satzbildung (Einwortsätze – unvollständige Sätze – grammatikalische Fehler – vollständige Sätze – Satzgefüge) Zutreffendes unterstreichen und ggf. genauer beschreiben:

4. Kindergartenbesuch (ja/nein/unbekannt) – wenn ja, Zeitraum:

5. Zurückstellung vom Schulbesuch (ja/nein) – wenn ja, Grund:

Gegebenenfalls Informationen über die Entwicklung und das Verhalten des Kindes in dieser Zeit:

6. Hat das Kind feste Freunde? (ja/nein/unbekannt) – wenn ja, wen und wo?

7. Betreuung: Welche Personen, Institutionen, Vereine … kümmern sich um das Kind? (Art, Häufigkeit, Zeitraum und Tageszeit):

8. Besondere Belastungen und Beanspruchungen (z. B. starke Beanspruchung im Haushalt, Vernachlässigung, überstrenge oder überbehütende Erziehung usw.):

9. Besondere Interessen, Neigungen, Befähigungen

10.2 Leitfaden zur Strukturierung »Teilnehmender Beobachtung« (vgl. Knauer 1993, S. 67 ff.)

Zu einzelnen Schülerinnen und Schülern

I. Sozialverhalten und Persönlichkeitsentwicklung

Affektives Verhalten: Kann die Schülerin/der Schüler ihre/seine Gefühle zeigen? Wie? Kann sie/er darüber sprechen? Ist sie/er klärenden Gesprächen zugänglich und bereit, Konflikte beizulegen?

Kontakt: Nimmt die Schülerin/der Schüler von sich aus Kontakt auf? Auf welche Art? Wie geht sie/er auf Kontaktwünsche anderer ein? Wie geht sie/er mit anderen um? Kann sie/er sich mit anderen freuen oder traurig sein? Interessiert sie/er sich für andere? Vermisst sie/er fehlende Mitschüler/innen?

Einfühlungsvermögen: Nimmt die Schülerin/der Schüler auf andere Rücksicht? Kann sie/er sich in andere hineinversetzen? Kann sie/er mitfühlend sein und trösten? Kann sie/er verstehen, dass andere anders empfinden? Kann sie/er sich mit anderen freuen? Erfüllt sie/er Wünsche anderer?

Verlässlichkeit: Übernimmt die Schülerin/der Schüler gerne Aufträge/Aufgaben und erfüllt sie zuverlässig[13]? Behandelt ssie/er eigene und geliehene Dinge sorgfältig? Hält sie/er sich an Vereinbarungen?

Gesprächsverhalten: Unterhält die Schülerin/der Schüler sich gerne mit einzelnen Mitschülern? Erzählt sie/er gerne Erlebnisse in Gruppen/im Stuhlkreis? Wie erzählt sie/er? Hört sie/er anderen zu und lässt sie ausreden? Geht sie/er auf Beiträge anderer ein? Äußert sie/er ihre/seine Meinung verständlich und begründet sie?

Hilfsbereitschaft: Ist die Schülerin/der Schüler von sich aus bereit, Mitschüler/innen bei der Lösung von Aufgaben zu helfen? Tut sie/er dies nach Aufforderung? Sieht sie/er, wenn jemand Hilfe braucht? Kann sie/er selbst um Hilfe bitten und/oder sie annehmen?

---

13 Über das Verständnis von Begriffen wie »zuverlässig«, »sorgfältig« und dergleichen muss, obschon in der pädagogischen Alltagssprache unreflektiert gebräuchlich, im Team kommunikative Validität hergestellt werden.

Zusammenarbeit: Spielt und arbeitet die Schülerin/der Schüler lieber mit einer/einem oder mehreren Mitschüler/innen zusammen oder allein? Hält sie/er Absprachen ein? Macht sie/er eigene Vorschläge? Kann sie/er Aufgaben verteilen? Kann sie/er sich mit anderen auf eine gemeinsame Lösung einigen? Beachtet sie/er die Wünsche der Mitschüler/innen? Setzt sie/er sich für die gemeinsame Arbeit ein?

Selbstbewusstsein: Äußert die Schülerin/der Schüler eigene Wünsche und Meinungen auch gegen die Mehrheit? Kann sie/er sich gegen Kinder und Erwachsene behaupten? Nimmt sie/er Vorhaben optimistisch oder eher zögernd/unsicher/ängstlich in Angriff?

Konfliktverhalten: Kann die Schülerin/der Schüler Streit mit Worten schlichten? Geht sie/er auf die Argumente anderer ein? Ist sie/er kompromissbereit/ausgleichend? Macht sie/er Lösungsvorschläge? Kann sie/er eigene Interessen vertreten, durchsetzen, zurückstellen? Kann sie/er sich verteidigen/wehren/Zumutungen zurückweisen? Kann sie/er Schuld einsehen/annehmen? Kontrolliert sie/er das eigene Verhalten?

Kritikfähigkeit: Übt die Schülerin/der Schüler Kritik konstruktiv und sachlich? Kann sie/er Kritik annehmen? Hinterfragt sie/er zweifelhaft erscheinende Informationen/Ansichten/Entscheidungen?

II. Lern- und Arbeitsverhalten

Leistungsbereitschaft: Arbeitet die Schülerin/der Schüler aus Interesse an den Aufgaben? Arbeitet sie/er bei Zuspruch und Lob?

Konzentration/Ausdauer/Arbeitstempo/Arbeitseifer: Unter welchen Bedingungen kann die Schülerin/der Schüler sich gut/besser konzentrieren, lange und zügig arbeiten?

Sorgfalt: Denkt die Schülerin/der Schüler an die benötigten Arbeitsmaterialien? Geht sie/er sorgfältig damit um? Arbeitet sie/er übersichtlich/geordnet/genau? Beendet sie/er die einzelnen Arbeitsschritte? Räumt sie/er nach dem Spielen/Arbeiten die benutzten Materialien weg?

Regelbefolgung: Versteht die Schülerin/der Schüler die Arbeitsanweisungen und führt sie aus? Hält sie/er die Abmachungen, Arbeits- und Spielregeln von sich aus/nach Erinnerung ein?

Systematisches Lernen: Geht die Schülerin/der Schüler planvoll vor? Berücksichtigt sie/er die einzelnen Arbeitsschritte der Reihe nach? Bringt sie/er die Arbeiten zu Ende?

Selbstständigkeit: Arbeitet die Schülerin/der Schüler ohne Hilfe? Sucht sie/er sich selbst Aufgaben aus? Kontrolliert sie/er selbst die Ergebnisse? Setzt sie/er sich selbst Ziele? Nutzt sie/er die Arbeitszeit? Eignet sie/er sich selbst Wissen und Fertigkeiten an? Holt sie/er Informationen ein? Bringt sie/er selbstständig Material für Unterrichtsvorhaben mit? Benutzt sie/er von sich aus die notwendigen Hilfsmittel beim Arbeiten?

Neugier: Ist die Schülerin/der Schüler offen für Neues, Unbekanntes? Stellt sie/er Fragen, hat sie/er bestimmte Interessen entwickelt? Nimmt sie/er Anregungen auf?

Kreativität: Macht die Schülerin/der Schüler häufig Vorschläge? Äußert sie/er neue Ideen? Findet sie/er alternative Lösungen? Initiiert sie/er neue Spiele?

Merkfähigkeit: Unter welchen Bedingungen kann die Schülerin/der Schüler sich Informationen am besten merken (optisch, akustisch, handelnd)? Gibt sie/er aufgenommene Informationen – teilweise – vollständig – zusammenhängend – wieder?

Aufgabenverständnis: Versteht die Schülerin/der Schüler Aufgaben, wenn sie/er – selbst mit Material umgehen kann – die nur optisch oder mündlich erklärt werden? Versteht sie/er Aufgaben, die schriftlich erteilt werden?

Transferleistung: Überträgt die Schülerin/der Schüler das Gelernte – eigenständig – auf Anregung – mit Unterstützung – auf neue Aufgaben?

Einschätzung der eigenen Leistungsfähigkeit: Kann die Schülerin/der Schüler die eigenen Leistungen einschätzen? Neigt sie/er bei Erfolgen zu vermehrter Anstrengung oder Nachlässigkeit? Wie geht sie/er mit Misserfolgen um? Spielt sie/er sie herunter oder setzt sie/er sich mit ihnen auseinander? Bemüht sie/er sich daraufhin verstärkt oder wird sie/er mutlos?

III. Zur Lerngruppe

Gab es besondere Vorfälle/Ereignisse? War die Atmosphäre eher durch Freundlichkeit oder Aggression geprägt (in welchen Situationen, unter welchen Rahmenbedingungen)? Standen in der Klasse oder in Kleingruppen eher Konkurrenz oder Kooperation im Vordergrund? Unter welchen Schüler/innen gab es Konflikte? Worum ging es?

Zur Unterrichtsgestaltung (vgl. Wallrabenstein 2000, S. 170 f.)

Methodenvielfalt: Gibt es (in welchem Umfang?) mehrere unterschiedliche Methoden wie Freie Arbeit, Projekte, Kreisgespräche, Kleingruppenarbeit, Partner- und Gruppenarbeit, Berichte von Schüler/innen? Wie weit werden diese Methoden zur Lehr-/Lernorganisation von Schülern als hilfreich, vielfältig und transparent erfahren?

Freiräume: Gibt die Klasse/Schule den Kindern definitiv in ihrem Organisationsrahmen Freiräume zum vertiefenden, spielerischen, selbstständigen, entdeckenden Lernen? Wochenplanarbeit, Freie Arbeitszeit, Projekte, Projektwochen, Projekttage?

Umgangsformen: Gibt es klare Regeln, die von beiden Seiten eingehalten werden? Wie weit sind Lehrerinnen und Lehrer bereit, Schüler/innen in ihrer emotionalen Befindlichkeit anzunehmen? Werden Konflikte bearbeitet? Gibt es eindeutige Interpunktionen (Gewichtungen) im Sinne sozialen Lernens? Lob? Ermutigung? Humor?

Selbstständigkeit: Werden Schüler/innen aktive Rollen bei der Steuerung von Lernprozessen ermöglicht? Gibt es ein Helfersystem? Wissen die Schüler, was sie nach der Stillarbeit zu tun haben?

Lernberatung: Gibt es Beratungssituationen im Unterricht? Ist der Unterricht förderungsorientiert? Werden Umwege, Irrwege, Fehler als notwendige Bestandteile des Lernprozesses akzeptiert und wird entsprechend beraten? Beschäftigung mit leistungsschwachen Schülern? Diagnosekompetenz für Leistungsversagen?

Öffnung zur Umwelt: Bietet der Unterricht/die Schule neue Erfahrungen in direkter Begegnung mit der Umwelt? Erkundungsgänge? Exkursionen? Experten in der Klasse?

Sprachkultur: Bietet der Unterricht Möglichkeiten zur direkten Koppelung von Sprache an sinnlich-konkrete Erfahrungen? Gesprächskultur? Freier Ausdruck in Texten? Sprachspiele? Narrative Kultur? Kreisgespräche?

Lehrerrolle: Wird der Beziehungsarbeit Raum gegeben? Geduld, Gelassenheit und Toleranz für langsame Schüler/innen? Sind Lehrerfragen anspruchsvoll (problemlösungs- und anwendungsorientiert?) Verfügbarkeit über Bearbeitungsinstrumente zur Klärung von Störungen und Konflikten? Umgang mit pädagogischen »Imperativen« (Bewusstsein über die eigene Rolle, Umgang mit den Zwängen, »guten« Unterricht zu machen)?

Akzeptanz des Unterrichts: Wie weit wird der Unterricht als gemeinsame Arbeit verstanden? Wie gut wird die Unterrichtszeit genutzt? Stoffbewältigung im Unterricht und nicht über Hausarbeiten? Erfahrbarkeit von Person und Unterricht als positiven Zusammenhang?

Lernumgebung: Gibt es handlungsorientierte Materialien? Offene Lernflächen? Karteien, Differenzierungsmaterial, Spiele, Druckerei, Experimentierecke, Leseecke usw.?

Sachwortregister